C. S. Lewis.

惊喜之旅
我的早年生活
SURPRISED BY JOY
The Shape of My Early Life

【英】C.S.路易斯 **著**
邓军海 **译注** 王春 **校** 林放 **插图**

华东师范大学出版社
上海

华东师范大学出版社六点分社　策划

C.S. 路易斯

谨以此译献给父亲一样的老师

陈进波　先生

译文说明

1. 凡关键词,竭力统一译名;无其奈间一词两译,则附注说明。无关宏旨之概念,酌情意译。

2. 凡关键字句,均附英文原文,一则方便对勘,二则有夹注之效。

3. 凡路易斯称引之著作,倘有中文译本,一般不再妄译。

4. 严几道先生尝言,迻译西文,当求信达雅。三者若不可兼得,取舍亦依此次第,先信,次达,再次雅。

5. 路易斯之文字,言近而旨远,本科生即能读通,专家教授未必读透。拙译以本科生能读通为60分标准,以专家教授有动于心为80分标准。

6. 为疏通文意,亦为彰显路易斯之言近旨远,拙译在力所能及之处,添加译者附注。附注一则可省却读者翻检之劳,二则庶几可激发读者思考。

7. 凡脚注文字,若无【译注】字样,均系译者添加。

8. 凡译者附注,大致可分为四类:一为解释专名,一为疏解典故,一为拙译说明,一为互证对参。凡涉及专名之译注,均先查考工具书。不见于工具书者,则主要根据英文"维基百科"。凡译注中的《圣经》文字,若无特别说明,均出自和合本。

9. 老一辈翻译家迻译西文,大量作注,并添加大意之类文字,颇有"导读"之效。拙译有心效法。倘若拙译之效法,颇类东施效颦,意在"导读"反成误导,则罪不在西施,罪在东施。

10. 路易斯之书,好读难懂,更是难译。凡拙译不妥以至错讹之处,敬请诸君指正。不敢妄称懂路易斯,但的确爱路易斯。故而,诸君斧正译文,乃是对译者之最大肯定。专用电邮:*cslewis2014@163.com*

目　录

序 / 1

1　最初岁月(1—6岁) / 1
2　集中营 / 33
3　芒特布拉肯和坎贝尔 / 62
4　开眼界了 / 82
5　文艺复兴 / 105
6　血帮 / 127
7　有明有暗 / 150

8 解脱了 / 176

9 当头棒喝 / 196

10 幸运微笑 / 223

11 被将一军 / 250

12 枪炮与好伙伴 / 277

13 新气象 / 298

14 将死了 / 327

15 新生 / 355

译后记 / 368

序

写作本书,部分是应邀谈谈我如何从无神论转向基督信仰,部分则为了纠正一两个流行的错误观念。除我之外,这故事还跟谁有多少相干,取决于他人在何种程度上曾经历过我所说的"悦慕"(Joy)。倘若悦慕毕竟常见,那么,(我相信)比前人试图写过的,再详尽一点,总归有些用处。我斗胆来写悦慕,是因为我留意到,当某人提起他以为是自己最特有的感觉时,列席者中间,大概至少有一个人(经常是好几个)应答:"什么!您也感受到了那个?我还老以为我是独一个。"

本书旨在讲述我归信的故事,因而不是一部自传,①更不是圣奥古斯丁或卢梭的那类"忏悔录"。这也就意味着,实际讲述时,越讲就越不像是自传了。头几章,网撒得相当大,为的是让诸君能理解,当明白无误的属灵危机到来之时,我的童年和少年期已将我塑造成何种人。"准备工作"

---

① 路易斯只写过一段几百字的自传。1944 年,路易斯应美国麦克米伦公司之请,写一篇简短自传附在著作里。美国学者艾伦·雅各布斯的著作《纳尼亚人:C.S. 路易斯的生活与想象》(郑须弥译,上海:华东师范大学出版社,2014,下文译注里征引该书,均不再注明版本,只简称《纳尼亚人》),曾引用此段自传文字:

我是次子,小时候母亲便已亡故。这意味着我在父亲上班、哥哥住校期间,要独自打发漫长的日子。我一个人待在满是书籍的大房子里。我想这决定了我一辈子爱好文学。我画得很多,但很快我开始写得很多。我的第一批故事主要是关于小老鼠的(比阿特丽克斯·波特的影响),但是小老鼠通常身穿甲胄杀戮巨大的猫(童话故事的影响)。这就是说,我写那些只要一到手我就会喜欢读的书。这一直是我写作的缘由。人们不愿意写我想要读的书,所以我只好自己动手;根本不是什么"自我表达"之类的废话。我厌恶学校。如果事先知道自己能够活下来,那么在第一次世界大战当步兵的感觉就会好一些。我受过伤——伤我的是一发英国炮弹。(所以一位姑母明显松了一口气向我致贺说:"哦,怪不得你是背上受伤呢!")我在 14 岁左右放弃了基督教信仰。将近 30 岁时又恢复了信仰。一种几乎纯粹是哲学上的皈依。我并不想这样做。我不是那种有宗教信仰的人。我想要人们让我单独待着,让我能感到我是自己的主人;但是,现实情况似乎正相反,所以我只能让步。我最快乐的时光是身穿旧衣与三五好友徒步行走并且在小酒馆里过夜——要不然就是在某人的学院房间里坐到凌晨时分,就着啤酒、茶,抽着烟斗胡说八道,谈论诗歌、神学和玄学。我最喜欢的声音莫过于成年男子的大笑声。(第 6—7 页)

一旦完成，我就对自己严加管束，将那一阶段仿佛不相干的一切（无论依普通传记标准如何重要），都按下不表。我不认为这会有多大损失；我还从没读到过一部自传，其中专写早年生活的部分，没有远离最有趣的事情。

我担心，此故事之主观，令人窒息。这类东西，此前我从未写过，此后大概永远也不会再写。第一章之所以写成这样，只是为了让那些受不了这类故事的人，一下子明白他们难免会遇到什么，从而合上书，不再浪费时间。

C. S. 路易斯

1 最初岁月(1—6岁)

The First Years

目前虽然幸福,但防备欠周。①

——弥尔顿

---

① 原文为:"Happy, but for so happy ill secured."语出弥尔顿《失乐园》卷四第370行。其语境是,魔王撒旦看到伊甸园里的亚当和夏娃时的一番心理独白:"啊,优婉的一对情侣,你们不曾想到你们的变故已经迫近,这一切的欢乐都将幻灭,陷于灾祸;现在享乐愈多,将来受祸也愈多;目前虽然幸福,但防备欠周,难以长久继续;这么高的地方就是你们的天堂,作为天堂,你们的防御未免欠周,不能防止现在已经闯进来的仇敌……"(朱维之译,译林出版社,2013,第130—131页)

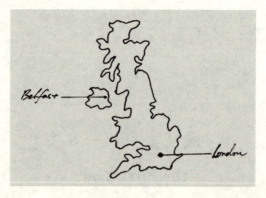

贝尔法斯特与伦敦的相对位置

1898年冬,贝尔法斯特,我降生了。① 父亲是位检察官,母亲是牧师的女儿。② 父母只有俩孩子,都是儿子,哥哥长我三岁。③ 两个很不相同的血统,缔造了我们。父亲是他那个家族里获得职业身份的第一代人。④ 他的祖父,是个威尔士农民。他的父亲,白手起家,最初是个工人,迁

---

① 路易斯出生于1898年11月29日,去世于1963年11月22日。贝尔法斯特(Belfast),位于爱尔兰岛东北部的贝尔法斯特湾以内,现为北爱尔兰首府所在地。

② 路易斯的外祖父,名叫托马斯·汉密尔顿(Thomas Hamilton),是位受人尊敬的牧师。1864年担任邓德拉的圣马可大教堂的教区长,此前曾在罗马领导一个教会。(参《纳尼亚人》第17页)

③ 路易斯的哥哥沃伦(Warren Hamilton Lewis)生于1895年6月16日。

④ 路易斯的父亲阿尔伯特·路易斯(Albert James Lewis),是"贝尔法斯特公众生活中的一个重要人物。1929年他去世时,报纸上讣闻醒目、篇幅长而且感情横溢"。(《纳尼亚人》第18页)

居爱尔兰,最后则成了麦克利韦恩和路易斯公司①合伙人,"锅炉制造商、工程师和轮船建造商"。母亲本姓汉密尔顿,②前代出了很多牧师、律师、船员之类人物。而她母亲那一系,从沃伦家族(Warrens)向上追溯,血统一直会追至尸骨埋在"记功寺"的一位诺曼骑士。③ 生养我的这两个家族,其气质差异,一如出身。父亲那一族,地道的威尔士人,多愁善感,激动,夸张,脾气来得快去得也快;大哭大笑,并无生活天分(talent for happiness)。汉密尔顿家族则冷静得多。他们清醒,冷峻,生活天分很高——就像常年出行的旅客,一上火车,就直奔最好座位。很小的时候,我就感觉到母亲那欢快而又平静的温情(affection)和父亲那大起大落的激情生活之间的鲜明对立。这就在我长大能给个说法之前,早已在我身上培育了一种对情感(emotion)的不信任和不喜欢,觉得它令人不适,令人尴尬,甚至充满危险。

---

① "麦克利韦恩和路易斯公司",原文是 the firm of Macilwaine and Lewis。
② 路易斯母亲本名弗洛伦斯·汉密尔顿(Florence Hamilton),人都称她弗洛拉(Flora)。
③ 记功寺(Battle Abbey),1095 年为纪念黑斯廷斯战役而建。

我的父母,照那个时候那个地方的标准,都是书呆子或"聪明"人。① 母亲年青时曾有望成为一名数学家,是贝尔法斯特的女王大学的学士。② 我学法语和拉丁文,就是她启的蒙。她是好小说的贪心读者,我想,传到我手上的梅瑞狄斯③和托尔斯泰的著作,就是为她买的。父亲的品味绝然不同。他喜欢演说术,年青时在英国政治舞台上发表演讲。要是他有独立资产,定会瞄准政治生涯。在政治方面,若非他的荣誉感(sense of honour),正好还是堂·吉诃德式

---

① 关于贝尔法斯特及路易斯家族在路易斯出生时的地位,《纳尼亚人》做过这样的介绍:

一百年前,贝尔法斯特是只有两万多人的小镇;到杰克·路易斯出生时,已经发展成一个 35 万人以上、充满活力(不过政治上是分裂的)的城市。造船业是这个城市发展的关键——在杰克的童年期间,贝尔法斯特大约有四分之一的男子在船坞干着这样那样的工作——而如果说都柏林是爱尔兰的政治和文化首都,那贝尔法斯特显然是它的工业与经济发电站。贝尔法斯特成为新兴富人和新型资产阶级繁荣发达的地方,而路易斯家族在这两个集团之间找到了自己的位置。他们成为热爱书籍和艺术的小圈子的一部分,这批人将文化的丰富性和敏感性带到这座钢铁和船坞的城市……(第18—19页)

上文中的杰克·路易斯,即 C.S. 路易斯。四五岁时,路易斯就向家人宣布,以后他不叫"克莱夫"(Clive),叫"杰克"(Jack),此后,亲友均称路易斯为杰克。

② 路易斯的母亲弗洛拉于 1885 年,获得女王大学逻辑学一级学位和数学二级学位。

③ 梅瑞狄斯(George Meredith,1828—1909),英国维多利亚时代小说家、诗人。

的那种,使他变得难于管理,否则,他还有可能获得成功。因为他具有国会议员曾一度需要的很多天赋——举止得体,声若洪钟,心思敏捷,口才和记忆力。特罗洛普的政治小说,①对他尤为亲切;他对菲尼亚斯·芬恩②亦步亦趋,如今想来,那是在替代性地满足自己的渴欲。他也喜欢诗歌,但前提是其中有文采或悲愁成分,或两者兼备;我想,《奥赛罗》是他所钟爱的莎士比亚戏剧。几乎所有的幽默作家都能给他极大乐趣,从狄更斯到 W. W. 雅各布斯③不等。他本人也是我见识过的最会讲故事的人,几乎找不到对手。自成一家,依次扮演所有角色。扮相、身姿及手势,运用自如。他最幸福的时间,是跟我的一两个叔父,在密室里花一两个小时,"透透气"(我家那时对轶闻的古怪称呼)。我能自个挑书时就对之尽忠的那类文学,无论父亲还是母亲,都

---

① 特罗洛普(Anthony Trollope, 1815—1882),英国文学家,《巴赛特的最后纪事》(*The Last Chronicle of Barset*, 1867)之作者。
② 菲尼亚斯·芬恩(Phineas Finn),特罗洛普的同名政治小说的主人公,是英国议会一位野心勃勃的爱尔兰青年。
③ 雅各布斯(W. W. Jacobs, 1863—1943),英国短篇小说家。早年住在泰晤士河的一个码头,父亲是码头管理员。他本人未曾当过水手,但根据幼年记忆创作的以航海者和码头工人为题材的小说,使他一举成名。他写的不是海上的水手,而是他们在岸上的奇遇和不幸。(参《不列颠百科全书》第 8 卷 494 页)

没有一点兴趣。他们从未听过仙境的号角。① 房子里,既没有济慈也没有雪莱的书,而柯勒律治的书则从未翻开。② 倘若我是个浪漫主义者,那么,这怪不得父母。诚然,父亲喜欢丁尼生,③但却是写《悼念集》(*In Memoriam*)和《洛克斯利田庄》(*Locksley Hall*)的丁尼生。我从来没有听他说起《吃忘忧果的人》(*Lotus Eaters*)和《亚瑟王传奇》(*Morte d' Arthur*)。母亲,听说根本不在意诗歌。

除了好父母,好饮食,以及一个可供玩乐的花园(那

---

① 关于"仙境的号角"(the horn of elfland)的典故,《纳尼亚人》第一章做过注释:
"仙境的号角"一语出自英国诗人丁尼生的一首诗——
听,听啊! 多么清脆,又多么清晰,
又清脆了些,清晰了些,那声音渐渐传远!
哦,甜美的天籁,远离悬崖绝壁,
仙境的号角已若隐若现地吹起。
——它包含了日后对于路易斯是亲切的某种东西,浸透在《纳尼亚》故事里的某种东西,而且它的确浸透了他生活中的许多时光。(第30页)
关于"仙境"究竟何意,可详参《纳尼亚人》第30—33页。
② 济慈(John Keats,1795—1821),雪莱(Percy Bysshe Shelley, 1792—1822),柯勒律治(Samuel Taylor Coleridge,1772—1834),均为英国浪漫主义运动中的著名诗人。
③ 阿佛烈·丁尼生,第一代丁尼生男爵(Alfred Tennyson, 1st Baron Tennyson,1809—1892)。1850年,华兹华斯逝世,他继任英国桂冠诗人。1884年,丁尼生被授予男爵封号,他是英国因诗歌创作之成就获得爵位封号的第一人。

时仿佛挺大),我的生命里还有另外两桩福分。一个是奶妈莉齐·恩迪科特(Lizzie Endicott),她给我的童年记忆,无可挑剔,只有亲切、开朗和通情达理(good sense)。在那些日子,根本没有"老奶妈"的唠唠叨叨。由于莉齐,我们的根才扎进唐郡乡村。① 我们因而自由出入于两个很不相同的社会圈子。拜她所赐,我一生都不会像某些人那样,错将文雅(refinement)等同于德性(virtue)。不知从什么时候起,我就已经理解了,一些玩笑可以跟莉齐开,但在客厅却不可能;而且一个人能有多好,莉齐简直就有多好。

另一桩福分则是哥哥。尽管长我三岁,但好像从来就不是兄长;我们从一开始就是伙伴,更不用说是同伙了。然而,我们却大不相同。我俩最早的画(我都记不起有哪个时间,我们不是在不停画画)就揭示了这一点。他

路易斯的哥哥沃伦·路易斯

---

① 唐郡(County Down),北爱尔兰的一个郡,其北边就是贝尔法斯特郡。

画的是轮船、火车和战斗;我画的则是,没模仿他,我俩所谓的"着衣动物"——儿童文学里跟人差不多的禽兽。他最早的故事——既然是兄长,他从画画转向写作就比我早了——名曰《小王爷》(*The Young Rajah*)。他已经把印度当作"他的国度";"动物王国"(Animal-Land)则是我的。我并不认为,幸存下来的所有的画,都可以追溯到我现在所写的六岁之前,但其中有很多,不是以后画的。从这些画来看,我仿佛比哥哥天分好一些。小小年纪,我就能画出动感——那些形象看上去是真的在跑或战斗——而且透视也好。然而,无论是哥哥的作品还是我的作品,没有一笔是在追随美的观念(idea of beauty),不管是多么粗糙的美的观念。有动作,有滑稽,有创意;可要说构图,则一点踪影都没有,还有对于自然形体的惊人的无视。树看上去就像固定在柱子上的棉球,也没有任何迹象显示,我俩知道花园里树叶的形状,我们可是几乎每天都在花园里玩的啊。现在回想起来,这种美的缺席(absence of beauty),是我们童年的特征。父亲这幢房子里,没一幅画引起我们注意,也没一幅值得我们注意。我们从没见过美的建筑,更没想过,建筑还可以是美的。我最早的审美经验,如果它们的确是审美经验,也不是这类;它们已经不可救药地浪漫(romantic),非关形式(formal)。① 在这些早期岁月里,有一天,哥哥带了个饼干盒盖到婴儿房来,他在上面铺满苔藓,用树枝和花朵装点成一个玩具花园(a toy garden)或一个玩具森林。那是我一生最早见识的美。真实花园做不到的,这个玩具花园做到了。它令我意识到自然——不是作为形式与色彩的宝库,而是作为静冷、易逝、清新、生机勃勃的某种东西。② 那一刻,我还没想到这一印象特别重要,但它很快在记忆里重要起来。只要我活着,我所想象的"伊甸乐园"(Paradise),总留着哥哥玩具花园的痕迹。每一天,我们所说的"绿岭"(Green Hills)③都伫立在

---

① 这里,路易斯用的是浪漫和古典之间的古老对立。浪漫主义美学强调活力,而古典主义美学强调形式。关于浪漫一词之意涵,路易斯《天路归程·第三版前言》有详细交待。

② 这段话意味深长,译文殊难传神,兹附原文如右:It made me aware of nature — not, indeed, as a storehouse of forms and colours but as something cool, dewy, fresh, exuberant.

③ 《裸颜》一书中,"阴山"(the Grey Mountain)是个重要意象。赛姬对姐姐奥璐儿说,她"一直对死怀有一种憧憬,至少,从有记忆以来便如此"。她说:"你不了解。这与一般的憧憬不同。每当最快乐的时候,我憧憬得更厉害。可记得那些快乐的日子,我们到山上去,狐、你和我三人,风和日丽……葛罗城和王宫在眼前消失。记得吗?那颜色和气味,我们遥望着阴山。它是那么美丽,使我油然产生一种憧憬,无止境的憧憬。那里必有某处地方可以满足我的憧憬。它的每一样景物都在呼唤我;赛姬,来!但是,我不能去,还不能去!我不知道去哪里。这使我难过,仿佛我是一只笼中鸟,而其他同类的鸟都归巢了。"(曾珍珍译,华东师范大学出版社,2008,第59页。)这一憧憬,正是赛姬和奥璐儿的分歧所在。

"蓝花诗人"诺瓦利斯

那里,也就是婴儿房窗户所看到的卡斯里山余脉。山并不远,但对于孩子,却不可企及。它们教给我憧憬(longing)——希慕(*sehnsucht*);无论是好是歹,它们使得我在六岁之前,就成了"蓝花"的信徒。①

审美体验若说稀缺,宗教经验则可说是付诸阙如了。我的书给一些人的印象是,我在严格而

---

① 蓝花(the Blue Flower),诺瓦利斯(1772—1801)的小说《海因里希·封·奥夫特丁根》(*Heinrich von Ofterdingen*, 1802)里浪漫憧憬的象征,诺瓦利斯因而在德国浪漫派中被称作"蓝花诗人"。丹麦文学史家勃兰兑斯在《19世纪文学主流》第二分册《德国浪漫派》中这样解释"蓝花":

憧憬是浪漫主义渴望的形式,是它的全部诗歌之母……诺瓦利斯给它起了一个著名的神秘的名字"蓝花"。但是,这个名字当然不能按照字面来理解。蓝花是个神秘的象征,有点像"ICHTHYS"——早期基督徒的"鱼"字。它是个缩写字,是个凝炼的说法,包括了一个憔悴的心所能渴望的一切无限事物。蓝花象征着完全的满足,象征着充满整个灵魂的幸福。所以,我们还没有找到它,它早就冲着我们闪闪发光了。所以,我们还没有看见它,早就梦见它了。所以,我们时而在这里预感到它,时而在那里预感到它,原来它是一个幻觉;它刹那间混在别的花卉中向我们致意,接着又消失了;但是,人闻得到它的香气,时淡时浓,以致为它所陶醉。尽管人像蝴蝶一样翩翩飞舞于花丛之中,时而停在紫罗兰上,时而停在热带植物上,他却永远渴望并追求一个东西——完全理想的幸福。(刘半九译,人民文学出版社,第207—208页)

鲜活的清教主义中长大。这不是实情。他们教我常规之事,让我祈祷,也定期带我去教堂。我自然接受了他们所教,可是我记不起来,对之有多大兴趣。父亲,与其说是个严格的清教徒,不如说照 19 世纪和爱尔兰教会的标准,是个"高派"(high)。他的宗教路数,就像他的文学路数,与我自己后来的路数构成两极。传统的魅力以及《圣经》和《公祷书》的文字之美(所有这些品味,我很晚才获得),是他的天生乐趣(natural delight);可是你很难找到一个同样聪明的人,却如此地不在意形而上学。关于母亲的宗教生活,在我的记忆里,几乎说不出什么。总之,我的童年一点也不"彼岸"。除了玩具花园和绿岭,甚至连想象色彩都没有。在我的记忆里,这段时光平淡无奇。散文般的幸福,唤不起深切的怀旧之情——而当我回顾很不幸福的少年生活时,则常有此情。这段时光,不是现成的幸福(settled happiness),而是荣耀了过往的瞬间悦慕。①

---

① 原文是:it is not the settled happiness but momentary joy that glorifies the past. 这里,路易斯说的是一种他称之为"追溯既往的异象"(retrospective vision)。这种"返照"的道理,路易斯多处谈及。比如在《空间三部曲》第一部《沉寂的星球》里:

一种乐趣,只有在回忆中才会变得成熟。……按你的说法,(转下页注)

总体上幸福快乐,但却有个例外。我最早的记忆,不是别的,而是一些梦魇。虽说这是那个年纪正好都有的苦恼,然而,对我来说依然怪乎乎的是,这么备受宠爱和呵护的童年,怎么经常向跟地狱不差上下的东西打开窗户。我的噩梦有两种,一些关乎幽灵,一些关乎昆虫。这第二种,无与伦比地糟糕;时至今日,我宁愿遇见幽灵,也不愿碰见狼蛛。还是时至今日,几乎还会发现,我打心底还在为自己的恐惧症提供正当化或合理化证明。正如欧文·巴菲尔德①有一次给我说的那样,"昆虫之恼人,是因为它们像法国机车——一切机件都露在外面"。"机件"——就是苦恼所在。其棱角分明的肢体,一顿一跳的运动,干巴巴的金属声,这一切都提示我,要么是机器有了生命,要么是生命退化为机

(接上页注)就好像乐趣是一件事,回忆是另一件事。其实都是一件事。……你所说的回忆,是乐趣的最后部分……你我相遇的时候,会面很快就结束了,什么也没有,事后我们回忆起来,就慢慢有了点什么。但我们仍然对此知之甚少。当我躺下来死去的时候我会怎样回忆它,它在我生前的所有日子里对我的影响——那才是真正的会面。刚才说的会面只是它的开始。(马爱农译,2011,译林出版社,第100页)

最精彩的诗句,只有通过后面的所有诗句才会变得精彩完美。(第101页)

① 欧文·巴菲尔德(Owen Barfield,1898—1997),英国诗人、作家和评论家。路易斯之挚友。对路易斯之归信,颇多助力。详见本书第十四章。

械。你也可以补充说,在蜂巢和蚁穴,我们可以发现,这二者都完全实现。这正是我们中间有些人,为我们这一物种最梦寐以求的——女性统治和集体统治。在这段恐惧史里面,有件事值得记载。很晚以后,我十几岁时,因为阅读卢伯克①的《蚂蚁、蜜蜂和马蜂》,我才对昆虫有了短暂的真正科学兴趣。别的学业很快就将它挤了出去;然而只要我的昆虫学时期还在继续,恐惧就几乎完全消失,因此我倾向于认为,真正客观的好奇心,往往有此清洗功效。②

拿更质朴的一代人都会诊断出来的病因——我的婴幼读物里的一幅可恶插图——来解释我的恐惧,我担心,精神分析师可能不会满意。那图上有个侏儒儿童,一种拇指汤姆,站在毒菌上。其下是一只比他大出好多的鹿角虫,虎视眈眈。这就够糟糕了;然而还有更糟糕的。甲壳虫的两角,用纸板条做成,用一个枢纽固定在纸板上。在其背面拨动一个鬼装置,你可以使得它们像螯一样一开一合——咔嚓咔嚓——我写这段时,依然如在目前。母亲,平素那样明

---

① 卢伯克(John Lubbock, 1834—1913),考古学家,生物学家,政治家。对科学的贡献,主要在昆虫学和人类学。

② 至于为何有此功效,本书第十四章第 8—10 段,有详细论述。

路易斯家的"新屋":小里

智,怎会容许这种可恶玩艺儿进入婴儿房,真是难以理解。除非,的确(因为现在一丝怀疑掠过心头)除非这幅图景本身就是噩梦的产物。然而,我并不以为然。

1905年,我7岁,发生了生命中头一个大变迁。我们搬家了。我揣测,父亲事业发达,于是决定离开我生于其中的联排别墅,给自家盖一所更大的房子,更深入到那时的乡村。①

---

① 路易斯家原先的联排别墅,位于贝尔法斯特的邓德拉(Dundela)。路易斯的新家,位于斯特兰德顿(Strandtown),是座独栋别墅。他们将这座房子称作Leeborough,意为"自治的庇护所",或亲切称作"小里"(Little Lee)。

"新屋"(New House),我们多年一直这样叫它,即便照现在的标准,也的确是座大房子;在一个孩子眼中,与其说像座房,还不如说是座城。就我见识所及,父亲上当受骗,能力过人。这次被建筑商骗得很惨。排水系统有问题,烟囱有问题,每个房间都会漏风。然而这一切,对一个孩子都没事。对我来说,这次搬迁的重要之处在于,生命背景变得广阔了。新屋几乎是我故事里的一个主角。长长的走廊,空荡荡的房间洒满阳光,二楼房间阒无人声,一个人在阁楼上折腾,储水箱和水管隐约咕咕作响,风钻过瓦缝呜呜鸣叫。我就是其产物。我也是无尽的书的产物。父亲读过的书都是买的,而且从来不清理任何一本。书房里是书,客厅里是书,衣帽间里是书,楼梯平台的书架上是书(摆两重),卧房里是书,阁楼上的书摞得跟我肩头一般高。反映了父母转瞬即逝之兴趣的书籍,形形色色,有的可读有的不可读,有的适合儿童有的最不适合。我百无禁忌。在大雨好像无休无止下个不停的午后,我从书架上拿下一本又一本。我保准总会找到一本新鲜的书,就像一个人走进田野,总会发现新草叶一样。搬到新屋之前,这些书在哪里,直至写这一段,我才想起这个问题。答案,茫然无绪。

就门外风景而言,房屋地点是经过精心挑选。从前门眺望,广阔田野向下延伸,直到贝尔法斯特湾。越过海湾,则会望见连绵不绝的安特林山脉——戴维斯山、科林山、卡弗山。曾几何时,不列颠是世界运输公司,海湾泊满船只;这令我们喜出望外,尤其是哥哥。晚间汽笛声,现在依然能勾起我的全部童年。房屋背后,是比安特林山脉更苍翠、更低矮、距离更近的霍利伍德丘陵。不过,直到很晚以后,它们才赢得我们的注意。西北方的景致,首当其冲;夏日,山后落日霞光万丈,宿鸟归飞。在此四周景致之中,变数悄然而至。

起初,是哥哥打点行囊,远赴英格兰一家寄宿学校。于是每年的大多时日,他都被移出我的生活。他假期归来给我带来的狂喜,我记得清清楚楚;可是别离时他身上有什么沮丧,却一点记忆都没有。他的新生活,没在我俩之间造成间隙。同时,我在家继续接受教育。母亲教我法文和拉丁文,一位优秀家庭女教师,安妮·哈珀(Annie Harper),教我别的。这位温柔而又谦逊的小女人,我那时竟当作怪物。然而就我记忆所及,那是我不义。她是个长老会教友。① 有一次,她在算数和抄写之间插入的大段讲解,在我记忆里,第一次把有些真实感的彼岸带给我的心灵。不过,还有很多事情,我更想说说。在我的真实生活里——或者记忆所记载的真实生活——孤独与日俱增。的确有很多人,我可与之交谈:父母,跟我们同住、未老先衰有些耳背的祖父路易斯,女仆,有些嗜酒的老园丁。我相信,我就是个让人受不了的话匣子。然而,孤独几乎总是随时待命,有时在花园,有时在房子里。我已经学会读和写;我有一大堆事情要做。

促使我写作的,是我为之苦恼不已的极端手拙。我将这归咎于父亲遗传给我们兄弟俩的生理缺陷。我们的大拇指,就一个关节。最上面的那个关节(离指甲最远的那个)看得见,但是个样子货,无法弯曲。姑且不管原因是什么吧,反正打我一出生,老天就让我在制作物件方面无能为力。铅笔和钢笔,我的手应用自如。我也能很好地打个领结。可对于工具、球拍、枪支、纽扣或酒钻,我往往是孺子不

---

① 卢龙光主编《基督教圣经与神学词典》(宗教文化出版社,1997)Presbeterian Church(长老宗教会)辞条:"基督教教会的一支,源于16世纪由加尔文(J. Calvin)在日内瓦和诺克斯(J. Knox)在苏格兰所领导的宗教改革运动。长老宗教会在管理上容许长老(受按立的平信徒)与牧师一样在教会行政上发挥主要作用。"

可教也。正是这迫使我写作。我憧憬手工制作,制作轮船,房子,机械。有多少纸板和剪刀被我糟践,最后以无望的失败眼泪而告终。作为救命稻草,或作为权宜之计,我被迫去写故事;朝着我会得到认可的那种欢乐世界,做点小小的梦。比起儿童桌上曾经有过的最好的纸板城堡来,在故事中营造城堡,你更能曲尽其妙。

我很快就宣布一方阁楼归我所有,将它弄作"书房"。墙上挂了些画,或是自己手笔,或是剪自杂志圣诞号的彩色图片。这里,我放上自己的钢笔、墨水瓶、正在写的书和画箱。这里:

> 受造之物将复何求
> 赏心乐事予取予夺①

我的第一批故事在这里写就,展示,志得意满。它们试图综合我主要的两项文学乐趣——"着衣动物"(dressed ani-

---

① 原文为:"What more felicity can fall to creature / Than to enjoy delight with liberty?"语出斯宾塞(Edmund Spenser,1552—1599)的长诗《蝴蝶的命运》(*Muiopotmos*)第 209—210 行。

mals)和"铠甲骑士"(knights-in-armour)。其结果是,我写的是老鼠骑士和兔子骑士,披挂上阵,要去追杀的也不是什么巨人,只是猫儿。然而,系列化的苗头(the mood of the systematiser)在我身上已经很浓了;这一来头使得特罗洛普为其巴赛特郡系列小说费尽心血。① 哥哥假期归来,这时诞生的动物王国就成了一个现代动物王国。它若要成为我俩共有的国度,就不得不加上火车,轮船。这样一来,我的故事所写的中世纪动物王国,就必须是同一国度的早期阶段;这两个阶段,当然必须接上茬。这引我从写浪漫传奇(romancing)走向历史编纂(historiography);我着手写一部动物王国通史。尽管这项有益工作(instructive work)的现存版本就不止一个,但我从未将其成功接续到现代;当一切事件都不得不出自史家头脑时,数个世纪的时间都要做填充。不过在这部史书里,还是有个得意之笔。我用来填充故事的那些个骑士冒险,在这里只作约略暗示,读者也就会警觉,它们或

---

① 特罗洛普(Anthony Trollop,1815—1882),英国文学家。其巴赛特郡系列小说包括《养老院院长》(1855),《巴彻斯特钟楼》(1857),《索恩医生》(1858),《佛雷姆利牧师住宅》(1861),《阿林顿的小庄园》(1864)和《巴赛特的最后纪事》(1867)。

许"只是传说"。不知怎地——天知道是怎地——即便在那时我就认识到,对史诗素材,史家应取批判态度。从历史到地理,仅一步之遥。很快就有了一幅动物王国地图——好几张图,大致成为一体。接着,动物王国不得不与哥哥的印度毗邻,其结果是,将印度从真实世界的方位上拿了出来。我们将它弄成一个岛屿,其北海岸就是喜马拉雅山;在它与动物王国中间,哥哥迅速安排了主要航线。很快就有了一个完整的世界及地图,地图将我颜料盒里各种颜料,逐一用过。那个世界里我们自认为属于自己的那些部分——动物王国和印度——渐渐住上了相应居民。

这些时日所读之书,虽很少淡出记忆,可不是全都依然钟爱。柯南·道尔的《奈杰尔爵士》,[1]令我初次对"铠甲骑士"心生神往,可我从来不愿重读一次。现在更谈不上去读马克·吐温的《在亚瑟王廷的康州美国人》了。[2] 可在那时,这书是亚

---

[1] 柯南·道尔(Conan Doyle),著名侦探小说《福尔摩斯探案集》之作者。《奈杰尔爵士》(Sir Nigel,1906),讲述奈杰尔早年在英法百年战争中为国王爱德华三世效力的传奇故事。

[2] 马克·吐温的小说《在亚瑟王廷的康州美国人》(Yankee at the Court of King Arthur,1889),据说是第一本"时间旅行小说"。故事讲的是一个人被击昏,醒来,发觉自己已在古代英格兰,遇上了亚瑟王、梅林等。

瑟王故事的唯一来源,我为其中体现出来的浪漫元素欣喜若狂,毫不顾忌流俗对浪漫元素的不屑。比这两本书情况好一点的,是伊迪丝·内斯比特的三部曲:《五个孩子与一个怪物》《凤凰与魔毯》及《护身符的故事》。① 最后一本于我,厥功至伟。它让我第一次睁眼看古代,看"过去时光幽暗的深渊"。② 现在读起来,依然兴致勃勃。配有大量插图的完整版《格列佛游记》,那时是我的所爱。父亲书房里差不多有一整套《笨拙周报》(*Punches*),我几乎不知翻过多少遍。坦尼尔(Tenniel)③笔下的俄罗斯熊、英国狮和埃及鳄鱼等等,则满足了我对"着衣动物"的激情,同时,他画植物时的马虎和因循,则强化了我自己的弱点。接下来就是比阿特丽克斯·波特④的书,其美永驻。

---

① 内斯比特(E. Nesbit, 1858—1924),英国儿童故事作家、小说家、诗人。19世纪90年代开始为儿童写小说,共写了60多部。

② 原文为"dark backward and abysm of time"。典出莎士比亚《暴风雨》第一幕第2场,见《莎士比亚全集》(译林出版社,1998)第七卷第309页。

③ 约翰·坦尼尔爵士(Sir John Tenniel, 1820—1914),《笨拙周报》的漫画家,《爱丽丝漫游仙境》(*Alice in Wonderland*)的插图作者。

④ 波特(Beatrix Potter, 1866—1943),英国儿童读物作家。主要作品有《兔子彼得的故事》(1900)、《松鼠纳特金的故事》(1903)、《小兔本杰明的故事》(1904)。路易斯在《文艺评论的实验》第三章一开头就说:"童年时期,我的一大乐事就是,看比阿特丽克斯·波特为其《故事集》所配插画。"(邓军海译,华东师范大学出版社,2015)

显然,这段时日——六七八岁的光景——我基本上活在自己的想象之中;或者至少可以说,这些岁月里的想象经验,在今日之我看来,比别的任何事物都重要。因而,在诺曼底度过的那个假日,也就无足挂齿了(虽然仍记忆犹新);倘若把那个假日从过去切除,我依然是现在的我。不过,想象(imagination)一词太过含混,我必须做几点澄清。想象或指空想的世界(the world of reverie),白日梦,一厢情愿的幻想(wish-fulfilling fantasy)。这我就太了解了。我常想象着自己,剪了一幅好图。不过,我必须坚持,这是与发明动物王国截然不同的举动。动物王国(Animal-Land)根本不是(这个意义上的)幻想(fantasy)。我可不是住在里面的一个人物。我是其创造者,不是获准入境者。发明(invention)与空想(reverie)本质不同;要是有人看不出其间差别,那是因为他们对于二者,全无体验。谁体验过它们,谁就会理解我。在白日梦中,我将自己训练成一个蠢蛋;而为动物王国绘制地图编写历史,我将自己训练成一个小说家。切记,是小说家,不是诗人。我所发明的世界,(对我而言)充满了趣味、喧嚷、幽默及人物;可是,其中并无诗歌,也没有浪漫传奇。

它甚至平庸得出奇。① 因而,如果我在第三种意义上使用想象一词,这也是三义之中最高远的一个,那么,这个发明出来的世界就不是想象的。不过,某些别的经验却是想象的,我现在想努力记述它们。记述这类经验,虽然特拉赫恩②和华兹华斯做得更好,可是每个人必须讲述自己的故事。

首先是对一段记忆之记忆(the memory of a memory)。一个夏日,站在繁花似锦的一棵醋栗藤旁,心中突然升起了那段记忆,记起来在老屋里,一大早,哥哥带着他的玩具花园(toy garden)来婴儿房。这段记忆无端而来,仿佛不是几年前的事,而是几百年前。很难找到强有力的文字,来形容心头掠过的感受(sensation);弥尔顿笔下伊甸园的"无限的幸福"③

---

① 【原注】对于我的儿童读物之读者,最好的说法应是,动物王国(Animal-Land)与纳尼亚毫无共同之处,除了其中拟人的禽兽。动物王国,总体而言,排除了一切奇迹(wonder)。【译注】关于二者之不同,详参《纳尼亚人》第28—29页。

② 托马斯·特拉赫恩(Thomas Traherne, 1637—1674),英国玄奥的散文作家、诗人及神学家。其著作《百思录》(*Centuries of Meditations*),直至1908年才付梓出版。书名中的 century 一词,并非世纪之意,而是100之意。

③ 原文是"enormous bliss",语出弥尔顿《失乐园》卷五第297行。更长一点的引文是:"这里的自然,回荡她的青春活力,/恣意驰骋她那处女的幻想,/倾注更多的新鲜波辣之气,/超越乎技术或绳墨规矩之外;/洋溢了无限的幸福。"(朱维之译《失乐园》,译林出版社,2013,第173—174页)其中"enormous bliss"一词,刘捷译为"巨大的福佑",陈才宇译为"幸福无穷无尽"。

(全取"无限"一词之古义),差可近之。当然,那是一丝渴欲(a sensation of desire);可是,渴欲什么?肯定不是渴欲布满苔藓的饼干盒,甚至也不是渴欲昨日重现(尽管为之魂牵梦绕)。"寤寐求之"①——尚不知晓我到底在渴欲什么,渴欲本身就已消逝,整个那一瞥(the whole glimpse)消失不见。世界又变得平淡无奇,或因方才停止的对憧憬之憧憬(a longing for longing)而扰攘不安。虽然只是那么一瞬间,可在某种意义上,任何别的事情与之相比,都无足轻重。

第二次瞥见(the second glimpse)则来自《松鼠纳特金的故事》(*Squirrel Nutkin*)。仅仅来自它,虽然波特的书,我全都爱。其余的书,只是娱乐;这本书则给人当头一棒,它是个麻烦(trouble)。它给我的麻烦,我只能形容为"秋意"(the Idea of Autumn)。说有人会迷恋一个季节,听上去虽奇奇怪怪,可这差不多还就是实情;而且,跟从前一样,这体验也是一种强烈渴欲。我重回此书,不是为满足渴欲(这不可能——一个人如何能坐拥秋天?),而是唤醒它。在

---

① 【原注】Oh, I desire too much. 【译注】原文为希腊文: Ἰούλιαν ποθῶ。路易斯译为:"Oh, I desire too much."不知语出何处,暂藉《诗经·关雎》"求之不得,寤寐思服。悠哉悠哉,辗转反侧"之语意译。

这体验中,也有着同样的惊奇(surprise),同样感到其重要无法估量。它跟普通生活甚至普通快乐,大不一样;恰如人们可能会说的那样,是"另一维度"的某种东西。

第三次瞥见(the third glimpse)来自诗歌。我曾对朗费罗①的《欧拉夫王》(*Saga of King Olaf*)情有独钟:钟情其娓娓道来,深入浅出,钟情其音调铿锵。也就在那时——跟这些乐趣颇不相同,有点像远楼上的歌声——偶尔闲翻此书,发现了《泰格纳尔哀歌》的无韵译文,其中写道:②

《泰格纳尔哀歌》之译者朗费罗

---

① 朗费罗(Henry Wadsworth Langfellow,1807—1882),美国 19 世纪最著名的诗人。
② 《泰格纳尔哀歌》(*Tegner's Drapa*),原是一首悼念瑞典诗人泰格纳尔(Esaias Tegnér,1782—1846)的一首北欧古体诗。路易斯读到的是美国诗人朗费罗的译文。路易斯引用的是该诗第一节的前半段:"*I heard a voice that cried*,/ *Balder the beautiful* / *Is dead*,*is dead* ——"后半节诗文是:"这声音,透过迷梦的雾,/ 像飞向太阳的苍鹭 / 发出的悲哀啼叫。"(And through the misty air / Passed like the mournful cry / Of sunward sailing cranes.)

Elmer Boyd Smith 绘制的
《任何箭都伤他不着》

我听见一个声音在叫喊，"漂亮的巴尔德尔死了，死了——"

我对巴尔德尔一无所知；①可是瞬时间，我被提升到辽阔的北方天空，我在欲求着某种无可名状的东西（除了说它冰冷、广阔、严酷、苍白、辽远外）。这欲求之强，几近成病。接着，一如别的时候，我发觉自己在同时既放弃这一渴欲却又期望重回其中。

---

① 巴尔德尔(Balder)：古斯堪的纳维亚神话中主神奥丁与妻子弗丽嘉所生的儿子。他长相俊美，为人正直，深受诸神宠爱。关于他的大多数传说讲的是他的死。冰岛故事则谈到诸神如何向他投掷东西取乐，因为他们知道他不会受伤。黑暗之神霍德耳受邪恶的洛基的欺骗，把唯一能伤害他的槲寄生投向巴尔德尔，将他杀死。某些学者认为巴尔德尔消极忍受苦难的形象，是受了基督形象的影响。(参《不列颠百科全书》第 2 卷 161 页)美国著名的"古典文学普及家"依迪丝·汉密尔顿(1867—1963)在《神话》一书中写道："光明之神巴尔德耳是在天上和人间最受爱戴的神祇，他的死亡是诸神所遭遇的第一个重大灾难。"(刘一南译，华夏出版社，2014，第 348 页)

读者诸君若在这三桩轶事里找不到丝毫兴趣,大可不必再读本书,因为在某种意义上,我生命的核心故事不是别的。至于仍打算往下读的读者,我只会重申一下这三种体验的共同品质:它关乎一种未满足的渴欲(unsatisfied desire),这一渴欲本身比任何别的满足更为可欲(desirable)。我称之为悦慕(joy)。这是个专门术语(a technical term),必须与幸福(Happiness)与快乐(Pleasure)明确区分开来。(我所说的)悦慕,与幸福及快乐二者之共通之处,其实有一个,而且只有一个:任何人只要体验过它,就还想再体验一次。除了这一事实,就悦慕之品质而论,几乎最好称之为某一特定种类的不幸或悲伤(a particular kind of unhappiness or grief)。可那正是我想要的。我拿不准,任何人尝过悦慕滋味,假如悦慕与快乐都在他的掌控之中,会不会用尘世的一切快乐来换取它。只不过,悦慕从未在我们的掌控之中,而快乐往往则是。

我一点都拿不准,方才所谈之事,到底是发生在我现在必须去谈的巨大变故之前还是之后。一天晚上,我病了,因头疼和牙疼而啼哭,为母亲没来看我而伤心。那是因为她也病了;而且奇怪的是,她房间里有许多医生,人声嘈杂,出出进进,房门开了又闭闭了又开。这种情况持续了好几个小时。接着,父亲来到我的房间,满脸泪痕,想向我受惊的心灵传递从未想过的事情。母亲患的绝症,绝症自行其道;手术(那时手术就在病人房间里做),康复迹象,病魔卷土重来,病痛变本加厉,死亡。父亲从这场变故中,从未完全回过神来。①

跟长辈相比,孩子们所受折磨一点不轻(我想),只是不一样而已。对于我们这两个孩子,母亲辞世之前,其实就有了丧亲之痛。当她慢慢退出我们的生活,落入护士和吗啡之手,神志不清,当我们变得像个外人,变得碍手碍脚,当房子里充满了怪味、喧嚷和不祥的悄悄话时,我们就渐渐失去

---

① 路易斯的母亲弗洛拉,1908 年 8 月 23 日辞世,享年 36 岁。《纳尼亚人》里的这段记载,也许可以说明路易斯母亲辞世对家里的影响,虽然文字颇为含蓄:
弗洛拉·路易斯有一份日历,上面的每一天都引有莎士比亚的句子;她去世那一天的日历上写着出自《李尔王》(*King Lear*)的一段话:
  人们的生死
  都不是可以勉强得到的,
  你应该耐心忍受天命的安排。
路易斯家族保留了这一页,以此纪念阿尔伯特所称的"上帝赐给男子的最好的女子、妻子和母亲"。五十五年后,沃尼将前面几个字——人们的生死都不是可以勉强得到的——刻在了他兄弟的墓上。(第 24 页)
其中阿尔伯特是路易斯的父亲,沃尼是路易斯的哥哥。

了她。这就有了两个进一步的结果,其一特别的恶,其一特别的善。它让我们既与父亲分隔,又与母亲分隔。常言道,共同悲伤会让人更加亲近;当共此悲伤的人年龄悬隔之时,我则很难相信,它常会有此果效。假如我可以信赖自己的亲身经历,那么,眼见大人们的悲苦及恐惧,在孩子们心里的效果就只是吓呆(paralysing)和疏远(alienating)。这或许是我们的错。假如我们这两个孩子再乖一些,那时,我们或许能减轻父亲所受的折磨。我们当然没有这样。他的神经从来就不是最坚强的那种,他的情感总是失去控制。焦虑之下,他脾气反复无常;说话粗野,行事不公。因而,由于命运出奇地残酷,这几个月里,这个不幸的男人,要是他知道的话,其实不只失去妻子,而且失去了儿子。我们弟兄二人,为使生活差可忍受,越来越相依为命,越来越排外;我们只信赖彼此。我料想,我们(或者说我无论如何)当时已学会跟他撒谎。曾经使得这座房屋成其为家的每样东西,都光景不再;除了我们彼此。我们一天天地愈加亲密(这是其善果)——在冰冷的世界,两个吓坏了的刺猬依偎在一起,彼此取暖。

童年之悲伤,因别的苦痛(miseries)而变得复杂。那时，我被领到卧室，母亲躺在那里，死了；他们说，让我"去看她"，而我即刻认识到，实际上是"去看它"。大人们称之为"失形"(disfigurement)的东西，母亲没有。可是，死亡本身就是整个失形。时至今日，我还是不知道，当人们口称遗体美丽，是什么意思。相比于最可爱的死者，最丑陋的生者也是个美丽天使。至于棺木、鲜花、灵车、葬礼，接下来的这些全部行头，我的反应只是反感(horror)。我甚至给一位舅妈，大讲一通丧服之荒唐。那说话神气，在绝大多数大人看来，既全无心肝又少年老成。要知道，那可是我们亲爱的安妮舅妈呀，舅舅的加拿大妻室，几乎和母亲本人一样通情达理，一样阳光。从那时起，我就对葬礼之小题大做(fuss)和循规蹈矩(flummery)感到厌恶。由此厌恶入手，或许会追溯至我身上的某样东西——虽然我现在会认为它是缺陷，但却从未完全克服。这就是反感一切公众行为，反感一切集体事务，对仪式的土包子式抵触。

一些人（但不是我）会以为，母亲辞世是个机缘，诱发了我的首次宗教经验。就在宣布她的病情无望之时，我记起了我曾被教导说，诚心祷告会得应允。于是，我靠意志力，让自己树立牢固信念：为母亲康复祷告会如愿以偿；如我所想,牢固信念是树立了。当她还是离我而去之时,我就换个阵地,力图使自己相信会有神迹。有趣的是,除了失望本身,我的失望再没产生任何结果。神迹并未发生。不过,不管用的事情,我已经习惯了,于是就再没多想过它。现在想来,真相就在于,我当时自以为有的那个信念,本身太过非宗教(irreligious),因而不会产生任何宗教革命(religious revolution)。我接近神或我对神的观念,没有爱,没有敬畏,甚至没有惧怕。在我心中的神迹画面里,祂之出现,既非救世主,也非审判者,而只是一个魔法师;我想,当祂做了我祈求于祂的事,祂就会——这么说吧,利利索索走人。我从未想过,我恳请的这种非同一般的接触(tremendous contact),其后果,可不止是恢复原样。我想,这种"信仰"常常诞生在儿童身上,其失望在宗教上无足轻重;那些所信的事情,即便如儿童所构想的那样,如愿以偿,这些事也没有宗教份量。

随着母亲离世,一切现成的幸福(settled happiness),一切平静又可靠的东西,都从我生活中消失了。生活中还会有许多欢笑,许多快乐,还有悦慕的多次刺痛(many stabs of Joy);却再也没了以前的安全感。生活如今成了海洋和岛屿,大陆已像亚特兰蒂斯一样沉没了。①

---

① 亚特兰蒂斯(Atlantis),传说中拥有高度文明的古老大陆,最早的描述见于柏拉图《蒂迈欧篇》和《克里底亚篇》两篇对话录中,最后沉没在大西洋海底。亚特兰蒂斯后来成为文学创作中先进史前失落文明的灵感来源。

2 集中营
Concentration Camp

彩色木棒教算术。①

——《泰晤士报教育副刊》1954年11月19日

马蹄橐橐……1908年9月的一个傍晚,薄暮时分,我

---

① 原文是:"Arithmetic with Coloured Rods."是1954年11月19日《泰晤士报教育副刊》(*Times Educational Supplement*)一则评论的标题。其中的colored rods,指奎茨奈棒,是一种算术教具,由比利时教师Georges Cuisenaire发明。它用不同长度的木棒来表示不同的自然数,并配以不同的颜色。1立方厘米的正方体,是其一个单位。据说这教具有助于从具体到抽象数字的转换。路易斯引此作为本章"题辞",或许是在讽刺这种技术乐观。

们父子三人乘一辆四轮马车,行进在贝尔法斯特凹凸不平的街道上。街路是方石铺的,车子吱吱扭扭。我要去上学,人生头一次。我们情绪低落。哥哥最有理由情绪低落了,因为只有他知道,我们正要去干什么,可他表露得最少。他已是个老手。我或许还有点兴奋,可只是一点点。那一刻最最重要的事实,是让我穿上的那身可恶衣衫。就在上午——就在两小时前——我还穿着短衣短裤和沙滩鞋,四处乱跑。如今,则裹在厚厚的黑色呢料里,脖子腋窝顶得难受,浑身不自在,伊顿领就像箍的一道项圈,①穿不惯的靴子早已磨得脚疼。我穿的是灯笼裤,膝盖部位扣着纽扣。多年以来,每年大约有那么四十周,每晚脱衣,我都会看到那些纽扣留在皮肤上隐隐作痛的红色印痕。最糟糕的是圆顶礼帽,铁制似的,箍在头上。我见识过一些男孩,跟我处于同一窘境,却欢迎这些东西,以为是长大的标志。在我的经历中,没有什么东西能告诉我,作学童比作孩子美妙,或作成人比作学童美妙。哥哥在假期,从不多谈学校。我所深信的父亲,则把成人生活呈现为,财政破产持续威胁下的

---

① 伊顿领(Eton collar),指伊顿公学男生制服上又硬又宽的衣领。

一种拼命挣扎。在这一点上,他也从不打算哄我们。他就这性子。当他宣布,常常这样宣布,"很快就走投无路了,除了济贫院",他就会立即相信自己的话,或者说至少对此感同身受。我把他的话字字当真,对成人生活之期许,黯淡至极。与此同时,穿校服,我打心底以为,就活像穿囚服。

伊顿公学校服的基本式样

到了码头,上了"弗利特伍德号";在甲板上可怜兮兮转悠几圈之后,父亲就跟我们挥手作别。父亲大为动容;我呢,嗨,却不知所措,有些难为情。相较之下,他一上岸,我们哥俩则近乎欢天喜地了。哥哥带我去看轮船,指着视野里别的船只说这说那。他富于出行经验,是个江湖大混(a complete man of the world)。某种惬意,悄悄弥漫心田。我喜欢港口的倒影,喜欢油亮油亮水面上的闪烁灯光,喜欢绞车的吱吱扭扭,喜欢引擎间顶空的温暖气息。缆绳解开了。我们与码头之间黑魆魆的空间,越来越大;我感到心扑腾扑腾跳。旋即,船驶下海湾,嘴唇上尝到了咸咸的味道。眼见那一簇簇灯光,渐渐离我们远去。后来起风了,我们不得不回舱。那一夜真是难熬,哥哥晕船了。我竟荒唐地妒嫉他这本事。他的举止,就像个经验丰富的旅行家。我费了很大劲,才学会了吐;但装得不像——我那时就是,现在仍是一个好航海家的苗子。

没有哪个英格兰人,会理解我对英格兰的第一印象。下了船,大约次日六时前后吧(但天色仿佛还是午夜),我就发觉自己身处一个顿感厌恶的世界。兰开夏郡的平地,清晨时分,隐约可见;在我眼中,有如冥河河岸。周围的英格兰口音,听上去鬼腔鬼调。最令我厌恶的,是从弗利特伍德到伊顿一带的英格兰地貌。即便长大成人之后,在我看来,其主干线横穿而过的,依然是这块岛屿上最无趣最不友好的地带。在一直住在海边、眼中连绵群山的一个孩子眼中,这就像俄罗斯在一个英格兰男孩眼中一样。那个平坦!那个无边无际!一里又一里的单调土地,如囚牢般,将人关离海洋,令人窒息!凡事都不对劲;木篱笆,不见石墙和树篱;红砖农舍,不见白色小屋;田地都太大,草垛奇形怪状的。

赫特福德郡的建筑

《英雄国》①里说得好,在陌生人家,那地板都疙疙瘩瘩。后来,我与英格兰言归于好;不过在那一刻,我对英格兰心生的那股厌恶,用了许多年才得到医治。②

我们的目的地,是赫特福德郡的一个小镇——姑且称

---

① 《英雄国》(*Kalevala*,一译《卡勒瓦拉》),芬兰民族史诗。包括 50 首古代民歌,长达 23000 余行,由 19 世纪诗人伦罗特(Elias Lönnrot, 1802—1884)润色汇编而成,1835 年初版。

② 路易斯曾区分了两种旅行者:一种旅行者到了外地,总觉得饭菜口味欠佳生活习俗离奇古怪;另一种旅行者则尝试从当地居民的眼光看世界,享用他们的饭菜,尝试过他们的生活。前者与后者之别就在于,前者走遍天涯海角,找到的还是自己;后者则因为走出自我,故而旅行过后总有些改变。详见路易斯《中世纪和文艺复兴时期的文学研究》,胡虹译,华东师范大学出版社,2010,第 3—4 页。

之为贝尔森吧。①"绿色的赫特福德郡",兰姆②如斯说;可是对一个在唐郡长大的孩子来说,那就不是绿色了。那是平坦的赫特福德郡,无情的赫特福德郡,黄土地的赫特福德郡。爱尔兰与英格兰的天气差别,跟英格兰与大陆之别,有得一比。在贝尔森,气候多变,从未见过的多变;在此,我首次见识了严霜(bitter frost)和浓雾(stinging fog),见识了闷热及暴风骤雨。透过没有窗帘的宿舍窗户,我首次领略了满月的凄美。

我这才知道,学校有八九个住校生,走读生数量也差不多。除了在硬梆梆的操场上跑圈以外,有组织的体育活动长期以来本就半死不活,我到校不久,便完全绝迹了。那里没法洗澡,除了每周在澡堂洗一次。1908年我去的时候,我在做拉丁文练习题(是母亲教的),1910年离开时,我仍在做拉丁文练习题;我眼中从未碰见一

---

① 贝尔森(Belsen),德国北部一村庄,位于汉诺威市以北。"二战"期间,为纳粹集中营所在地。路易斯用此名,与本章标题相应。

② 兰姆(Charles Lamb,1775—1834),笔名伊利亚,英国散文家,文评家,诗人,柯勒律治和华兹华斯之好友。"绿色的赫特福德郡"(*Green Hertfordshire*),语出兰姆的"Amicus Redivivus"一文第7段,见《伊利亚随笔续集》(*Last Essays of Elia*,1833)。

位古罗马作家。课堂上唯一刺激的因素,是几根用旧了的"藤杖",①挂在唯一一间教室里的绿色铁皮壁炉架上。教职员工有,校长兼所有者(我们叫他"老家伙"),他儿子维维和一位助理教员。助理教员走马灯般换来换去;其中一个待了不到一周。还有一位,当着孩子们的面被解雇。老家伙还附带说,大意是,要是自己没有圣职,②定会将他踢下楼去。这奇特一幕,就在宿舍上演,但我记不清到底为了什么。所有这些助理教员(那个待了不足一周的除外),都跟我们一样怕老家伙。终于有一天,不再有助理教员了,老家伙的小女儿就来教低年级生。那时,只留下五个住校生。老家伙最终放弃了他的学校,接受精神治疗去了。我是其最后一个幸存者,船沉没之前,我下了船。③

老家伙乾纲独断,就像出海时的船长。这座房子里,没

---

① 路易斯研究者 John Bremer 认为,本章里的 cane 一词,就是指 rod,即本章题辞里的彩色算棒。详见 http://www.discovery.org/a/978。窃以为似发挥过度。
② "老家伙"所说的圣职(Holy Orders),指他的圣公会牧师的身份。
③ 路易斯的父亲为两个儿子在英格兰选择的学校,位于赫特福德郡的沃特福德(Watford),名叫温亚德学校(Wynyard School),路易斯称作"集中营"。校长名叫罗伯特·凯普仑(Robert Capron),路易斯称作"老家伙"。此人原为圣公会牧师,1881 年创建了温亚德学校。在路易斯前去上学之时,此人已患有精神疾病,曾被控虐待学生。

有哪个男人或女人跟他平起平坐。除了维维,没人敢跟他说话。吃饭时间,我们这些孩子,得以瞥见他的家庭生活。儿子坐他右手;他俩的伙食是单独的。妻子和三个长大成人的女儿、助理教员和孩子们,都在默默吞咽自己的下等伙食。尽管我想他妻子从未向老家伙发话,却准许答话;女儿们——三个悲惨人儿,冬夏都穿着破破烂烂的黑衣裳——在老家伙向她们发话的屈指可数的场合,除了耳语般的"是,爸爸"或"不,爸爸",从未多说一句。这座房子,很少有人造访。啤酒,老家伙和维维晚饭间通常要喝的东西,也会给助理教员客气一下,却期望他谢绝。有个助理教员,毫不客气,饮了那杯。得立地教育教育他。过了一小会儿,又问他,热嘲冷讽的腔调:"或许您愿意再来一点,N先生?"N先生是个勇武之人,从容答道:"好吧,谢谢,C先生,我想我愿意。"他就是那个待了不足一周的助理教员;那天接下来的时光,对于我们这些孩子,暗无天日。

我自己,倒是老家伙的一个宠物或吉祥物——这一席位,我发誓从未谋求,而且其优势纯是负面的。[①] 哥哥甚至

---

① 据路易斯的哥哥沃伦,在温亚德学校,老家伙对路易斯之宠爱,堪称极致:"他深得校长欢心,甚至多少视他为宠物,其宠爱是这种人所能达到的最大程度。"(《纳尼亚人》第41页)

连他的撒气桶都算不上。因为他有自己的撒气桶,就是那横竖都不对的孩子。有天早饭后,老家伙走进教室,环顾四周,说道:"哈,你在这,里斯,你这讨厌鬼。要是我今天不累,今下午定会给你一顿收拾。"他不是在发脾气,也不是开玩笑。他身材高大,胡子拉碴,双唇就像纪念碑上的亚述国王那样,力大无比,脏不拉叽。今日,人人都说萨德现象(sadism),①可是我却质疑,他的残酷之中有哪样爱欲成分。我那时约略悟出,如今似乎看清了,遭他鞭打的孩子共同之处何在。这些孩子都在一定社会地位之下,口音里都带着方言。可怜的 P——可爱、诚实、勤勉、友善又敬虔——之所以常遭鞭打,我想,只有一点不顺眼:他是牙医

---

① 在心理分析领域,sadism 和 masochism,是一对颇为流行的术语。据说,是性学专家艾宾(Richard von Krafft-Ebing,1840—1903),首次将 sadism 和 masochism 这对术语引入学术界,使之成为被广泛接受和使用的概念。sadism 一词,汉语学界一般译为"施虐倾向"或"施虐癖",这是意译;也依其词源,即法国作家萨德侯爵(Marquis de Sade,1740—1814),译为"萨德现象"。至于 masochism,一般意译为"受虐倾向"或"受虐癖";也依其词源,即奥地利小说家马索克(Leopold von Sacher-Masoch),译为"马索克现象"。在路易斯看来,将 sadism 一词等同于残忍,其实就意味着此词已死,意味着人们不懂此词已死。他在《词之死》(The Death of Words)一文中说:"一旦让 sadism(萨德现象)萎缩成 cruelty(残忍)之同义词,毫无用处的同义词,当你不得不指涉萨德侯爵受尽折磨的那些极度变态时,你怎么办?"(见 C. S. Lewis, *On Stories: And Other Essays on Literature*, p. 107.)

的儿子。我曾目睹老家伙让这孩子弯腰站在教室一头,每鞭打一下,他都要从教室另一头冲过来;P则是在无数次鞭笞下久经考验,一直不出声,直到这场折磨的最后,发出了颇不类人声的响叫。那声鬼哭狼嚎,其他小孩面无血色的脸以及死一般的静默,是我永远抹除不了的记忆。①

蹊跷的是,尽管如此严酷,我们竟然啥都没学着。其部分原因或许是,此严酷是非理性的,不可预知;部分原因更是,他所用的奇怪方法。除了(老家伙真正喜欢的)几何学,可以说,他根本就没教书。他叫学生站起来回答问题,当回答并不满意时,他会以低沉平静的语调说:"把藤杖给我。我看现在需要它。"要是哪个孩子弄不明白,老家伙就拍着桌子喊,声音越来越大:"想想——想想——你倒是想想啊!!"接着,作为刑罚之前奏,他低语:"出来,出来,出来。"真的发怒之时,他先做个滑稽动作;用小拇指掏耳垢,嘴里嘟嘟囔囔:"哎哎,哎哎……"我曾见他跳将起来,一圈一圈跳舞,活像一头表演熊。与此同时,维维或助理教员或老家伙的小女儿(这是后来的事),则在另一张讲桌前,窃窃私语

---

① 【原注】这场惩罚,起于几何证明中的一个错误。

般地问我们问题。这种"课",时间不是很长;剩下的时间,该让孩子们做什么呢?老家伙决定,让做算术,这样自己最不费心。这样,你九点钟上学,拿起算板,做算术题。很快你被叫起来,"背书"(say a lesson)。背完书,回到座位,做更多的算术题——如此没完没了。别的一切艺术和科学,因而显得就像一座座孤岛(多半是嶙峋而又危险的孤岛):

那些岛屿呢,像红宝石和翡翠般,
点缀原来是赤裸的海洋的酥胸。①

——深海则是无边无际的算术海洋。上午结束之时,你不得不汇报做了多少道算术题;谎报,很不安全。不过,监管倒是不严,相关措施付诸阙如。哥哥——我已说过,他已经成了一个江湖大混(a man of the world)——很快就找到窍门。每天上午,他都实话实说,说做了五道算术题;但他从不说,那五道题每次都一样。探知他到底把这五道题做过几千次,蛮有趣。

---

① 原文为:"*Which like to rich and various gems inlaid / The unadorned bosom of the deep.*" 语出弥尔顿《科马斯》(*Comus*,1634)第22—23行。拙译采自杨熙龄先生中译之《科马斯》(新文艺出版社,1958)第4页。

我必须收敛着点了。接着写老家伙,会用去好多篇幅;一些最最不堪的,还没说。不过这样做,或许有些邪恶,的确也没必要。关于他,倒有一桩善行。因良心驱迫,有个孩子向他坦白了一桩谎言,一桩要是不坦白就查不出来的谎言。这食人魔竟被感动;他拍了拍那位噤若寒蝉的孩子的背,说:"一定要坚持真理。"我还能说,尽管他的几何学教得严酷,还是教得蛮好。他逼我们推理,这些几何课,我终生受益。至于其余行状,倒有个解释,可能使其更可原谅。多年以后,哥哥遇见一个人,就在老家伙学校边上长大。此人及其家人,(我想)还有左邻右舍,都相信老家伙是疯了。或许他们是对的。假如他那时是刚疯不久,那么,这就能解释我的一桩困惑。在那学校,我知道,大多数孩子啥都没学到,也没哪个孩子学到很多。可是老家伙却能自吹,说这学校过去成绩斐然。他的学校,总不能像我们上学时那样,一直是个骗局吧。①

---

① 路易斯的父亲阿尔伯特·路易斯,曾为帮儿子"找到最好的教育机构进行了彻底研究并付出大量精力",但却正如路易斯的两名传记作者所说,"在英伦三岛上所有的学校之中,他似乎选择了最糟的一所"。(参《纳尼亚人》第27页)既然路易斯的父亲是经过精心研究,那也就约略说明,该校此前口碑不错。

你或许会问,父亲咋就送我们去了那里。一定不是他选择时不上心。留下来的通信显示,锁定老家伙的学校之前,他考虑过别的很多学校;据我对他的了解,我敢保,在这种事上,他从来不会受头一个主意(大概就是正确的)的指引,甚至不会受第二十一个(至少还有的可说)的指引。毫无疑问,他深思熟虑,反复斟酌,直到第一百零一次;这次,则是一点没跑地错了主意。简单之人自以为精细,深思熟虑的结果总是这样。① 恰如厄尔的《宗教怀疑论》(*Scepticke in Religion*)所说,他"总是对自己太过严苛"。② 父亲以"善读言外之意"(reading between the lines)自许。③ 任何事实或文件的显见意思,常遭怀疑:他那不知疲倦的丰富想象,会无意识地创造出除他之外无人能见的意思,真正而又内在的意思。他自以为在解读老家伙的学校简介,实则在心中编写一部校园故事。所有这一切,我一点都不怀疑,他都

---

① 《论语·公冶长第五》:季文子三思而后行。子闻之,曰:"再,斯可矣。"

② 原文为:"is always too hard for him."系译者妄译。厄尔(John Earle,1601—1665),英国牧师,作家。1663 年任索尔兹伯里主教(bishop of Salisbury)。

③ 拙译路易斯《文艺评论的实验》袭用周恩来先生的名句,将"reading between the lines"译为"在无字句处读书",如今看来,是误译。

极度尽职尽责,甚至还为之苦恼不已。有人或许会期待,我们去了贝尔森之后不得不讲的真实故事,会将他的这个故事,立即刮得无影无踪。不过没这回事。我也相信,这种事很少发生。假如每一代父母,总是或经常知晓儿子学校里真实发生的事,教育史就会大不相同。不管怎么说,我和哥哥都没有成功地让父亲知道真相。原因之一是,他是个固执己见的人(这一点日后会更清晰)。他的心灵过于活跃,以至于不会成为一个严格的接受者(receiver)。他自以为所听到的话,从来都不是你所说的。我们甚至都没去努力尝试。跟别的孩子一样,我俩也没有对照标准;我们以为,贝尔森的惨境,是一切学校都有的无可避免的惨境。面子也使我俩三缄其口。放假回家(尤其是放假第一周,假期仿佛天长地久),小孩往往会大出风头。他宁可把校长描述为一个小丑,也不会描述为一个食人魔。他讨厌人将自己想成一个懦夫或哭哭啼啼的婴儿。要是他描绘了集中营的真实画卷,就等于承认,在过去的十三周里,自己是个面色苍白、浑身打颤、哭哭啼啼、奴颜婢膝的奴隶。战场留下的伤疤,我们都喜欢显摆;牢狱留下的伤疤,很少显摆。再去控诉我们在老家伙那里度过的既虚耗光阴而又悲惨的岁月,父亲必定承受不了;因而现在,借但丁的话说,"述说我在那里遇到的福星"。①

首先,即便我没学会友爱,也学会了合群。哥哥刚到那学校时,学校还有欺人贼(bullying)。② 虽然前几个学期,我有哥哥保护(后来,他离开那里到另一个我们姑且称之为维文的学校去),可是我却怀疑,是否有此必要。在学校走下坡路的最后几年,我们寄宿生太少,待遇更恶劣,以至于不会有恃强凌弱之事。过了一段时间,就没了新生。我们之间也争吵,当时吵得很厉害;可是不久,我们彼此熟识,共患难,以至于我们已不仅仅是老熟人了。我想,这就是贝尔森终究对我为害不大的原因。与来自同辈的压迫相比,来自上面的压迫很难让一个学童丧失勇气。我们五个寄宿生,一起有许多单独的快乐时光。废止了有组织的体育活动,虽然对我们绝大多数都注定要过的公学生活来说,是个先天不足,可在那段时间则是个巨大福祉。放半天假时,我们被打发出去独自散

---

① 原文为:"to treat of the good that I found there."语出但丁《神曲·地狱篇》第1章第8行。拙译采用田德望先生之译文。
② 将bullying一词,译为"欺人贼",用的是陕北方言,意指欺人成性者。

步。我们走得并不多。在偏远山村商店里买糖吃,在运河边闲逛,或坐在隧道顶上,观看列车。赫特福德郡慢慢也不再可憎。我们的谈话,不拘于满足公学学童的那些狭隘兴趣;我们仍有孩子的好奇心。我甚至能记得,就是在那些日子里,我参与了人生第一场形而上学辩论。我们在争论,未来到底像一条你看不见的线,还是像一条你尚未画的线。我忘了自己站在哪一方,可我知道,当时我满腔热忱。那里总有切斯特顿所谓的"老笑话的余味悠长"。①

诸君会注意到,这所学校最终重演了我的家庭遭际。在家里,那段悲惨时光让我跟哥哥更亲密;在此,时光总是悲惨,对老家伙的怕和恨,在我们这些孩子身上差不多有同样功效。他的学校在某些方面颇像《反之亦然》②里的格林

---

① 原文是:"the slow maturing of old jokes." 语出切斯特顿《萧伯纳》(*George Bernard Shaw*, 1910)一书第7章第16段。路易斯的引文,跟该书原文有一字之差:All the things that make monogamy a success are in their nature undramatic things, the silent growth of an instinctive confidence, the common wounds and victories, the accumulation of customs, the rich maturing of old jokes.

② 《反之亦然》(*Vice Versa: A Lesson to Fathers*),英国著名小说家和记者托马斯·安斯提·格思里(Thomas Anstey Guthrie, 1856—1934) 1882年出版的著名校园小说。小说讲述的是父子俩,依靠魔法,互换身份。因而,父亲也就体验到了学校生活的严酷现实。

史东博士的学校；不过，不像格林史东博士的学校，这里没打小报告的。面对共同敌人，我们齐心协力。我怀疑，正是这一遭际(pattern)在早年生活中的两次出现，令我的眼界产生偏颇。至今，我心中产生的最最自然的世界图景，都是"我们俩"或"我们几个"（某种意义上"我们幸福的几个"）站在一起，对抗更强大的某种东西。英国1940年的境地，对我而言并不奇怪；那正是一直在我预料之中的事情。因而对我而言，既然迄今为止友爱是幸福的主要源泉，熟人或泛泛之交也就意思不大。我不大能理解，一个人除了能成为真正朋友的那几个人之外，为什么还想去结识更多的人。因而我也无法理解，对大规模的非个人的运动及事业(impersonal movements, causes)等等的很不正常的兴趣。这兴趣，或许不正常得难辞其咎。我对一场战斗（无论是故事中的还是现实中的）的关注，几乎与参战者的数量，成反比例。

老家伙的学校，不久也以另一方式重复了我的家庭体验。老家伙的妻子死了；那时不是假期。他对丧亲之痛的反应是，变得比以前更暴力；变得如此暴力，以至于维维替他向孩子们道歉。你该记得，我已经学会了对情感既怕又恨；这次，又给了我一个新理由。

不过，我还没有提到，在老家伙的学校里，我遭遇的最最重要的事情。在那里，我首次成为一位实际的信徒（effective believer）。据我所知，其津梁（instrument）就是每逢周日我们都被带着去两次的那个教会。这是一个高派"盎格鲁—天主教会"。在意识层面，我对其古怪强烈反感——我难道不是个阿尔斯特的新教徒？① 这些奇怪仪式难道不是可恶的英格兰氛围的一部分？而在无意识层面，我则怀疑，烛光和馨香、法衣与我们跪着唱的颂歌，或许在我身上产生了相当大的相反效果。不过，我并不认为它们有多重要。真正关键的是，我在此听到了由显然信这些教义的人所教授的基督教教义（与一般的"道德提升"绝然不同）。由于我不持怀疑态度，其果效就是，让我大概说过自己相信的那些东西，获得了生命。在此体验中，有大量的恐惧（fear）。虽然我并不认为，其中恐惧多得无益身心，甚至多得没有必要；但是，假如我写的书里过多谈及地狱，假如批评家对这一事实要个历史解释，他们切莫在对我在阿尔斯特的童年时期所假想的清教主义中去寻找，而是必须在贝

---

① 阿尔斯特（Ulster），爱尔兰北部地区之旧称。

尔森教会的益格鲁—天主教中去寻找。我在为我的灵魂担心；尤其是在月明如昼的夜晚，在没有窗帘的宿舍里——其他孩子熟睡之时的鼾声，响起来又怎么办！其果效，据我现在判断，全是好的。① 我开始认真祷告，认真读圣经，并努力遵从我的良知。宗教也是我们常常讨论的话题；假如我记得没错，讨论方式完全健康而有益，带着庄重，没有歇斯底里，也没有大孩子的羞于出口。诸君后面将会听到，我如何从这一开端向后倒退。

智识层面，我在老家伙的学校度过的光阴，差不多全是浪费；倘若这学校没倒闭，倘若在那里再呆两年，我大概就永远与学术生涯绝缘了。几何学和韦斯特的《英语语法》上的一些书页（即便这些东西，我想，我也是自己找到的）是唯一记住的东西。至于其余，浮出算术题海水面的那一切，则是日期、战争、出口、进口之类的大杂烩，即学即忘，即便记住也全然无用。我的想象生活（imaginative life），也有一个大滑坡。多年以来，（我所界定的）悦慕不但缺席，而且被遗忘。我这时的读物，主要是垃圾；不过，鉴于学校并无图书

---

① 圣经《箴言》9章10节："敬畏耶和华是智慧的开端，认识至圣者便是聪明。"

馆,我们切莫让老家伙为此负责。我读《船长》①杂志上胡拉乱扯的校园小说。这里的快乐,严格说来,无非是愿望达成(wish-fulfilment)和幻想(fantasy);我替代性地(vicariously)②乐享主人公的胜利。当小孩由儿童文学(nursery literature)转向校园小说时,他是在退步,而不是进步。《彼得兔》取悦的是无功利的想象(disinterested imagination),因为孩子并不想变成一只兔,尽管他或许喜欢假扮一只兔,恰如他后来会喜欢去演哈姆莱特;可是,没出息的孩子成为球队长的故事,其存在刚好满足的是他的真正野心。一切能搞到的写古代世界的小说,我也如饥似渴:《你往何处去》,③《黑

---

① 《船长》(*The Captain*),英国1899—1924年间发行的一份少年儿童杂志,月刊。因刊登沃德豪斯(P. G. Wodehouse,1881—1975)的早期校园小说而闻名于世。

② vicarious,心理学术语,一般汉译为"替代性的"。由《心理学大词典》(林崇德 等编,上海教育出版社,2004)词条"替代性宣泄"(vicarious catharsis),可略见vicarious词意之一斑:

一译"替代性疏泄"。宣泄的一种。通过观看他人的攻击行为,以释放或发泄自己的攻击驱力和被压抑的情绪过程。如无辜受挫、情绪压抑的人观看武打影片或激烈的体育比赛,可减弱其攻击倾向和愤怒情绪。该过程同亲身实施的攻击行为一样,可助人求得紧张解除和安宁感,且不会造成不良后果。(见1234页)

③ 《你往何处去》(*Quo Vadis*),波兰作家显克维支(1846—1916)于1896年完成的长篇历史小说,反映古罗马暴君尼禄的覆灭和早期基督教兴起。

暗与黎明》,①《角斗士》,②《宾虚》。③ 人们或许会想,这缘于我的新的宗教情怀,我却不这么认为。在这些故事里,许多都写到早期基督徒,但那不是我要寻找的。我只是想领略檀香、寺庙、宽外袍、奴隶、帝王、帆船、圆形剧场。我现在明白了,那个吸引力,是情爱的(erotic),而且还是一种病态的情爱。它们作为文学,多半都是相当滥的书。我同时喜欢上的稍微持久一些的书,则是莱特·哈葛德④的著作,还有 H. G. 威尔斯的"科幻小说"。⑤ 一想到别的星球,我那时就奇怪地心驰神往,这个吸引力与我的任何其他文学兴趣颇不相同。最该强调的是,它不是"远方"(Das Ferne)的浪

---

① 《黑暗与黎明》(*Darkness and Dawn*),指英国作家法勒(Frederic William Farrar,1831—1903)的长篇历史小说。小说全名 *Darkness And Dawn*: *Or*, *Scenes In The Days Of Nero*, *An Historic Tale*.

② 《角斗士》(*The Guardiators*),作者苏格兰作家怀特-梅尔维尔(George John Whyte-Melville),好莱坞大片《角斗士》之底本。

③ 《宾虚》(*Ben Hur*),指美国作家华莱士(Lew Wallace)于 1880 年出版的畅销书《宾虚:基督故事》。该著曾被多次搬上荧幕。

④ 哈格德(Sir Henry Rider Haggard,1856—1925),英国小说家。最为著名的作品,是《所罗门王的宝藏》(1885)这部富有浪漫色彩的历险记。(参《不列颠百科全书》第 7 卷 387 页)

⑤ H. G. 威尔斯(H. G. Wells,1866—1946),英国小说家、记者、社会学家和历史学家,以科幻小说《时间机器》、《星际战争》和喜剧小说《托诺-邦盖》、《波里先生的历史》闻名。(参《不列颠百科全书》第 18 卷 168 页)

漫魔力。火星或月球可从未进发出(我所说的)"悦慕"。此事更粗俗,也更强劲。当那一阵兴致袭来,就像情欲一样贪婪。这是个标志,具有这种粗俗力量的那种兴趣,不是属灵的(spiritual),而是心理的(psychological);在这样一种重口味的背后,我怀疑,潜藏的则是心理分析的解释。或许我还可以加上一句,我自己的星际传奇(planetary romances)①,与其说是满足这个强劲的好奇心(fierce curiosity),倒不如说是要驱这个邪。邪是这样驱的:让这个好奇心与另一个更难以捉摸的真正想象的冲动相协调,或者让前者附属于后者。说人们通常对科幻小说的兴趣是心理分析师的事务,这一说法因两个事实不攻自破:所有喜欢科幻小说的人,都如此贪婪地喜欢;而那些不喜欢的人,则常常为之作呕。一方之反感与另一方之着迷,同样地粗俗,同样地说明问题。

关于老家伙,就说这么多吧。不过一年里头,可不尽是学期。这样一来,在一所邪恶寄宿学校的生活,倒成了基督徒生活的一个好的预备,它教一个人靠盼望活着(to live by

---

① 指路易斯本人所写的《太空三部曲》。

hope),甚至在某种意义上,靠信仰活着。因为每学期初,家和假期都如此遥远,以至于其难于实现,真与天国有得一比。面临着迫在眉睫的恐怖时,它们也有着同样一种可怜的不实(pitiful unreality)。明天的几何课,会抹杀遥远的期末;恰如明天的手术,会抹杀天国希冀(the hope of Paradise)。然而,一学期接一学期,那难以置信的竟然来了。"还有六周",这个不可思议的天文数字,缩成了屈指可数的"还有一周"。接着就是"还有一天"。最后,最后一天如约而至,差不多就像天赐之福(supernatural bliss)。那个欣喜,几乎要以玉盘珍馐相庆;那个欣喜,深入骨髓,在体内翻腾,有时近乎窒息。当然,其反面则可怕,也同样相关。假期头一周,我们或许就知道(acknowledge),学期还会再来——就像一个年青人在和平时期,健健康康,知道自己终有一死一样。不过,跟他一样,即便是最严酷的死亡警告,也无法令我们对此感同身受。这里也一样,每一次,那难以置信的都来了。那呲牙咧嘴的骷髅,最终甩掉了一切伪装;最后时刻,我们的意志和想象使出浑身解数来牵制拖延,最终还是来了。又是圆顶礼帽,伊顿领,灯笼裤,还有(马蹄橐橐)傍晚赶赴码头。正经八百说,我想,由于这些记忆,信仰生活(the life of faith)于我就容易多了。春风得意之时,想到我会死亡并腐朽,想到终有一日这个宇宙将会消逝,变成记忆(恰如老家伙一年里有三次会消逝进记忆,①同他一起消逝的还有藤条,难吃的饭菜,臭气熏天的厕所和冰冷的床)——这对我们不是什么难事,假如我们见过同类事情发生过的话。我们已经学到,不以其表面价值看待当前事物。②

记述我家当时的生活,有些为难,因为我拿不准其编年。学校的事,靠留存下来的记录,能够大致确定日期。而慢慢打开的生活画卷,记录则付诸阙如。不知不觉间,我们与父亲越来越疏远了。在一些事上,这不怪我们弟兄俩;可在很大一部分事情上,却又怪我俩。仍在丧妻之痛中难以自拔的真性情的鳏夫,定会是个好人,聪明人,要是他在抚

---

① "那时英国预科学校、公立学校以及各大学都实行——现在大部分还是这样——一年三学期制:从10月到12月中旬,1月下旬到4月初,5月初到7月初。"(《纳尼亚人》第27页)

② 路易斯在《我的小学生活》(My First School)一文里,专门叙写了他悲惨的小学生活如何成就了他的信德。文见拙译路易斯《切今之事》(华东师范大学出版社,2015)。而在《纳尼亚传奇》最后一个故事《最后一战》的末尾,阿斯兰这样描述从一个垂死世界通往永生的道路:"学期结束了,假期开始了。"(吴培译,译林出版社,2005,第164页)

养这两个相濡以沫的淘气学童时,没犯错的话。父亲的优点及缺点,都使得他在这方面不称职。气急不过,敲打敲打孩子吧,他太过心慈手软;根据原则,铁面无私惩戒孩子吧,他又太过意气用事。因而,他的庭训手段,就全靠嘴了。这时,他那小题大做、字斟句酌的毛病(我说起这事时游刃有余,那也是遗传),会产生一种可怜而又可笑的效果。张口斥责我们时,毫无疑问,他打算直截了当地诉诸我们的常识及良心。可是,唉,他在做父亲之前,做过那么长时间的公众发言人。做公诉人,也有好多年头了。真是口若悬河。口若悬河时,他就醉了。一个小孩,不过是穿着拖鞋走在湿漉漉的草地上,或将盥洗室弄得乱七八糟,可到头来却发觉自己受到的攻击,跟西塞罗抨击喀提林纳①或柏克抨击哈斯丁②差不多;微笑攥微笑,设问攥设问,演说家的炯炯目

---

① 西塞罗(Marcus Tullius Cicero,前106—前43),古罗马政治家,演说家。公元前63年,任罗马执政官。执政期间镇压了喀提林纳(Catiline)的叛乱,被视为共和国的拯救者,人们称他为国父。
② 柏克(Edmund Burke,1729—1797),18世纪下半叶英国最负盛名的政治理论家,《法国革命论》则是他最享盛名的一部作品。他曾抨击英国驻印度总督哈斯丁(Warren Hastings)和东印度公司对印度的残暴的掠夺;并且论断说这些不但给印度带来灾难,同时也反过来腐蚀了英国本身的政治。详参何兆武《评柏克的〈法国革命论〉——两百年后的再思考》一文。

光,演说家的横眉立目,那个指点江山,那个抑扬顿挫,那个一停一顿。停顿之时,或许是主要威胁。有一次,停顿很长,哥哥天真地以为讨伐暂告段落,就低声下气拿起书,接着读了起来;这个姿态,父亲当仁不让地认为是"处心积虑的傲慢无礼",因为父亲只不过是失算了,以为只停顿了一秒半。这种高谈阔论跟场合之间的不搭调,使我想起了马夏尔笔下那位出庭律师,他将罗马历史上的恶棍逐个声讨一番,就为了"三只羊的案子":

  这案子,鄙人提请法庭注意
  关乎一只山羊非法入侵①

  可怜的父亲,说起话来,不只忘了听众的罪状,而且忘了听众的接受能力。文辞泉涌,不择地而出。我至今仍记得 abominable(性质恶劣)、sophisticated(处心积虑)及 surreptitious(鬼鬼祟祟)之类词汇。你领略不到其全部滋味,

---

 ① 原文是:"*This case, I beg the court to note, / Concerns a trespass by a goat.*"语出古罗马诗人马夏尔(Marcus Valerius Martialis,亦译马希尔,约40—103/104)的《讽刺小诗集》(*Epigrammata*)6卷第19章。

除非你了解一个愤怒的爱尔兰人发爆破音的嘴劲,除非你了解他读 R 时的那个轰鸣。失策到这份上,差不多到头了。到了一定年纪,这些言词挞伐让我心中满是惊骇和沮丧。从这些无厘头的形容词及不知所云的一堆话里,蹦出来一个我想我再清楚不过的念头。我在听,带着一个心照不宣又结结实实的信念:父亲临近破产,大家很快就要沿街乞讨,他会关上家门让我俩终年待在学校,我俩会被送往殖民地,在那里以悲惨的罪犯生涯而告终,而且我们仿佛已经启程了。我仿佛被剥夺了一切的安全感;脚下,没一块地面坚实。值得注意的是,在这段时间,要是我夜里醒来,没有立即听到邻床哥哥的呼吸声,我常常会起疑心,怀疑父亲和他趁我熟睡已经偷偷起床远赴美国了——我最终还是被抛弃了。这就是我到了一定年龄,父亲说话字斟句酌的效果;接着,突如其来,效果变得滑稽起来。我甚至还能记起变化的那个当儿。这个事,既很好表明了父亲生气之公正,也表明了他表达生气的倒霉方式。有一天,哥哥决定,弄个帐篷是个好主意。于是,我们就从阁楼上弄了一块防尘罩。下一步就是找支柱。洗衣房里的梯子毛遂自荐。对一个带着短柄斧的孩子来说,将它卸成七零八落的木棍,那是一会儿工夫。栽四根棍子在地里，上面蒙上罩子。为确保整体结构真的结实，哥哥还在顶上试着坐了一下。我们记着收拾了剩下的烂布头，却忘了收起四根支柱。晚上，父亲下班回来，吃完饭，去花园溜达，我俩作陪。草地里冒出来的四根细长木桩，映入眼帘。这自然引起他的好奇。于是有了讯问。这次，我们说了实话。接着，电闪雷鸣；这下子又跟此前十几次一样，上轨道了，不过就在高潮时——"我发现你们拆了梯子，可是又做了个什么？得了吧，就做了这样一个不成器的样子货。"这时，我俩都掩起了脸；哎呀，可没哭啊。

从这桩事可以看到，我俩在家里的生活，一个主导因素就是父亲每天大约从早上九点到晚上六点都不在家。一天的这段时间，除了跟我俩时而交战时而结盟的厨师和保姆，这座房子就属于我俩了。每样事物都在邀请我们，去过一种跟父亲没一点瓜葛的生活。我们的活动里面，最重要的是动物王国和印度上演的无休无止的大戏。这本身就让我俩跟他无缘。

不过，我切勿给诸君留下印象说，假期的幸福时光都出现在父亲不在家的时候。他脾气多变，兴头来得快去得也快，他的宽大为怀跟心中不悦一样地彻底。父辈里面，他往往还是最活泼最随和的一个。他跟我们任何人一样，也能"扮丑角"，放得下身段，"不拿架子"。我在那个年龄当然无法明白，(以成人为标尺)他是多么好的一个伙伴。他的幽默，是那种要想全部欣赏就至少得有一些生活知识的那种。我只是像在和暖天气中一样，沐浴其中。自始至终，有一种在家的感性愉悦(the sensuous delight of being at home)，奢侈的愉悦(the delight of luxury)——我们称之为"文明"。我方才说到《反之亦然》。它广受欢迎，说实话，可不只是因为闹剧。那是现存的唯一一部忠实的校园小说。设置迦楼罗石的情节，①的确是用来(否则仿佛就是夸大其词)如实显示每一个孩子都曾有的这些感受：当他们从家庭生活的温暖、舒适及尊严，过渡到学校生活之窘迫、丑陋及肮脏。我说的是"曾有"，而不是"有"。因为在这个世界上，自那时之后，家每况愈下，而学校蒸蒸日上。

问题就来了，我们难道没朋友，没邻居，没亲戚？我们有。有一家人，对我们尤其恩德匪浅。不过这最好留在下章，跟一些别的事一道说。

---

① 迦楼罗石(*Garuda Stone*)，小说《反之亦然》中让父子互换角色的魔法装置。

3 芒特布拉肯和坎贝尔
Mountbracken and Campbell

宫廷中这些公道人,风华正茂;普天之下,欢乐无比;他们的王,温文尔雅。今天在哪个城堡,都难找到这般情同手足。①

——《高文爵士与绿衣骑士》

---

① 语出 14 世纪晚期的佚名诗作《高文爵士与绿衣骑士》(*Sir Gawain and the Green Knight*)第 48—55 行,路易斯在这里不是逐字引用。拙译参罗斯年译《高文爵士与绿衣骑士》,见余友辉、罗斯年编译《崔斯坦和依索尔德:中世纪传奇文学亚瑟王系列精选》(浙江大学出版社,2016)。

说起近亲,我就想起了,路易斯家和汉密尔顿家之泾渭分明,简直就左右了我的早年生活。对于我,这一对比从祖父母那辈就开始了。祖父路易斯,耳背,腿脚不灵,哼唱着圣歌,惦记着自己的健康,总爱提醒家人说他将不久于人世。外祖母汉密尔顿则截然不同。她言语尖刻,思维机敏,满脑子异端邪说(据并非空穴来风的传言,甚至还是个爱尔兰自治论者),彻头彻尾的沃伦家风。其不拘于俗,只有南爱尔兰的老贵族才做得到。她孤身一人住在一幢破败的大房子里,与五十来只猫为伴。对一些无伤大雅的开场白,她那"你是在胡说八道吧"的答语,不知说过多少次。若生得再晚一点,我想,她会成为一名费边主义者(Fabian)。[①] 人家跟她随便聊聊,她则报之以关于确凿事实的无情陈述;人家只是说了句老掉牙的老话,她则咄咄逼人索要证据。自然而然,人们都说她古怪。在父辈,我发现同样的对立。父亲的兄长,"乔伯伯",有俩儿子,仨女儿。我们还住在老屋时,离得挺近。他的小儿子,是我最早的朋友,但一长大就各奔东西了。乔伯伯是个聪明人,也是个好心人,尤其是对我好。可是在老

---

① 费边主义(Fabianism),19世纪晚期流行于英国的民主社会主义。主张采取渐进措施改良社会,追求社会的平等和自由。

屋里,长辈们说的话,我一句都记不起来;那是"大人们"在说话——我想,谈的是人民、生意、政治和健康吧。而"古西舅舅",母亲的兄长 A. W. 汉密尔顿,跟我说起话来,仿佛我们是同龄人似的。也就是说,他谈的是事(Things)。我那时能够吸收的全部科学,都是他讲给我的。他讲起来有条不紊,兴致勃勃,没闹愚蠢笑话,没显得高高在上。显然,他跟我一样地喜欢。他就这样为我阅读 H. G. 威尔斯①提供了背景知识。我想,跟乔伯伯比起来,他是将我当半个人来呵护;可这正是我所喜欢的(可谓不公,也可谓公道)。在这些谈论中,我们的注意力不在彼此,而是在话题上面。他那加拿大夫人,我前面提到过。在她身上,我也找到了我最喜欢的东西——永远那么和蔼,没有丝毫的故作多情。那个判断力,那个临事不惊,那个内秀,会在环境容许的范围内,将任何事情在任何时间都安排得尽可能欢快,尽可能惬意。要是有东西无法拥有,那就随遇而安,勉力而为。路易斯家那揭人疮疤、惊醒睡狗的习惯,跟她和丈夫无缘。

不过还有些别的亲戚,比起舅舅和舅妈,对我们更重

---

① H. G. 威尔斯(H. G. Wells, 1866—1946),英国著名科幻小说家,详见前章脚注。

要。离我家不到一里地,矗立着姑且叫作芒特布拉肯的大宅子,那是我那时见过的最大宅院。里面住着 W. E. 爵士夫人。E 夫人是母亲的堂姊,或许还是闺蜜。毫无疑问,那是看在母亲的份上,她才英勇扛起教我们弟兄俩变得文明的任务。只要我们在家,就会定期接到邀请,赴芒特布拉肯共进午餐;我俩没长成蛮夷,差不多全归功于此。这笔恩泽,不只是 E 夫人(玛丽姨妈)①的,还是她全家人的。散步,驾车兜风(在那些日子可是件令人心狂的新奇事),野餐,上剧院,年复一年,都是家常便饭。他们那么仁厚(kindness),我们自己的毛手毛脚,吵吵闹闹,不守时,仿佛从未令他们心烦。我们在那儿,几乎跟在自家一样,不过有一样不同,那就是得守一些规矩。我若懂些礼仪或洒扫应对的话(不是很多),那都是从芒特布拉肯学到的。

W. 爵士(姨父考特),②跟其兄弟在贝尔法斯特拥有一家

---

① 全名 Lady Mary Ewart(玛丽·尤尔特夫人)。路易斯这里用的是"Cousin Mary",直译应是"堂姊玛丽",那是路易斯母亲对她的称呼,这里为保证文意通畅,译为"玛丽姨妈"。
② 全名叫 Sir William Quartus Ewart(威廉·尤尔特爵士)。路易斯这里用的是母亲对他的称呼"Cousin Quartus",为保证文意通畅,译为路易斯对他的称呼。

最重要的工矿企业,他最年长。他事实上恰好就是现代人印象里,高尔斯华绥笔下福尔赛世家的那个阶级和那代人。除非说姨父考特很不典型(他还差不多正是典型),否则,那个印象完全就是冤枉。比他更不像高尔斯华绥笔下人物的人,还没有呢。① 他彬彬有礼,童心未泯,发自深衷的谦卑,乐善好施。他对受抚养者的责任心,没人比我体会更深。他浑身洋溢着孩子般的欢乐,同时我一直感到,义务的概念主宰了他的生命。其端庄举止,其灰白胡须,还有风流倜傥,构成了我记忆中最可敬的一个形象。说实话,这家人大都长相俊美。玛丽姨妈正是老太太那种美的典型,满头银发,一口甜甜的南爱尔兰口音。必须敬告老外们一下,这一点都不是他们所谓的"土话",恰如高地绅士谴言出语根本不像格拉斯哥贫民窟的俚语。② 跟我们

---

① 高尔斯华绥(John Galsworthy,1867—1933),英国小说家,以《福尔赛世家》三部曲获 1932 年诺贝尔文学奖。书中所写的福尔赛世家,是金融家、交易所经纪人、拥有房地产或股票的资产阶级,他们对立身处世和待人接物,对衣食住行和家庭关系,对殖民地和不列颠帝国等等,都形成了本质相同的看法,这就是书中所讲的"福尔赛精神"。高尔斯华绥说:"如果福尔赛精神就是贪婪、自私和占有,那么新时代的人类,大体上仍旧是一个福尔赛,而且到头来很可能沦为比这个还要糟的动物。"(北京理工大学出版社出版之《福尔赛世家》之封底)

② 高地(Highland),英格兰的西北高地。格拉斯哥(Glasgow),苏格兰最大的城市和经济中心,位于苏格兰中部谷地。瓦特在此发明蒸汽机,故有"工业革命的摇篮"之称。

亚瑟·拉克汉绘制的《女武神》

最熟的,是姨妈家的三个女儿。她们都是"成人",但事实上,跟我俩认识的别的成人相比,她们与我俩年龄最接近。仨人都相貌出众。长女H,最威严,就是个朱诺,①黑黑的,有时候看上去像个犹太女王。K则更像个女武神②(尽管我想仨人都是好骑手),跟父亲一样的身姿。她面相里有些

---

① 朱诺(Juno),罗马神话中的女性保护神,即希腊神话里的赫拉。
② 女武神(Valkyries,又译"瓦尔基里"),北欧神话里主神奥丁的处女随从。她们的主要任务是上战场,依照奥丁的命令来决定谁应当战胜,谁应当战死,并将英勇的死者带到奥丁面前。"瓦尔"意为"被杀者","瓦尔基里"就是"被杀者的拣选人"。(参依迪丝·汉密尔顿《神话》,刘一南译,华夏出版社,2014,第347页)

东西,像纯种马的那种柔中带刚,那玲珑小巧的鼻翼带有义愤,随时可能嗤之以鼻。① 她有着我这个性别的虚荣之辈所谓"大丈夫敢作敢当"的东西;她的那个肝胆相照,不让须眉。至于小女儿G,我只能说她是我见过的最美丽的女人,身段,肤色,声音,以至于一举一动,都臻于完美——可谁又能形容美呢? 读者诸君或许会一笑置之,心想这是早恋的遥远回声。不过,还是想歪了。世间有那么多佳人,其美丽如此这般明白无二,犯不着用那种镜片去显示;这等美,即便是孩子粗心又客观的双眼,也能看得见。② (至于那头一位令我心旌摇荡的女子,是学校里的一个舞蹈教师,下一章就登场了。)

---

① 这段话殊难翻译,兹附原文:There was in her face something of the delicate fierceness of a thoroughbred horse, an indignant fineness of nostril, the possibility of an excellent disdain.

② 路易斯在《四种爱》里区分了需求之爱、赠予之爱和欣赏之爱:需求之爱,因我等之穷乏向上帝呼求;赠予之爱,盼着事奉上帝,甚至为上帝受苦;欣赏之爱则说:"我们感谢祢,为主的荣耀。"需求之爱说起一个女人:"没有她,我活不下去";赠予之爱渴望给她以幸福、安逸、保护——假如可能,还有财富;欣赏之爱则注视她,屏息静气,默默注视,即便与他无缘,也会为竟有如此之绝代佳人(such a wonder)而动容——令他完全心碎的,不是她拒绝了他,他宁愿得不到她,也不愿竟从未遇着她。(拙译路易斯《四种爱》第2章第14段,华东师范大学出版社,2018年即出)

3 芒特布拉肯和坎贝尔

在某些方面,芒特布拉肯像父亲的房子。在这里,我们发现也有阁楼,室内的静幽,无尽的书架。起初,我们只被驯化了一点,因而常常无视女主人,自个乱翻;就是在这里,我找到了卢伯克的《蚂蚁、蜜蜂和马蜂》。但这宅子又大不相同。这里的生活,跟我家相比,更无拘无束,也更周到体贴——就像驳船游弋,而我们家则像马车颠簸。

同龄的朋友——男女朋友——我们没有一个。在一定程度上,这是寄宿学校自然而然的一个结果:孩子们变得跟左邻右舍生疏起来。不过在更大程度上,这是我们自己一意孤行的结果。临近有个男孩,曾时不时想跟我们结识,①我们则全力回避。我们的生活已经安排得满满当当。读书,写东西,玩,骑车,说话,想要一个不落过上一遍,假期总是苦短。任何第三者的出现,我们都嫌恶,以为是恼人的干扰。我们甚至更嫌恶一切好客之举(芒特布拉肯的好客另当别论,那伟大而又成功)。就在我说的这段时期,这事还没成为一桩大麻烦。不过在我的学生时代,鉴于这麻烦逐渐变得越来越严重,且容我在此说上几句,将这话题打发

---

① 这个小男孩就是本书第8章末尾登场的路易斯终生挚友阿瑟。

掉。邻里间有个办舞会的惯例。舞会其实是为成人办的，可是，中小学男女生，都受到邀请。人们都从女主人的视角，看这一安排的长处；而且，当这些小客人彼此熟识，超然忘我（free from self-consciousness），或许会玩得开心。对于我，这些舞就是一种折磨——对此，通常会有的羞怯只负一点责。折磨我的，是做违心之事（我也有能力去做）；明知自己被当作小孩，却被迫去扮演本质上属于成人的一个角色；感到在场的所有成人，其好心善意都包含轻蔑，却虚情假意将你当作你所不是的人来对待。此外，还有伊顿制服和浆得硬硬的衬衣的那个不舒服，双脚酸痛，头昏脑涨，过了通常的睡觉时间却仍坚持数个小时的筋疲力竭。即便是成人，我猜啊，要是没有异性和酒的吸引，也不会觉得一场晚会很能承受；怎能指望着，一个既不会调情也不会饮酒的小孩子，乐于在光溜溜的地板上昂首打转快到天明，我无法可想。对于关系网，我当然没概念。我从未认识到，一些文明人之所以得邀请我，那是因为他们认识父亲或曾认识母亲。对于我，这整个就是无法索解的没来由的迫害；这样的约定，往往还就落在假期最后一周，正当每分钟都值金值银时却一下子撕去好几个小时，这时我真恨不得将女主人碎尸万段。她为啥要这样纠缠我们？我从未伤害过她，也从未请她赴过宴啊。

我的不自在，因为一点都不自然的举止而变本加厉。我还以为在舞会上有义务如此呢。这事的来由，好玩极了。读得多，跟同龄人混迹少，我就在上学之前发展出一套语汇，由穿着伊顿制服的胖乎乎的顽童口里说出来，（我如今才明白）听上去很是可笑。当我"大言炎炎"，成人们自然会以为我在显摆。这里，他们错大了。我只是在用我所知道的词汇。我的姿态，跟他们假定的恰恰相反；我想满足骄傲心理，就会去用我所掌握的那些校园俚语，根本不会用（在我的处境中不可避免地）自然而然来到嘴边的书呆子语言。而且舞会上不乏这样的成年人，他们会佯装感兴趣佯装认真，怂恿我接着说接着说——直到有那么一刻，我恍然大悟，他们在看我的笑话。这时，我当然会深感耻辱；有过这么一两次经历之后，我就定了个死规矩，在"逢场作戏"（我偷偷这样称呼）的场合，对任何话题，只要我还感点兴趣，只要话自然而然到了嘴边，我无论如何都不置一词。只是这条规矩，我守得有些过头；于是就跟在成人索然乏味的闲聊后面鹦鹉学舌，用一种低能的玩笑和热情来刻意掩藏自己真实想法和感受，虽疲劳厌倦得无法形容但却硬撑着，直至发出一阵终于轻松了的呻吟，这时，哥哥和我终于跌进马车，可以驾车回家了（这是那个夜晚的唯一快乐）。我是用了很多年才发现，无论何种真正的人际交游，都能发生在盛装打扮的混合人群中间。

我突然想起了，我俩生活里公道与不公的阴差阳错。我俩因自己的真正毛病而受申斥，但时机通常都不对。我无疑自负，也因自负而受申斥；可是申斥，通常都加在一些并无自负可言的事情上。大人们总是责怪孩子虚荣，却从未停下来想想看，在哪一点上，孩子们通常可能会虚荣或某孩子可能会虚荣。于是，我多年一直迷惑不解，为何我一抱怨新内衣痒得难受，父亲总是说我"矫情"。如今我全明白了；他心里想到的是将细皮嫩肉跟优雅扯在一起的那个论调，于是他就以为，我是在声言自己不同寻常的优雅。可实际上，我对那论调一无所知；再说了，要是虚荣心作祟，那我会以有着海员般的皮肤而倍感骄傲。我为之受责备的那桩过错，我连犯的资源都没有。还有一次，我因问"糊糊"(stirabout)是什么，又被说是"矫情"。事实上，这就是粥，是爱尔兰"低派"用的一个词。而在一些大人的眼中，谁声言不了解"低派",就必定是在装"高派"(High)。可是,我之所以发问的真实原因是,我从没听过这词;要是我听过,我会洋洋自得地用它。

老家伙的学校,你该记得就在1910年夏,一点都不悲哀地倒闭了;又不得不重新安排我的教育。父亲这次突发奇想的计划,正合我意。离新屋大约一里地,矗立着大大的一圈红砖墙,里面是坎贝尔学院的塔楼。建这学校,是为了便利阿尔斯特的学童,不必再受横渡爱尔兰海之苦,却可以得到公学教育的一切优势。我那聪明伶俐的堂兄,乔伯伯的孩子,已在那里上学,学得还不错。虽然决定我应做个寄宿生,但我还是得到离校许可,每星期天回家一趟。我还就不信这个邪。我就不信,爱尔兰的任何事物,哪怕是一所学校,都差;确实,没有我所了解的英格兰那么糟。我如期进入"坎贝尔"。

这所学校,我待的时间太短,也就不强挣着评头论足了。它跟我听说过的英格兰公学,很不一样。也有学生官,但他们并不重要。学英格兰的样,名义上也分成一个个"宿舍楼",但它们只是法律拟制(legal fictions);除非为了竞赛(也不是强制参加),没人当回事。相比于绝大多数英格兰学校,其学生的社会成分,要"杂"得多;我在这里跟农民家的孩子,耳鬓厮磨。那个跟我差点结为朋友的男孩,是个商人的儿子。他新近曾跟着父亲的货车四处跑生意,因为父亲不识字,不会记账。我特别羡慕他这个怡人行当,而他这个可怜见的,也将它看作黄金时光。"上月这时候,路易斯,"他常常说,"我就不会是去上自习了。我那时已经跟班回来,到了家,桌子一头已经为我铺好一块小茶巾,摆上香肠和茶点了。"

身为史学学者,我一直庆幸自己曾了解坎贝尔。因为我想,阿诺德之前的英格兰学校,①大概就是坎贝尔这样。在坎贝尔有着真正的打架,有乱揿和的,(我想)还有打赌的,场外还有百十来号闹哄哄的看客。② 这里也有欺人贼,但严重的欺人事,没发生在我身上。至于主宰着现代英格

---

① 马修·阿诺德(Matthew Arnold,1822—1888),维多利亚时代的诗人及批评家,终生孜孜于以文学或文化救世,让文学或文化发挥过去宗教所发挥的功能。阿诺德对英国的公学教育影响甚大。路易斯恨之入骨的"学生官"及"学长学弟制"等制度,就是阿诺德的发明。详见《纳尼亚人》第39—40页。

② 《纳尼亚人》第42页脚注:"在这一点上,正如在其他许多事情上那样,爱尔兰的学校是落后于英格兰的;1825年在伊顿公学,沙夫茨伯里伯爵十五岁的儿子在一场类似这种打架的斗殴中被同班同学打死,此后英格兰的学校在这类事情上就严格得多了。"

兰学校的僵硬的学长学弟制(the rigid hierarchy),这里则没有任何迹象。每个学生的所处地位,都是自己的拳头和天资挣来的。从我的视点来看,大缺陷可以说就是,学生无家可归。只有少数高年级学生有学习室(studies)。我们其余的人,除了吃饭时被安插在桌旁或在大"自习室"上晚自习,再就哪儿都不属于。到了放学时间,人群不知何故游走,这里三三两两那里密密匝匝,时而闲庭信步时而如潮水般涌向一个方向,时而看似要散却又聚成一堆,这时你既可以避开,也可以随大流。砖铺通道上回响着持续不断的脚步声,不时伴有嘘声,混战,还有阵阵哄笑。总有学生在厕所、在仓房、在大厅里"活动"或"逗留"。特别像住在一座大火车站。

这里的恃强凌弱,有其否定性的优点(negative merit),那是诚实无欺的恃强凌弱,而不是学生官制度这号"窑子"里那种心安理得、以权压人的恃强凌弱。这种事,主要是帮伙干的;十来个男生结成一伙,在长长的廊道上,寻觅猎物。他们的突击,如旋风一般,等受害者觉察时已来不及了;我想,是通常会有的嘈杂闹嚷充当掩体。有时,被逮的下场很惨。我认识两个男生,被逮了去,在某个荒僻处饱打一顿——这顿饱打,可谓最无功利(disinterested),因为俘虏跟他们素不认识;为艺术而艺术嘛!① 不过,我唯一自投罗网的那次,命运却没这么悲惨,甚至怪得出奇,值得一记。我被拖拖拽拽,急速穿过一段迷宫样的通道,通常的标志一个都不见。等回过神来,我发觉自己跟几个囚徒一道,在一个空荡荡的低矮房间里,半明半暗,(我想)是点着一盏煤气灯。停下喘过气来,两个匪徒就带出头一个俘虏。我这才留意到,沿着对面墙脚,有着一排管道,离地三寸的样子。当囚徒被迫弯下身子,头颅低过最低的管道,列出受刑姿势,我是吓了一跳,但并不吃惊。不一会儿,我就吃了一大惊。你还记得,房间里半明半暗。两个歹徒将受刑者猛地一推,受刑者立刻就不见了。他消失了,没了踪影,也没声响。仿佛是纯正的黑巫术(black magic)。另一个受刑者被带了出来,还是扎好那个挨揍姿势;又一次没揍——溶解,雾化,消失。最终轮到了我。也是被身后一推,发觉自己掉进墙上的一个窟窿或入口,原来进了一间贮煤室。有个小男孩在我后面,滚了进来,门咚地一关,在后面闩上了,捉拿

---

① 路易斯在这里嘲讽现代的"为艺术而艺术"(art for art's sake)的论调。

我们的人哄笑着,扬长而去,寻找更多战利品。无疑,他们是在跟敌对匪帮较劲,不久就会跟那帮比"斩获"。不久,我们就被放了出来,脏不拉几,战战兢兢,但幸好没更惨。

在坎贝尔,我遭遇的最最重要的事情是,在我们唤作"奥克蒂"①的一名出色教师的课上,我读了《邵莱布和罗斯托》。② 一搭眼,我就爱上了这首诗,从此就一直爱着。阿姆河在诗的头一行升起雾纱,整部诗就弥漫着一种奇特的清冷,一种遥远静谧的怡人气息,一股深重的忧郁,将我挟裹。③ 我那时还无法欣赏其核心悲剧,那是此后才学的;令我着魔的是有着象牙般额头白皙双手的北京艺术家,

《邵莱布和罗斯托》的作者马修·阿诺德

---

① 真名叫作路易斯·奥尔登(Lewis Alden)。(参《纳尼亚人》第43页)

② 《邵莱布和罗斯托》(*Sohrab and Rustum*,1853),是马修·阿诺德根据古代波斯史诗改写的一部叙事诗。

③ 路易斯在《论故事》一文中说,故事吸引他的,不是情节之刺激(excitement),而是故事之情境(atmosphere),故事里的那个异域气息。

皇家园林里的松柏,对罗斯托少年时的回顾,来自喀布尔的小贩,还有花刺子模废墟之死寂。① 阿诺德一下子就给我开了一窍(而且仍是他最好的给予),这一窍确实非关一种无动于衷的见识,而是关乎对远方事物的一种热衷又沉静的凝视。② 这里,且看一下文学实际如何起作用。鹦鹉学舌的批评家会说,《邵莱布和罗斯托》是一首写给古典主义者的诗,只有那些辨认出荷马之回声的人,才会乐享。可是在奥克蒂的教室里(愿奥克蒂平安),我对荷马一无所知。对于我,阿诺德和荷马的亲缘关系,另有来由;多年以后,当我终于读到《伊利亚特》,我喜欢它,部分是因为令我想起了《邵莱布和罗斯托》。说白了,你从哪一点首次突入欧洲诗歌大系(the system of European poetry),不重要。③ 只要你

---

① 花刺子模(Chorasmia),位于今日中亚西部地区一个古国,国名是"太阳土地"的意思。

② 此意跟静安先生"三境界说"里的第一境有得一比:"昨夜西风凋碧树,独上高楼,望尽天涯路。"

③ 黑塞在《如何阅读世界文学》一文里也说,进入世界文学的殿堂,哪道门方便,就从哪道门进去:"读我们美丽的世界文库,不要存着当学者的念头,更不要想做世界的审判者。只是通过一道最容易进入的门,踏进精神的广场。让我们每个人都从自己能够了解、喜爱的作品开始吧!"(赫尔曼·黑塞《读书随感》,李映萩译,上海三联书店,2013,第70页)

让耳朵张开,让嘴闭上,每样事物是门径,最终都会将你带向别的任何事物——"每一部分的光反射到每一相应的部分"。①

在坎贝尔只待了半学期,我就病了,被接回家。不知什么原因,父亲对这所学校变得不满起来。②维文镇的一家预科学校的成绩,也吸引了他,尽管这学校跟维文学院关系不大;③尤其是考虑到方便——要是我去那里,哥哥跟我又

---

① 原文为意大利文:"*ogni parte ad ogni parte splende.*"语出但丁《神曲·地狱篇》第7章第75行。这里,维吉尔给但丁讲天使与诸天的关系:"智慧超越一切者创造了诸天,并且给它们分派了推动者,使每一部分的光反射到每一相应部分,把光分配得均匀。"(田德望译,人民文学出版社,2002,第42页)

② 据传记作者考察,路易斯的父亲之所以不满,就是因为在这里,路易斯跟农民的儿子摩肩接踵。参《纳尼亚人》第43页。

③ 《纳尼亚人》第2章曾比对美国和英国学制:"在美国,预科学校是让人们为进入大学做准备的地方;在英国,传统上说,预科学校是让学生准备好接受高中教育的地方,通常是公立学校——在美国则叫作私立学校。英国人时常把公立学校叫做'学院'——因为从技术上说,学院制度就是学生在宿舍里住在一起——因此这么说很令人感到混乱。(多数这类术语来自中世纪的修道院制度。)根据19世纪贵族间流行的一种做法——此种做法最终在社会阶梯上下降了一两级——英国儿童在八九岁或十岁的时候作为寄宿生,要去预科学校上学,过三四年以后再进入公立学校。对于某些人来说,从公立学校毕业……可能就意味着他们的教育结束了。其他人可能继续上学,到牛津或剑桥去,还有些人也许去桑德赫斯特(Sandhurst),这是一所英国军校,相当于美国的西点军校。但是,几乎所有儿童都会在还很小的时候就开始离开家和家人而被送到预科学校。"(第37—38页)

能结伴而行了。于是我在家里悠哉悠哉过了六周,还有圣诞假日在最后面等着,此后,则是新一轮冒险。尽管我自以为幸运,但在留下来的一封信中,父亲给哥哥写道,他"担怕我会在周末之前特别孤单"。真是奇怪,既然了解我的全部生活,他对我的了解怎又如此之少。在这几周,我躺在他的房间里,那些黑暗时日里只身一人就糟糕透顶的那种孤独,跟我没了瓜葛。哥哥不在家,我俩就无法彼此勾引着淘气;因而父亲和我,就没了摩擦。有生以来,我还记不起哪段时间,有此无烦无恼的亲情;我们出奇地默契。他出门的那些日子,我就进入一种未曾见识过的更深孤独之中,心满意足。空荡荡的房子,空而且静的房间,在坎贝尔的吵吵闹闹之后,就像洗一场凉爽澡。我可以读书,写写画画,随心所欲。奇怪的是,我所记得的童话之乐(delighting in fairy tales),正是在这段时间,而不是在早先的儿时。① 我着了小矮人的魔——是那些日子里戴浅色头巾胡子花白的小老

---

① 路易斯在自己的学术著作《爱的寓言》的简短前言里说:"童年时,在一桩堆满了书的房子里,绝大多数时间单独度过,具有无可估量的好处。"他为此感谢父亲。据《纳尼亚人》第1章:"母亲去世后,孤独比杰克所知的任何东西都可靠、更安全。"(第34页)

头,那些土人(earthmen),就在阿瑟·拉克汉(Arthur Rackham)将他们崇高化之前,①也在迪士尼(Walt Disney)将他们庸俗化之前。他们历历在目,以至于我到了幻觉的边缘;有一次花园漫步,我一下子拿不准,是否有个人从我面前晃过,跑进灌木丛。虽然心头一惊,但这并不像我夜间的恐惧。守护着仙境道路的这种恐惧,我尚能面对。没有人,是彻头彻尾的胆小鬼。

---

① 阿瑟·拉克汉(Arthur Rackham,1867—1939),英国著名插画家,曾为《爱丽丝漫游仙境》《仲夏夜之梦》《尼伯龙根的指环》《圣诞颂歌》《格林童话》《彼得·潘》等经典著作插图。安徽人民出版社2013年出版拉克汉插图本系列名著。

4 开眼界了

I Broaden My Mind

我拍案喊道:"够了;我将离去!"

什么? 难道我将永远憔悴叹息?

我的思想和生命是自由的,像大道一样宽广,

像风一样不羁,像仓廪一样丰裕。①

——赫伯特

---

① 原文为:*I struck the board, and cry'd 'No more; I will abroad.' / What? shall I ever sigh and pine? / My lines and life are free; free as the rode, / Loose as the winde, as large as store.* 语出著名玄学派诗人乔治·赫伯特(George Herbert,1593—1633)名诗《领圈》(The Collar)第 1—4 行。新浪博客有不知名译者之全译文和该诗讲疏,颇佳,拙译即采此译文。

1911年1月,我刚满十三岁,就跟哥哥出发去维文。他是去上维文学院,我则是上预科学校,就管它叫查特尔斯吧。这就开始了,可被叫作校园生涯之古典时期(the classsic period of our schooldays)的东西,也就是一提起少年时,我俩首先想到的东西。这样,每年就有了两大支柱:一个是一起返校路上,在维文站上的依依不舍;一个是一道回家时,同一车站的久别重逢。变得成熟的一个标志是,旅途上越来越自由。刚一开始,大清早在利物浦下车,我们接着就搭上南下列车。不久,我们就学会了,在莱姆街酒店休息室,抽烟看杂志,打发掉整个上午,再搭乘下午最末一班去维文的列车。再后来,就不读杂志了,我们有个发现(有一些人从没发现),途中可以带一本正儿八经的书,于是就在别的乐事之外,给旅途加了阅读之黄金时光这份乐事。(在生命早期,无论你身在何处,具备阅读修养很重要。我初读《帖木儿大帝》,①是个雷雨天,在从拉恩郡到贝尔法斯特的途中。② 初读勃朗宁的《巴拉塞尔士》,③则是点

---

① 《帖木儿大帝》(*Tamburlaine*),英国剧作家、诗人、翻译家马洛(Christopher Marlowe,1564—1593)的两卷本剧作。
② 拉恩(Larne),爱尔兰东北沿海的一个郡。
③ 《巴拉塞尔士》(*Paracelsus*,1835),是勃朗宁(Robert Browning,1812—1889)的一部诗剧。

着一根蜡;那一整夜,我想,每隔四分钟就得重点一次吧。脚下地面上有个硕大的电池点火器,以供随时点火。)①回家的路途,更像是过节。都有了一个固定套路:先是在餐馆吃个夜宵——虽只是吃个煮蛋,喝点茶,可对于我们,那就是玉盘珍馐了——接着去看看老的帝国酒店(那些日子,那里还有音乐厅)——此后则是去栈桥,颇负盛名的巨轮跃入眼帘,离岸,嘴唇上又是久违的咸味。

抽烟,当然像父亲说的那样,是"偷偷摸摸";不过,去帝国酒店,则光明正大。在这等事上,他不是清教徒。而且周六晚间,他还经常带我俩去贝尔法斯特竞技场。我现在才认识到,他和哥哥对杂耍的爱好,我是没有。那时我还自以为在享受表演,可是我搞错了。那一切杂技,在记忆里都死掉了,即便我是乐于怀旧,也一点都触动不了心弦;至于我因某个"滚翻"失败而感到痛苦,既出于同情又出于替代性的自卑(vicarious humiliation),则仍记忆犹新。我所享受的,只是表演的其他:熙熙攘攘和灯光闪烁,晚间出去玩的感觉,父亲度假时的兴高采烈,最重要的,还有晚

---

① 最早的电子打火机,人称"点火器",内装水银电池和集成电路,产生高压火花。

上十点左右回家,那顿可观的冷食晚餐。因为那时,也是我家烹调的古典时代,一个安妮·斯特拉恩的时代。① 桌上会摆些"圆鼓鼓的馅饼"。这东西,现代英国孩子都没有概念,甚至会令"那些只知道商店里可怜赝品的人"大吃一惊。

查特尔斯是座高大的白色建筑,坐落在山上比学院更高的位置。这学校也相当小,寄宿生不足二十个;但却跟老家伙的学校大不一样。在这里,我的教育才真正开始。校长,我们管他叫塔布斯(Tubbs),是个聪明而又耐心的老师。在他的教导下,我迅速在拉丁文和英文里站稳脚跟,甚至开始被看作是一个有望获得学院奖学金的苗子。学校饭菜挺好(尽管我们当然会嘟嘟囔囔),我们得到了很好的照顾。总体上,我跟同学处得还不错,虽然构成一个小男孩生活的绝大部分东西,如终生友谊,不可调和的派系,死命争吵,最终解决以及光荣革命,我们都有份。在这些事里,我时而风头占尽,时而倒霉透顶。

自从到了维文,我跟英格兰就不再别别扭扭。山下广

---

① 原文是:"the age of one Annie Strahan."其中的 Annie Strahan,未知何许人,疑为一代名厨,或是路易斯家当时的家庭厨师。

阔的蓝色原野,原野后面则是苍青的丘陵,形状那么像山脉,却小巧玲珑,这一切几乎一下子成了我的所爱。至于维文的小修道院,则是我所领略的头一座美丽建筑。在查特尔斯学校,我头一次交到一位真朋友。不过也是在这里,发生了一件重要得多的事:我不再是个基督徒了。

这场灾难的具体时日,虽有点模糊,不过我确凿知道,它不是始于我刚到那儿的时候;也确切知道,我刚一离开那儿,这事就完成了。我要试图确定的是,我所知道的有意识原因,还有我所心疑的无意识原因。

即便有必要暴露母亲的一些过错,而不是斗胆责备,我也极不情愿,得为长者讳。故而,就从女舍监亲爱的 C 小姐说起吧。① 没有哪所学校,有着比她更好的舍监了。孩子们生病,她老练又体贴;孩子们健康,她欢乐又随和。她是我所认识的最无私的一个人。我们都爱她;我这个丧母的孤儿,尤甚。可是 C 小姐,虽看上去是长辈,却仍在属灵青春期,那带着一抹天使品质的热诚灵魂,仍在探寻生命的真理和道路。那时,向导甚至比现在还稀缺。(要我现在

---

① 女舍监,是"某种多方面的护士和宿舍保姆"。此人名叫考伊(Cowie)。参《纳尼亚人》第 55 页。

说)她在神智学、①玫瑰十字会②和唯灵论③的迷宫里,在整个盎格鲁—美利坚的神秘学传统里,④艰难跋涉。不过没有什么事,比摧毁我的信仰,更远离她的本意了。她想不到,端着蜡烛进去的那间屋子,竟满是炸药。我此前从未听

---

① 卢龙光主编《基督教圣经与神学词典》(宗教文化出版社,1997)释 theosophy(神智学):"泛指任何神秘主义哲学与宗教学说,强调直觉和实时体验神意的思想,亦可特别指 1875 年在美国创立的神智学会(Theosophical Society)的信条。"尼古拉斯·布宁、余纪元编著《西方哲学英汉对照辞典》(人民出版社,2001)释 theosophy(神智学):"[源自希腊语 *theo*(神)和 *sophia*(智慧),意为关于神的智慧]这个术语被新柏拉图主义者第一次使用,用以指称他们自己的学说,即强调宗教和哲学的统一以及对神的本性的神秘相识。后来,这个术语用于指文艺复兴时期之后德国宗教思想中的几种倾向,尤其指瑞典自然哲学家 E. 威斯登伯格的思想,它倾向于把自然世界和精神世界混合在一起,把理性主义宇宙论和圣经启示结合起来。这个术语也与'神智会'有关联,该会是由 H. 布拉瓦茨基发起的一场运动,其宗旨是把东方宗教和形而上学引入西方思想中。"

② 玫瑰十字会(Rosicrucianism,亦译"蔷薇十字会"),原称 Rosae Crucis,相当于英文里的 Rose of the Cross,17 世纪初期在欧洲流传的神秘教派。相传,由一位德国人克里逊·罗桑库鲁斯(Christian Rosenkreuz)1484 年创建。其传统符号是十字架中间有一朵玫瑰花(Rosy Cross)。据说,这个组织里有其代代密传的教义与修行方法。

③ 尼古拉斯·布宁、余纪元编著《西方哲学英汉对照辞典》(人民出版社,2001)释唯灵论(spiritualism):"唯灵论宣称,世界的最终本质是精神或灵魂而不是物质。肉体只是一种现象的存在,作为精神实在的一种表现,它把精神或思想作为它的惟一基础。从这种意义上讲,它是唯心主义的同义语,并且是反对唯物主义的。唯灵论各种形式的不同在于它们是如何刻画精神在世界中的根本性作用的。"

④ 神秘学(Occultism),信仰并研究撒旦学、星占学、神灵学、占卜学、炼丹术和巫术等。

过这些东西;除非在噩梦里或在童话故事里,我从未在上帝和人之外还想过精灵。我本就爱读异域故事,奇特景观,还有不为人知的活法(unknown modes of being),但是,从没信过;哪怕是幻想小矮人,也只是在心中一闪而过。以为孩子们就信他们所想象的事物,那是大谬不然。至于我,长期浸淫于全系想象的动物王国(Animal-Land)和印度的世界(这我不可能信,因为我知道自己是其创造者之一),也就跟任何小孩一样,不太可能犯此类错误。可而今,生平头一遭,脑袋里蹦出个念头,我们四周或许还真有奇迹(Marvels),有形世界或许只是一道帘幕,遮盖着我那简陋的神学未加勾画的广阔地域。这就给我弄了一个麻烦,时不时困扰着我——对超自然的渴欲(the desire for the preternatural),说白了吧,对神秘学的激情(the passion for the Occult)。① 并不是人人都有这病,不过,那些有这病的人,知道我在说些什么。在一部小说里,我曾试图描写它。②

---

① 《纳尼亚人》第二章说:"值得注意的是,说到这个'麻烦'时,路易斯没有用一般过去时态;这一语法现象表明在写作时……他仍然没有从这麻烦中解脱出来。"(第56页)

② 可能是指路易斯重新归信之后所写的《天路归程》(*The Pilgrim's Regress*)一书,拙译该书华东师范大学出版社2017年即出。

那是一种属灵情欲(spiritual lust);跟肉体情欲一样,当它持续时,也会使得世上一切别的事物索然无味。大概就是这种激情,甚至都不是权力欲,造就了魔法师(magicians)。

不过,C小姐的谈话效果,还不止此。一点点地,不知不觉间,但不是故意的,她松弛了我的信仰的框架,磨平了我的信仰的棱角。整个神秘学的含糊其辞,其纯玄思的特征,开始蔓延到信经的坚实真理(the stern truth of the creed)上来了,还蔓延得别有风味。全都成了玄思的事:我很快(用那句名言来说)"变'我信'为'我感到'"。①啊,多么舒心!贝尔森宿舍里的那些个月夜,消逝了。我从启示的专断正午,溜进了"玄想"(Higher Thought)的清凉黄昏。在此,没什么要遵守,除了惬意的或刺激的,也没什么要信。我可不是说,这都是C小姐干的好事;毋宁说,是敌人撒旦在我身上干的,利用的机会则是她那些无辜的话。

敌人发觉竟如此容易得手的一个原因就是,我已丧

---

① 该句原文是:The whole thing became a matter of speculation; I was soon (in the famous words) "altering 'I believe' to 'one does feel'". 其中altering 'I believe' to 'one does feel'一语,语出英国神学家罗纳尔多·诺克斯(Ronald Knox,1888—1957)的著名讽刺诗 *Absolute and Abitof-hell*(1913)。

心病狂地急于清除我的宗教,虽然我并不自知。这个原因,值得一记。由于属灵操练(spiritual technique)里一个彻头彻尾的错误——我至今仍相信那是个无心之过(an honest mistake)——我使得自己的宗教修炼,成了一个担当不起的重担。事情是这样的。跟别人一样,在儿时就有人告诉我,不但必须祷告,而且还必须思考自己说了什么。相应地,就在我(在老家伙的学校)认认真真要信之时(came to a serious belief),我就力图将此付诸实施。起初,好像还一帆风顺。可是很快,虚假良知(圣保罗所说的"律法"、①赫伯特所说的"嘀咕"),②就掺合进来了。刚要说"阿门",就犯嘀咕,"可是,你能保准,你嘴上说的确实就是心中想的?"接下来,更巧妙,"比如说吧,你昨晚也这么想了吗?"答案,出于我那时还不理解的理由,差不多总是个否。"这么说吧,"那声音说,"难道你不再重试一

---

① 或许典出《罗马书》七章 23 节:"但我觉得肢体中另有一个律和我心中的律交战,把我掳去叫我附从那肢体中犯罪的律。"

② "嘀咕"(*prattler*),语出乔治·赫伯特(George Herbert, 1593—1633)的玄学诗《良知》(Conscience):"Peace, pratler, do not lowre: / Not a fair Look, but thou dost call it foul: / Not a sweet dish, but thou dost call it sowre: / Musick to thee doth howl. / By listning to thy chatting fears / I have both lost mine eyes and eares …".

次?"我俯首听命;当然,却保证不了,第二次尝试会有多少起色。

对这些缠人提议,我的反应总体说来,就是我所能采取的反应之中再蠢不过的。我为自己立了个标尺。我做祈祷,没有哪句话能通过检查,除非它伴有我所谓的一种"落实"(realisation)。我用"落实"一词是指,想象或感情的如临其境。我晚间的任务就是,单凭意志力(by sheer will-power),刻意制造一种现象。这现象,意志力永远无法制造;它又如此含混(ill-defined),以至于我永远无法以绝对自信说出,究竟是否出现;而且即便是出现了,其属灵价值也是平庸低劣。老华特·希尔顿曾警告,祈祷时,我们切莫努力"靠武力"强求上帝不会赐予的东西![①] 要是有人曾读给我听,该多好。可是没人。夜复一夜,昏昏欲睡,时常陷于绝望,但我还竭力求得我的"落实"。事情仿佛成了一种

---

① 典出华特·希尔顿(Walter Hilton, 1343—1396)的《灵程进阶》卷一第 33 章"在祷告中被虚浮无益的思想困扰时,要怎样做?"其中说道:"把你的心提升向着上帝,承认你的丑恶和败坏,呼求祂的恩慈和怜悯,信靠祂的饶恕,上帝会饶恕你。不要再为这些罪过挣扎,也不要再把它们挂在心上,好像你想用武力把这种丑恶的感觉驱逐出去。"(香港:基督教文艺出版社,1997,第 51 页)《灵程进阶》是中世纪晚期的重要灵修著作之一,是首部以英语撰写的神秘主义作品。

无穷回溯。① 我一开始祈求的,当然是完全"落实"。可是,那个初始祈祷本身"落实"了吗？这个问题,我想我还有足够理智去不以为意;否则,开始祈祷,就和结束祈祷一样地难。可它怎又卷土重来了呢！油毡冰冷,时钟铮铮作响,长夜漫漫,厌烦,绝望又疲惫。这个重负,无论我的灵魂还是肉体,都盼着逃脱。我已将自己带到这样一个隘口:夜间之折磨已将其阴影投射到黄昏上面,我就像长期饱受失眠之苦一样,害怕就寝时间。要是我沿着那条路再走一截,我想,我定会疯。

祈祷中的虚假义务,这个荒唐的重负,当然就提供了一种无意识的动机,想甩掉基督信仰。大约与此同时,或略迟一点,有意识怀疑的由头就来了。一个原因,来自阅读古典。尤其是维吉尔,提供了一大堆宗教观点;所有的教师和编辑,从一开始就想当然,以为这些宗教观点纯是幻象(sheer illusion)。从没人尝试表明,在什么意义上,基督教

---

① 无穷回溯(infinite regress,亦译"无穷后退")。罗伯特·C. 所罗门《哲学导论》第 9 版(陈高华译,世界图书出版公司,2012)解释 infinite regress:"一个往后的无止尽序列。比如,'A 由 B 造成,B 由 C 造成,而 C 又由 D 造成……等等以至无限'。亚里士多德认为,这样的后退是一种理智的荒谬。"(第 548 页)

成全了异教或异教预表(prefigure)了基督教。主流立场仿佛是,诸多宗教通常都是胡说八道的大杂烩,尽管我们自己的宗教,幸运地属于例外,却是千真万确。而在早先的基督教风尚里(in the earlier Christian fashion),也没将别的宗教解释为魔鬼的工作啊。按理,我本该会相信这一点。可我得到的印象却是,宗教一般而论,尽管全然错误,但却是一种自然而然的生长,是人性容易陷入的特有窠臼(endemic nonsense)。在一千种此类宗教中间,屹立着我们自己的宗教,第一千零一个,打着对号。可是我凭什么相信这一例外? 很明显,要是泛泛而论,它跟其余一切都是一回事。为什么对它区别对待? 说到底吧,我需不需要继续区别对待? 我非常急于不再如此。①

---

① 路易斯在《无教条的宗教?》(Religion without Dogma?)一文中集中谈了基督教和异教神话的关系问题:"要是我的宗教讹误,那么,异教故事中出现的相似主题(motifs),当然也是同一讹误或相似讹误的实例。可是,要是我的宗教正确,那么这些故事就很可能是福音预备(*preparatio evangelica*),是在诗篇形式和仪节形式中对同一个中心真理的神圣暗示,这一中心真理后来聚焦于并(可以说)落实为(historicised)道成肉身。在我看来,出于对最好的异教想象之兴致与尊重而首次接近基督教的那些人,爱巴尔德耳先于爱基督、爱柏拉图先于爱圣奥古斯丁的那些人——对这些人而言,对基督教的人类学反驳从未显得咄咄逼人。相反,要是我被迫去说,世界上有(转下页)

此外，我心里有股根深蒂固的悲观主义，同样不利于我的信仰；那时之前，这个悲观主义，更多还是理智上的，而不是心性（temper）上的。那时的我，可不是不幸福；但我却形成了一个十分确定的意见，认为宇宙大体上讲，是个相当令人遗憾的所在（regrettable institution）。我如今深知，一想到有个身着伊顿校服笨手笨脚吃香喝辣的孩子，竟对天地做出不利裁决，有人会感到恶心，有人会感到好笑。无论作何反应，他们或许都正确。不过之所以正确，可不是因为我身着伊顿制服。他们忘记了，少年时自个是何感受。出生日期，可不像人们所相信的那样重要。我猜，那些确实思考的人，绝大多数在十四岁之前就已做了大量思考。至于我的悲观主义的源头，诸君该记得，虽在很多方面都幸运至极，但小小年纪，我就遭遇了一场大幻灭（a great dismay）。不过我现在倾向于认为，悲观主义的种子，在母亲去世前就

（接上页注）1000种宗教，其中999种纯粹是胡说八道，只有千分之一（有幸）真实，那么，我无法信基督教。我的归信，在很大程度上，赖于这一体认：基督教乃人心中从未全然缺席的某种东西之完满（completion）、实现（actualization）及隐德来希（entelechy）。"见路易斯神学暨伦理学论文集 *God in the Dock* 第一编第16章第4段，拙译该书华东师范大学出版社即出。

种下了。虽然听起来或许滑稽,但我还是相信,手拙就是这事的老根。怎么会呢?一个儿童当然不会说:"因为我无法用剪刀剪条直线,所以宇宙是恶的。"儿童还没有这样的概括能力,而且(说句公道话)也不至于这么蠢。也不是说,我的笨拙产生了人们通常所谓的自卑情结。① 我没跟别的小孩攀比;我的挫败感,出现在孤独之中。这些挫败感在我心中孕育的,是一种对无生之物(inanimate things)深深的(当然也无法名状)抵触感或敌对感。即便这样说,还是弄得太抽象,太成人。或许我应该称之为一种心理定势(a settled expectation),即凡事都跟你对着干。无论什么,你想要它保持端直,它会弯曲;你试图弄弯,它会反弹回来,变直;你指望绳结牢靠,它会松开;你想解开,却又牢不可解。将这付诸言辞,又不显其滑稽,那不可能。而且除非将它当作滑稽事,否则我(现在)也不愿意再看到它。可是,或许正是这

---

① 人们通常所谓的"自卑情结"(Inferiority Complex),奥地利精神病学家阿德勒(Alfred Adler,1870—1937)的个体心理学的核心术语。阿德勒认为,由于人一生下来是完全依赖他人的,因而天生就有一种自卑感或虚弱感。自卑感有好的一面:驱动人的成长;但自卑感也有坏的一面:陷入自卑而无力自拔,则形成自卑情结。(B. R. 赫根汉《心理学史导论》,郭本禹等译,华东师范大学出版社,2004,第 828 页)

些早期经验,如此难以捉摸,在成年人眼中又如此古怪,才奠定了最早的心灵倾向,给了心灵关于什么说得通、什么说不通的习惯感觉。

还有另一个诱因。尽管身为达人之子——这个达人,依目下的税收标准,其舒适及安逸,简直是难以估量——但从记事之日起,我就听说并相信,成人生活就是不断的奋斗,而奋斗中能指望的最好结局就是,竭尽全力不进济贫院。父亲描绘此事的那种华丽语言,深潜我心底;我也从没想着去验证一下,因为事实明摆着,我所认识的绝大多数成人,好像都过着极舒适的生活。我记得,在查特尔斯跟最要好的朋友聊天时,我曾将我所认为的共同宿命概括为一个公式:"上学,放假,上学,放假,最终离开学校;接着工作,工作,工作,直到死亡。"即便我免于这一幻灭,我想,我还会看到悲观主义的别的根据。一个人的观点,即便就在那个年纪,也不是完全取决于自己的一时境遇;即便是个孩子,暂时身处绿洲,也会认出四周都是沙漠。我是个不可救药的软心肠;或许平生最让我恨之入骨的,是查特尔斯的一个教师。我要给校门口的一个乞丐施舍,他不准。此外,我的早期阅读——不只是读威尔斯,而且还有阅读罗伯特·鲍尔爵士①——都在我想象中牢牢树立了,空间之浩渺与冷漠以及人之渺小。我会觉得宇宙是个虎视眈眈不友好的地方,这就不足为奇了。在读卢克莱修前好几年,我就已感受到他的无神论论证的力量(而且的确是最有力的论证):

> 万物绝不是神力为我们而创造的,
> 它是充满着如此之多的缺点。②

你或许会问,我怎么就将这个直截的无神论思想,这个伟大的"非设计论证"(Argument from Undesign),跟我自己的神秘学幻想(Occultist fancies)牵扯到一块。我不认为,我在二者之间建立了什么逻辑关联。它们各自撕扯着我,只有一点是共同的,即反对基督教。于是乎,一点点地,其间也有如今无法追踪的一些起伏,我就变成了叛教者。抛弃自己的信仰,没有失落感,却带着极大的解脱。

---

① 罗伯特·鲍尔爵士(Sir Robert Ball, 1840—1913),爱尔兰天文学家。
② 语出卢克莱修《物性论》卷二第 180 行,见方书春译《物性论》(商务印书馆,1981)第 79 页。

我在查特尔斯学校,从 1911 年春季学期,一直待到 1913 年的秋季学期。如前所说,关于在这些日子如何逐渐叛教,我无法列出准确年表。在别的方面,这段时期可一分为二。大约在半道中间,一个很受爱戴的教师,更受爱戴的女舍监,双双离开。那日之后,就急转直下。急转直下,不在于表面上的幸福,而在于实打实的善德(solid good)。亲爱的 C 小姐对我而言,既是善缘,又是恶缘。举个例子吧,她唤醒了我的亲情,但她同时也击溃了早年经历在我心中培育的感伤禁令(anti-sentimental inhibition)。也无法否认,她的一切"玄想"(Higher Thought),尽管其主要影响是灾难性的,但也有一些令我受惠的属灵因子,这些属灵因子名副其实,无关功利(disinterested)。很不幸,一旦她抽身离去,好影响就如花凋零,坏影响却一仍其旧。至于更换教师,明显就更糟糕了。"小伙"(Sirrah),我们都这样叫他,是个很有影响力的人物。他这种人,我现在会形容为一个"狂者"(wise madcap):①疏狂,孩子气,热心,即便混迹我们中间仿佛成为其中一员,也能保持自己的权威;放浪形骸,爱

---

① 藉《论语·子路》里"不得中行而与之,必也狂狷乎? 狂者进取,狷者有所不为"之语意译。

开玩笑,一点都不矫揉做作。他传递了(我极为需要的)一种活力感(a sense of the gusto),只要可能,生命就应当有的活力感。我想,正是跟他一道在雨雪天跑步,我才首次发现该怎样看待坏天气——权当个粗鲁玩笑,当个捉弄。接替他的是一位刚大学毕业的年青绅士,就叫他波哥(Pogo)吧。波哥就是萨基甚至伍德豪斯笔下主人公的缩微版。①波哥是个才子,波哥衣着考究,波哥是个城里人,波哥甚至还是个公子哥(a lad)。经过大约一周的迟疑(因为他的脾气捉摸不定),我们都拜倒在他脚下,崇拜他。他世故做作(sophistication),油头粉面,(谁会相信?)时时准备着将世故做作分给我们。

我们变得——至少我变得——穿着考究。正值"纨绔"时代:领带"别满"领针,外套领口裁得很低,裤子则提得高高的,露出袜管,穿着雕花鞋,鞋带宽得出奇。哥哥那时已成为这方面的高手,通过他,学院里的这股风气已经点点滴滴渗透到我。波哥则完成了这一进程。一个十四

---

① 萨基(Saki),英国作家赫克托·门罗(Hector Hugh Munro, 1870—1916)之笔名,以擅长写短篇小说名世;伍德豪斯(Wodehouse, 1881—1975),英国小说家,剧作家。

岁的乡巴佬,老里老气,一周只有一先令的零花钱,却怀着那种可怜的野心,真是难以想象。加之大自然让我这号人注定,无论买什么,只要穿在身上,就像是从旧衣摊上买来的——那种可怜的野心,就更难以想象了。回想起那时我操心着压平裤子以及(肮脏的习惯)抹上发油,就不由得脸红。一个新的因子进入我的生命:俗。那时之前,虽则能力范围之内的一切罪过和愚蠢,我都犯过,但我还不至于油头粉面呀。

然而,这些青少年艳妆,只是我们这新一轮世故做作的一小部分。波哥是个文艺权威(a great theatrical authority)。我们很快就知道所有最新歌曲。我们很快就知道那个年代当红女星的一切——如莉莉·艾尔丝,格蒂·米勒,泽娜·戴尔。① 波哥对她们的私生活,如数家珍。我从他那里学到了,一切最新的笑话;我们哪里不解,他随时准备伸手相助。他解释了很多事情。跟波哥处上一学期,一个

---

① 莉莉·艾尔丝(Lily Elsie, 1886—1962),爱德华时代的英国女演员,歌手;格蒂·米勒(Gertie Millar, 1879—1952),英国女影星,歌星,因上演爱德华音乐喜剧(Edwardian musical comedy)而闻名;泽娜·戴尔(Zena Dare, 1887—1975),英国女演员,歌星,因上演爱德华音乐喜剧及其他音乐剧而闻名。

人不会感到老了十二周,而是老了十二岁。

要是我能将自己一切的德性滑坡追溯至波哥,最后得出道德寓意,那将是多么令人满意,多么富于教益;你看,一个口没遮拦的年轻人对一个无辜少年,会带来多大伤害!很不幸,不是这么回事。而千真万确的是,此时,我经历了性引诱的一场狂暴且大获全胜的袭击。可是,我到了那个年龄,还有我自己新近差不多有意撤除圣戒(Divine protection),就足以解释这事了。我不相信,波哥与此有何干系。老早以前,我就得知生殖知识,是从另一个小孩那里学来的。那时我还小,除了科学兴趣之外,不会抱有别的兴趣。藉波哥袭击我的,不是肉身(我自己的肉身已经能袭击了),而是世俗(the World):渴望着引人瞩目,趾高气扬,标新立异,渴望着为人所知。① 毁掉我的贞洁,即便他曾推波助澜,那也微不足道。而直到那时(我想)我仍还葆有的某些品质,如谦卑、天真无邪、忘我,却被他糟蹋掉了。我开始努力使自己变成一个花花公子,一个下流鬼,一个势利眼。

---

① 《论语·学而第一》:"人不知而不愠,不亦君子乎。"

波哥的言传身教,对我变得俗不可耐,无论是怎样的推波助澜,但对我的感官,它没有舞蹈教师那样的带电效应,更比不上我的一个奖品——贝克尔的著作《希腊轶事》①了。我从不认为那个舞蹈教师的美,堪与我的亲戚G比肩。但是她却是我"看见妇女就动淫念"②的头一个女人;无疑,这不是她的错。某个姿势,某个语调,在这种事上或许会产生无法预见的效果。冬季学期的最后一个晚上,教室为舞会张灯结彩,她停了下来,举起一个旗子,说"我就喜欢张灯结彩",将那旗子贴上脸颊——我的魂被勾跑了。

切莫以为这是一种浪漫激情。我的生命激情,下一章会表明,属于全然不同的领地。对这个舞蹈教师,我感受到的只是肉欲;是肉身的散文,而不是肉身的诗。③ 我的感受,一点都不像骑士委身于一位仕女;更像是一个突厥人

---

① 路易斯用(Charicles)一词指德国历史学家贝克尔(Wilhelm Adolf Becker, 1796—1846)的研究古希腊风化的著作 Charicles or Illustrations of the Private Life of the Ancient Greeks with Notes and Excursuses。遵照《希腊风化史》一书,将书名译为《希腊轶事》。

② 《马太福音》五章28节:"凡看见妇女就动淫念的,这人心里已经与她犯奸淫了。"

③ 诗和散文,因浪漫主义运动的影响,成了对立生活方式之隐喻。

(Turk)盯着一位他买不起的彻尔克斯人(Circassian)。①我深知,自己想要什么。顺便说一句,人们通常假定,这样的经历会产生一种罪孽感,但在我身上,却不如此。或许还可以说,我那时差不多不知道罪孽感这回事,除非某个道德侵犯碰巧打破了荣誉准则(the code of honour),或其结果激发了我的怜悯。我学得禁忌,用了很长时间,跟别人(据他们说)破除禁忌用的时间一样长。为何我老是发觉自己跟现代世界龃龉不合,其原因就在于此:我是个归信了的异教徒,住在叛教的清教徒中间。

如果读者诸君对波哥做出太过严厉的裁决,我会感到抱歉。如今在我看来,让他来管理学生,不是太老,而是太小。他自己本还只是个青少年,还不成熟,还要快乐"成长";仍还幼稚,足以乐享我们更大的幼稚。而且在他身上,有着真正的友情。他部分是因为受此友情触动,才告诉我

---

① 彻尔克斯(Circassia,译名近十种,《人民日报》曾专文统一译名),高加索北部一古老地区,位于黑海沿岸。在西方文学中,"circassian beauty"(彻尔克斯女子)几乎就是成语,许多文学作品中都会出现,甚至广告词也会援引。19世纪60年代,因俄罗斯占领高加索地区,差不多有50万彻尔克斯人(Circassians)移民土耳其。众多彻尔克斯妇女,在奴隶市场卖身。(详参 http://lostmuseum.cuny.edu/archive/horrible-traffic-in-circassian)路易斯在此处,用的当是这一典故。

们他所知道的以及他自以为知道的一切。而如今,希罗多德(Herodotus)或会如是说:"祝你好运,波哥。"

同时,跟我失去信仰、美德和单纯并行的是,某样颇为不同的事情在进行。这就需要新的一章了。

5 文艺复兴
Renaissance

我们心中总有个爱的世界,尽管我们并不知道,那世界应是什么样子。

——特拉赫恩①

我不大相信史家通常描述的文艺复兴。越是查找证

---

① 原文是:"*So is there in us a world of love to somewhat, though / We know not what in the world that should be.*"语出特拉赫恩(Thomas Traherne,1637—1674)的《百思录》(*Centuries of Meditations*,1908)。该书分为五章,每章都包含一百条沉思(meditation),故而书名里的 Centuries 一词,不是"世纪"之意。路易斯的这段引文,出自第一章第 2 条沉思。

据,就越难找到,据说15世纪席卷欧洲的春之狂喜的踪迹。我倒是有些怀疑,这些史家书页上的盎然春意另有源头。每位史家,都在追忆并投射自己个人的文艺复兴;发育期一结束,这个奇妙的复苏,会临到我们绝大多数人头上。它的合适称呼,是重生而非出生,是复苏而非苏醒。因为在多数人身上,它除了是个新事物,同时还是失而复得,儿时拥有少时失去的那些物事的失而复得。因为少年期极像那些写得很滥的简史所再现的"黑暗世纪"——而不是就像实际所是的中世纪。① 儿时梦想与青春期梦想,或有很多共通之处;两者之间,少年期通常就像延伸出来的一块飞地,其中万事万物(包括我们自己)都变得贪婪、残忍、喧闹、平庸,其中想象沉沉睡去,而最非理想(unideal)的感官及野心则苏醒了,骚动不安,几近疯狂。

我自己的人生,确实如此。我的童年,跟人生其余阶段,协调一致;少年期则不然。儿时喜悦的书,如今我仍喜悦;②

---

① 将中世纪丑化为"黑暗世纪"(Dark Age),本是启蒙运动时期史学家的一项发明,这已基本成为学界共识。无奈在国朝学界,仍不时听闻学者将二者等同。

② 路易斯在《论故事》(On Stories)一文中曾说,一本书假如五十岁之时不值得读,那么,十岁之时也不值得读。

而在老家伙的学校或坎贝尔所读的绝大部分书籍,除非是迫不得已,没啥会令我重读。从这个角度来看,少年期全是沙漠。(我在早先一章力图形容的)本真的"悦慕"(authentic "Joy"),从我的生命中消失了:消失得无影无踪,甚至连对它的一丝记忆或渴欲都没留。阅读《邵莱布和罗斯托》,①也没将它还给我。悦慕,不仅截然不同于一般的快乐(pleasure in general),甚至不同于审美快乐(aesthetic pleasure)。它必定有着刺痛,有着苦楚,有着心意难平的憧憬。②

这个漫长冬天,一瞬间土崩瓦解,就在我还在查特尔斯的早期。春天,是免不了的意象,但却不像自然界的春天那样是积渐所至。这就好比,北极,世俗的层层坚冰,不是在一周之内或一小时之内,而是突然间变成了一片原野,绿草遍地,迎春花开,果园繁花似锦,鸟在唱歌,水在欢跳。那一刻,我记忆犹新;差不多没有什么事,我更了然于心了,虽然

---

① 路易斯初读马修·阿诺德的名诗《邵莱布和罗斯托》,即唤起"悦慕",见本书第三章倒数第2段。

② 为方便理解,兹附原文:It must have the stab, the pang, the inconsolable longing.

无法确定其时间。必定有人将一本文学期刊落在教室,是《文人》杂志,①抑或是《泰晤士报文艺副刊》吧。我眼睛无心地落在了一个标题和一幅画上面,漫无目的。突然间,如一位诗人所言,"雨过天晴"。②

我读到的是这几个字:《齐格弗里德与诸神的黄昏》。我看到的则是拉克汉给那一卷的一个插图。我从未听说瓦格纳,更不用说齐格弗里德了。③ 我想,诸神黄昏的意思就是,诸神日暮途穷。我怎会一下子就确凿知道,这可不是凯尔特人的、山林的或人间的黄昏? 然而我还就知道。④ 纯

---

① 《文人》(*The Bookman*,亦译《读书人》),英国文艺新闻杂志,1891年创刊于伦敦,1934年停刊。

② 原文是:"The sky had turned round." 语出路易斯挚友查尔斯·威廉斯(Charles Williams,1886—1945)的"Palomides before his christening"一诗第 77 行。

③ 《齐格弗里德与诸神的黄昏》,瓦格纳的著名歌剧《尼伯龙根的指环》第三部和第四部。安徽人民出版社 2013 年出版该著之"拉克汉插图本"。

④ 美国著名的"古典文学普及家"依迪丝·汉密尔顿(1867—1963)在《神话》一书中曾对比希腊神话和北欧神话:
希腊的神祇不可能拥有英勇无畏的气概,因为所有的奥林匹斯天神都长生不死,所向无敌。他们永远感受不到勇气的光辉,也永远不会向危险发起挑战。在打仗的时候,他们有必胜的把握,而且不可能受到任何伤害。而北欧的阿斯加耳德仙境就不同了。住在约顿海姆城的巨人们是埃西耳神族(即北欧诸神)充满活力的、永久性的敌人,他们不仅永远是诸神的心头隐患,而且知道自己最终必然能够大获全胜。(刘一南(转下下页注)

亚瑟·拉克汉绘制的《诸神的黄昏》

净的"北方气息"(Pure "Northernness")吞没了我:眼前浮现出北方夏日的漫长黄昏,大西洋上空,广阔,明净。这景象,遥远,严酷……几乎与此同时,我就知道,在很久很久以前(久远得不能再久远了),我在《泰格纳尔哀歌》中曾邂逅此景象,知道齐格弗里德(无论它是什么)跟巴尔德尔和"飞向太阳的苍鹭"①属于同一个世界。一沉浸到自己的过去,顿然间,几乎有如心碎,浮现了对悦慕本身的记忆,知道了如今缺失多年的悦慕我曾一度拥有,知道我终于从流放地和荒漠回返自己的家园。诸神黄昏之遥不可及,和我自己

(接上上页注)译,华夏出版社,2014,第 346 页)

神最终落败之日,这就是著名的"诸神的黄昏"(Ragnarok):"诸神在劫难逃,死亡就是他们的结局。"这一日来临,天庭和大地都会毁灭。阿斯加尔德仙境的居民深知这一点,所以心情十分沉重。心情最沉重的,莫过于主神奥丁了。当其他诸神在大吃大喝,他则在思索他肩头上的两只乌鸦("思想"和"记忆")所通报的消息。他要尽可能推迟末日之来临:

他是万物之父,其地位高于所有的神和人,但他仍然不断寻求更多的智慧。他降临由智者米密耳看守的"智慧之井",请求饮一口井水,米密耳回答说,他必须用一只眼睛来交换,于是他同意牺牲一只眼睛。……他把自己历尽艰辛而学到的知识传给了人类,使他们也能运用"卢恩符文"来保护自己。他还再度冒着生命危险,从巨人手中获得了"诗仙蜜酒",尝过的人皆可变成诗人。他把这份贵重的礼物赐给了诸神,也赐给了人类。他在各方面都是人类的恩人。(第 347 页)

① 原文是:"the sunward-sailing cranes."语出朗费罗译《泰格纳尔哀歌》(*Tegner's Drapa*)第 5 行。详见本书第一章第 17 段及脚注。

过去悦慕之遥不可及,汇聚一起,成了一丝难以承受的渴欲和失落感(a single, unendurable sense of desire and loss)。这丝渴欲和失落感,突然又跟经验之全部失丧(the loss of the whole experience)成为一体。当我像刚从无知无觉中恢复过来的病人一般,环视那个脏兮兮的教室,就在正要说"就是它"(*It is*)的那个当儿,这丝渴欲和失落感已经消失不见,离我而去。① 我立即知道(要命的知识),渴欲的至高无上又唯一重要的对象,就是"再度拥有它"(have it again)。

此后,一切都水到渠成。父亲给我们这俩小孩的礼物里,就有一架留声机。于是,就在眼睛落在《齐格弗里德与诸神的黄昏》这几个字上的那个时候,留声机曲目已成为我钟爱的一个阅读对象;不过此前,我做梦都没想过,大歌剧的录音,满是奇怪的德国或意大利人名,竟会跟我有关。一两周以后,我就不这样想了。不过那时,我又遭到袭击,是从一个新角落发起的。有家杂志,名叫《留声机》(*The Soundbox*),每周都刊载伟大歌剧的梗概。那一期,刊载《尼伯龙根的指环》全剧梗概。我如获至宝,终于发现齐格弗里

---

① 司空图《二十四诗品·冲淡》:"遇之匪深,即之愈希。脱有形似,握手已违。"

《齐格弗里德与诸神的黄昏》封面

德是谁,诸神的"黄昏"是什么了。我无法自持——我着手写诗,写一首瓦格纳版尼伯龙根故事的英雄体诗。唯一的灵感源泉,就是《留声机》上的概要。我无知得很,竟让 Alberich(阿尔伯里希)与 *ditch* 押韵,让 Mime(米梅)与 *time* 合辙。我取法的是蒲柏的《奥德赛》(*Odyssey*),①诗的开头(夹杂着神话)是:

从九重天外下凡尘世
传唱着莱茵河的古老传说……②

由于卷四只将我带到《莱茵河的黄金》最后一幕,读者诸君听到这部诗没写完,也就不感到奇怪了。但这不是浪费时间,我现在依然能体会到它给我带来了什么,以及它是如何做到的。前三卷(既然时间如此久远,现在说起来或许不是出于虚荣),对一个少年而言,其实可不是一无是处。在未完成的卷四开头,一切都散了;这里,我才真正开始尝试作诗。此前,要是诗行还合辙押韵,推进故事,我就别无

---

① 蒲柏(Alexander Pope,1688—1744),英国诗人。
② 原文是:"*Descend to earth, descend, celestial Nine / And chant the ancient legends of the Rhine ….*"

德国作曲家理查德·瓦格纳

他求。如今,卷四一开头,我力图传达我所感受到的激动,寻找不只是陈述而且是暗示的一些表达。我当然是失败了,我丧失了散文的明晰,语无伦次,张口结舌,很快就说不出来了。不过,我懂得了写作意味着什么。

在这段时间,我还没听过瓦格纳的一句音乐,尽管对我而言,他的名字的印刷体字样已经成了符箓。接下来的假期,在埃登斯·奥斯本(愿他安息)拥挤的店铺里,我头一回听到《女武神的骑行》的唱片。人们如今嘲笑这部曲子,而且说实话,剥离其语境,弄成音乐会曲目,它或许显得寒伧。可是,我是联系瓦格纳听到它的,我心中想的不是音乐会曲目,而是英雄剧。对一个着迷于"北方气息"的少年,其最高层次的音乐体验只是沙利文,①《骑行》就像是晴天霹雳。从那刻起,瓦格纳的唱片(主要选

---

① 疑指英国作曲家沙利文(Sir Arthur Seymour Sullivan, 1842—1900)。他与 W. S. 吉尔伯特一起创立了独具特色的英国轻歌剧。

自《指环》，但也选自《罗恩格林》[Lohengrin]和《帕西法尔》[Parsifal])，就成了我零花钱的主要去处，成了我索要的一成不变的礼物。起初，总体上讲，我的音乐欣赏变动不大。"音乐"是一码事，"瓦格纳音乐"是另一码事，它们之间没有共同尺度。那不是一个新快乐，而是一种新快乐，如果恰当词汇就是"快乐"，而不是苦恼（trouble）、出神（ecstasy）、惊愕（astonishment）、"无名的感觉冲突"①的话。

那个夏天，我们的表姐 H（但愿你还记得她，就是考特姨父的大女儿，那个黑朱诺，奥林匹斯女王），燕尔新婚。她请我们到都柏林郊区的邓德拉姆，过上几周。就在那里，就在她家客厅桌上，我发现了惹出这摊子事的那本书，那本从未指望着见到的书，阿瑟·拉克汉插图本《齐格弗里德与诸神的黄昏》。拉克汉的插画，在我看来，就是让音乐如在目前，让我更沉潜于自己的所爱。我很少像垂涎那本书一样，垂涎过任何事物。当我听说，有一个便宜版本，值十五先令（尽管这价对我来说差不多是天文数字），我就知道，除非弄到手，否则自己就不得安生。最终我弄到了，主要是因为哥

---

① 原文是："a conflict of sensations without name." 语出《泰格纳尔哀歌》(Tegner's Drapa)第 5 行，详见第一章第 17 段脚注。

哥解囊相助。我如今全明白,那时则是大概猜疑,他纯是出于慈悲,因为他不会为"北方气息"所俘虏。那个慷慨,我当时甚至有些羞于领受。他将七个半先令,投在了他眼中的一本图画书上。那些钱,他知道有成打的更好用场。

尽管在许多读者眼中,长篇大论此事,不值当。不过,要是不记录它与我余生的关联,我的故事就写不下去了。

首先,除非你认识到,那时在我的经验中,阿斯加尔德仙宫①和女武神比别的任何事情都重要——重于舍监C小姐,或那个舞蹈女教师,或获得奖学金机会,否则,你就误解一切。更令人吃惊的是,跟我对基督教越来越强的怀疑相比,它们仿佛也重要得多。这或许是——无疑部分是——瞽刑(penal blindness);不过,这还不是全部故事。要是北方气息那时看起来是比我的宗教更大的事,那或许部分是因为,我对它的态度里包含着一些因子,我的宗教本该包含却未包含。它本身不是一个新的宗教,因为它不包含一丝信念,不强加一点义务。然而,除非我大大搞错,否则,它里面确实有一些很像崇拜(adoration)的东西,有某种无功利

---

① 阿斯加尔德(Asgard),北欧神话中诸神的居住地。

的舍己,完全听命于一个对象,该对象仅凭是其自身就十拿九稳地索要这一舍弃。《公祷书》教导我们要"感谢神,为祂的荣耀"①,仿佛我们欠祂感谢,不是因为祂给我们的特定恩惠,而是因为祂之必然所是;我们还的确如此,认识上帝就是认识这一点。可是,我曾离此等经验,很远很远。我感受到此,不是我信真神向祂祝谢的时候,而是在我并不信的北欧诸神身上。有时候,我几乎会想,我被送回到假的诸神那里,为的是获得某种敬拜能力,以备有一天,真神会将我召回。这不是说,不叛教,我就永远不知道更迅捷更安全地学到它的门径;而是说,神的惩罚也是仁慈,某种恶会结出某种善果,瞽刑却治了病。

其次,这次想象力复兴(imaginative Renaissance),几乎立即生发出对自然界的新欣赏。起初我以为,这仰赖于文学和音乐经验。在邓德拉姆的那个假期,骑车穿梭在威克洛山脉中间,我总是不自觉地搜寻那或会属于瓦格纳世界的景色。这边是长着冷杉的陡峭山坡,米梅就在这儿遇见

---

① 原文是:"give thanks to God for His great glory."语出《圣公会高派传统莎霖拉丁弥撒经书》。在这里,路易斯不是严格地逐字引用。在本书第十三章,才是逐字引用。

齐格琳德；那边是阳光普照的林中空地，齐格弗里德就在这里听森林鸟说话；或者眼前这光秃秃的石头峡谷，山洞里或许会闪出法夫纳长满鳞片的柔韧身躯。① 可是不久(我说不出有多快)，自然就不再是书籍之提醒(reminder)，她本身就成了真实悦慕之津梁(the medium of the real joy)。我不是说，自然不再是个提醒。一切悦慕，都在提醒。悦慕从来不是一种拥有，总是一种渴欲(desire)，渴欲着很久以前的、遥远未来的或"有待成形"的某些东西。不过自然和书籍这时成了同样的提醒，共同提醒着——好吧，不管提醒着什么吧。一些人眼中对自然的唯一真正的爱，那种会使一个人成为植物学家或鸟类学家的那种专心的爱，与我无缘。关乎我心的是，景色的情味(mood)；品鉴此情味时，我的皮肤我的鼻子，跟眼睛一样地应接不暇。②

---

① 在瓦格纳的《尼伯龙根的指环》中，齐格琳德(Sieglinde)身怀齐格弗里德，躲避追杀。临产前，遇见侏儒米梅(Mime)，将齐格弗里德托付给米梅。齐格琳德产后身亡，米梅遂作齐格弗里德之养父。法夫纳(Fafner)，北欧神话中的巨人，因吞占莱茵河的黄金，化为巨蟒。

② 关于自然之爱(the love of nature)，详参路易斯《四种爱》第二章。这里所说的"那种会使一个人成为植物学家或鸟类学家的那种专心的爱"，关心的是大自然里面"个别的美的对象"。这里所说的"情味"(mood)，典出华兹华斯的《序曲》。跟华兹华斯欲师法自然不(转下页)

其三,我顺藤摸瓜,从瓦格纳走向我能读懂的关于北欧神话的一切,《北欧神话》,①《条顿族神话传说》,②马利特的《古代北方》。③ 我变得博学了。从这些书中,我一次又一次领教了悦慕之刺痛(the stab of Joy)。我还没有留意到,悦慕日渐稀少。我还没有反观,悦慕与了解"埃达"的宇宙所获得的知性满足之间的差异。④ 要是那时有人教我古代北欧,我想,我会刻苦学习。

(接上页注)同,路易斯坚持"自然并不施教"——人从大自然抽绎出来的道德教训,往往都是自己放进去的:

假如你以自然为师,她将教给你的,恰好就是你已经下定决心去学的那些教训;这只是换个法儿说,自然并不施教。以她为师的苗头,显然很容易嫁接到我们称之为"自然之爱"(love of nature)的体验上面。可是,这只是嫁接。当我们真的臣服于自然之"情味"(moods)及"精神"(spirits),它也不指向道德。压倒一切的欢欣(Overwhelming gaiety)、难以驾驭的宏大(insupportable grandeur)、昏天暗地的凄凉(somber desolation),都奔你而来。假如你非得从中弄点什么,随你的便。自然发出的唯一指令就是:"看。听。专注。"(拙译路易斯《四种爱》第二章第21段)

① 《北欧神话》(*Myths of the Norsemen*, London: George G. Harrap and Co. Ltd., 1908),作者乃英国史学家 H. A. Guerber(1859—1929)。她因撰写日耳曼神话而闻名于世。

② 《条顿族神话传说》(*Myths and Legends of the Teutonic Race*),作者未知。

③ 《古代北方》(*Northern Antiquities*)之作者马利特(Paul-Henri Mallet,1730—1807),瑞士作家。

④ "埃达"(Edda),冰岛史诗,有"诗体埃达"和"散文埃达"两种体裁,是流传千年的北欧神话故事的主要来源。

最后，我所经历的这场变化，给写目前这本书，带来了新的难题。从在查特尔斯学校教室里的头一刻起，我的内在的想象生活开始变得如此重要，与外在生活如此截然有别，故而，我几乎不得不讲两个彼此分立的故事了。这两种生活看来根本互不影响。当一个因渴望着悦慕(Joy)而憔悴瘦损，另一个则可能充满喧闹和成功的欢笑；或者反过来，当外在生活愁苦凄惨，内在生活却满溢狂喜。我这里所说的想象生活(the imaginative life)，只是指我的关乎悦慕的生活——外在生活中，则包括大多通常叫作想象的东西，诸如我的许多阅读，我的一切情爱幻想和野心勃勃的幻想；因为这些都是自我关涉的(self-regarding)。① 即便是动物王国和印度，都属于"外在生活"。②

它们现在不叫动物王国和印度了。18 世纪末的一段时间（它们的 18 世纪，而不是我们的），它们统一成一个国

---

① 路易斯在《痛苦的奥秘》第十章说，我们任何人，只要是人，都有一份尘世无法满足的"隐秘渴欲"(secret desire)或"永恒憧憬"(immortal longings)："你所渴慕的那样东西召唤你脱离自我。就连这种渴望本身也只有在你放弃自我的时候才存在。"（林菡译，华东师范大学出版社，第 126 页）

② 欲理解此段文意，可参本书第一章第 14 段路易斯区分想象之三义。

度,叫作博克森(Boxen)。这就派生了一个奇怪的形容词*Boxonian*,而不是你会想到的*Boxenian*。由于一条聪明的规定,它们保留着各自的国王,却共有一个立法议会戴默菲斯克。其遴选制度是民主制,不过跟英格兰相比,这很不重要。因为戴默菲斯克永

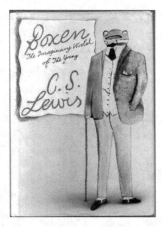

《博克森》封面

远不会注定在一个固定地点开会。并肩王(The joint sovereigns)可以在任何地方召集开会,比如在丹法贝尔的小渔村(动物王国北部的克劳夫利,①依偎在山脚下),或在匹斯西亚岛。并肩王的决定,由于王室比别的任何人都知道得早,因而就在一个普通下院议员得知这事风声之前,地方旅馆都订完了;即便他到了会场,他一点都不能保准,他刚一到,会址没迁往别处。因而我们听说有某些下院议员,从未真正坐在立法议会的会场,除非有个幸运机会,戴默菲斯克

---

① 克劳夫利(Clovelly),英格兰西南部一个风景如画的小渔村,位于康沃尔郡。

就在他家乡召开。史籍有时将这个议会称作国会(the Parliament),但这是误导。它只有一个议事厅,国王就住那里。然而,在我最了解的那段时期,实权不是在国王手中,而是在身居要职的那些官员手中,官职是国师(Littlemaster)(你必须将这名称当作一个单词拼读,重音在第一个音节——跟拼读 *Jerrybuilder* 一样)。国师是一个首相,一个法官,而且即便不是三军统帅(史籍在这一点上含糊其辞)也一定总是军机大臣。这至少是我最后一次访问博克森时,他所握有的权力。两位国王,或许曾遭削权。因为在那个时期,政府机构就控制在一个权力人物手中——确切地说,是只青蛙。太公(Lord Big)给自己的职位一个相当不公平的优势;他曾经是两位年轻国王的老师,还继续以半父权的权威控制他们。他们摆脱他的控制的努力,间歇发作,主要针对的是他干涉他们寻欢作乐,而不涉及任何严肃的政治目标。其结果就是,太公——这个庞然大物,声如洪钟,有骑士风范(他是无数场决斗的胜者),烈性子,雄辩,暴躁——几乎就是国家。诸君会猜,活在太公阴影下的这两个国王,跟活在父亲阴影下的我们哥俩有些像。这样说也没错。不过太公,从源头上讲,并不是简单地先把父亲挪过来,再在某些方面漫画化在另一些方面光辉化。他在很多方面,就是温斯顿·邱吉尔爵士的一幅预言肖像,上次大战期间的那个邱吉尔。我确实见过那位大政治家的照片。对知道博克森的人来说,照片上的青蛙元素是没跑的。博克森不是我们对现实世界的唯一期待。太公的最顽固的对手,总是钻进他的盔甲的那只牛虻,是个相当小的棕熊,一位海军中尉;无论你是否信得过我,中尉詹姆士·巴尔几乎就是约翰·贝杰曼先生的翻版。① 我那时没法认识他。而认识之后,我已经是个太公,他则是个詹姆士·巴尔。②

关于太公与父亲之相似,有意思的是,这种对真实世界

约翰·贝杰曼

---

① 贝杰曼(John Betjeman,1906—1984),英国诗人。1926—1927年间,曾是路易斯在牛津大学抹大拉学院的学生。他最著名的诗作是《威斯敏斯特教堂》。该诗以第二次世界大战时一个伦敦贵妇的口吻,嘲弄了她在战火之下顽固而又自私的信仰,从而对整个社会进行了讽刺。

② 路易斯自己说,他少年时所作童话故事《博克森》(Boxen),与《纳尼亚传奇》截然不同。其中的一项不同就是,《博克森》热衷于政治。而成年的路易斯,据他哥哥说,则不关心政治或反政治。(详参《纳尼亚人》第27—28页)

的反映,并非博克森之胚芽。当博克森接近末期,这类反映就多了起来,显出一种过度成熟甚至开始败落的迹象。向前追溯一点,你就找不到这类反映。允许自己被太公主宰的这两位君主,分别是动物王国的本杰明八世和印度的王公霍基(我想是六世吧)。他们跟我们哥俩挺像。不过他们的父亲,老本杰明和老霍基,不像我们的父亲。霍基五世,形象模糊;不过本杰明七世(一条兔子,你能猜得着)①则是个圆形人物。② 现在仍栩栩如生——所有兔子中间,数他嘴巴大,体块大;晚年胖得出奇,穿着松松垮垮的褐色上衣和口袋般的花格裤,邋遢不过,望之最不似人君;然而可不是没有一定威严,时而还令人诚惶诚恐。他在早年,曾固守

---

① 路易斯小时候就痴迷于英国儿童读物作家波特(Beatrix Potter, 1866—1943)的儿童文学故事,这些故事有一部名曰《小兔本杰明的故事》(1904)。

② 圆形人物(a rounded character),英国著名小说家福斯特的术语,与扁平人物(a flat character)相对。

英国作家福斯特(E. M. Forster)在《小说面面观》(*Aspects of the Novel*)一书中,将小说人物分为扁平人物(flat character)与圆形人物(round character)两种。所谓扁平人物,亦称"类型人物"(types)或"漫画人物"(caricatures),其性格可一语道尽。如《大卫·科波菲尔》中米考伯太太说,她永远不会舍弃米考伯先生,她做到了,她就是为此而生的一个扁平人物。圆形人物则与此相反,他性格复杂,不能一语道尽。

个信念,认为自己可集国王和业余侦探于一身。在后一个角色上,他从未成功过。这部分是因为,他在侦查的头号敌人拜多斯米尔先生,其实根本不是个罪犯,而是个疯子——情况之复杂,会将福尔摩斯的侦探计划弃若敝屣。不过,他常遭绑架,有时还相当长时间,这就给他的王室带来很大麻烦(我们不知道,他的同侪霍基五世是否也这样)。有一次,经过这样一场灾难回到王宫,他很难证明自己身份;拜多斯米尔将他染了,那个熟悉的棕色身影,重现王庭时成了一条花斑兔。最后(哪个男孩想不到呢?),他成了后来所谓人工授精试验的先驱。历史的裁判,既不能说他是条好兔子,也不能说他是位好国王;不过他可不是非实体(nonentity)。他饭量大着呢。

我一旦开了这个口子,所有的博克森人,就像荷马笔下的鬼魂,闹闹嚷嚷要上榜。不过,必须回绝他们了。曾亲手构筑过一个世界的读者,会讲述自己的,而不是来听我讲;那些从没构筑过的读者,或许都被搞糊涂,吓跑了。博克森也跟悦慕没有任何联系。我之所以提起它,只是因为,略去不谈,就会歪曲(misrepresent)我这个时期的生活。

有个提醒,这里必须再啰嗦一下。我方才描写的生活里面,这样或那样的想象,在演主角。切记,它连一点点的信念都不涉及;我从未误认想象为现实。关于北方气息,无法提出这类问题。这种想象本质上是一种渴欲(desire),本身就隐含着对象之缺席。再说了,我们从来没法将博克森信以为真,因为我们创造了它。没有哪个小说家(就小说家而言),将自己笔下人物信以为真。

1913 年的夏季学期,我获得了维文学院的一份奖学金。

6 血帮
Bloodery

随你便吧,老天,

只要让我远离你们的叽叽喳喳。

——韦伯斯特①

依查特尔斯的例,我们可以简称维文学院②为维文,或

---

① 题辞原文是:"*Any way for Heaven sake / So I were out of your whispering*."语出韦伯斯特的《马尔菲公爵夫人》(*The Duchess of Malfi*)第四幕第 2 场。这是凶手谋杀公爵夫人时,公爵夫人所说的话。韦伯斯特(John Webster,约 1580—1634),英国戏剧作家,莎士比亚同时代人。

② 路易斯这里所说的维文学院(Wyvern College),原名叫马尔文学院(Malvern College)。

者再简单一点,像维文人那样,称它"学店"(The Coll)吧。①

到学店去,是外在生活中发生的最激动人心的事。在查特尔斯,我们都生活在学店的影子里。我们常被带到那里,看体育比赛、运动会或盛大闭幕式。这些造访,令我们昏头。那些比你大的男生,他们世故做作的神气模样,还有偶尔风闻的他们的难懂的话,就活像是旧"时期"一位来年即将步入社交圈的少女眼中的花园弄。② 最重要的是,血帮(the Bloods),③这些备受崇拜的运动员和学生官(prefects),是一切世俗浮华、权力和光荣的体现。跟他们一比,波哥显得寒碜。教师怎能比得上血帮?整个那学校就是座寺庙,供奉着这些凡神;到那里朝拜他们,没有哪个男生比我更期待。

要是你从没上过维文这样的学,你或许会问,啥叫血

---

① The Coll,丁译本译为"公学";曾珍珍在《生之追寻:惊喜之旅书摘》一文中,音译为"噶尔";郑须弥译《纳尼亚人》中,则译为"学店"。拙译采最后一种译法。

② 花园弄(Park Lane),海德公园(Hyde Park)附近的一条街,伦敦的富人区。

③ the Bloods,丁译本译为"血青";郑须弥《纳尼亚人》中,则译为"贵族血统"。按说,丁译本的译法已足够传神,拙译还是坚持译为"血帮",是为了突出帮派色彩。

帮。他是学校贵族阶层的一员。国外读者必定清楚,这个贵族,跟这些男生在外部世界的社会地位,扯不上任何关系。要成为该贵族,跟别的男生相比,出身好的或有钱人家的没啥优势;在维文时,我们宿舍楼里那位唯一的贵族,从没成为血帮。而在我来维文前不久,就有个古怪家伙的儿子,至少已经爬到血帮边缘。血帮的资质条件就是,你得在这学校待相当长的时间。这不能保证你进去,但初来乍到却定将你拒之门外。最重要的资质,是体育身手(athletic prowess)。说实话,要是你身手矫健,那就会自动让你成为血帮。即便稍稍逊色,模样好或人缘好会有些帮助。当然,时髦也有帮助,跟你们学校理解的时髦一样。一个聪明的血帮候选人,会穿正确的衣服,说正确的粗话,羡慕正确的事物,笑正确的笑话。当然啦,跟外面的世界一样,爬在特权阶层边上的那些人,凭着逢迎拍马的全套本事,也能钻进去也确实钻进去了。

有些学校,我听说,有一种两头政权(dyarchy)。某血帮贵族阶级,有民意支持或至少民意忍受得了,跟校方任命的学生官这个官方统治阶级,分庭抗礼。这些学生官,我相信,校方通常都是从最高年级任命,因而差不多会以知识分子自期。学店可不是这样。那些当学生官的,几乎全是血帮,也不必限于哪个年级。理论上讲(尽管我并不认为这会发生),最低年级最差的呆瓜也能做个学店头领——用我们的话说,也能当头儿。因而我们就只有一个统治阶级,集权力、特权及声望于一身。在什么情况下都受小字辈崇拜的那些英雄,在任何体系中其精明和野心都能使之升迁的那些达人,有校方支持握有官方权力的人,这三者合而为一。他们的地位,由影响了校园生活方方面面的特别的自由、衣着、特权和尊贵,加以强化。你会看到,这造就了一个相当强势的阶级。但是,校园还有个截然不同于普通生活的事实,更使之变本加厉。在一个寡头统治的国度,民众以及民众中间那些不安分的人,知道他们永无指望打入寡头政府;因而,弄个革命,就值得一搏。而在学店,社会最底层都年纪尚幼,因而太过弱小,不会梦想着揭竿而起。至于中产阶级——不再是跑腿的但还不是血帮的学生——其肌力和人气足令他们做革命领袖,却已经开始自己盘算着进入血帮。靠讨好现存的血帮,加速他们的晋升步伐,这对他们更划算。因为,冒革命的险,除了前途渺茫,还会毁掉他们盼着要分的那一杯羹。假如他们最终对晋升都心灰意冷了呢——为什么还是不会革命呢？那时，他们在校的日子也差不多到头了。这样说来，维文的体制就是铁板一块。在校生曾起而反抗老师；可我怀疑，这里是否有过或是否会有针对血帮的起义。

这样看来，倘若我去学店准备着崇拜，也就不足为奇了。有哪个成年贵族，能像一所公学里的等级制那样，以这样一种迷人形式，将俗世呈现给我们？当一个新生看见一个血帮，五体投地的各种动机，都会立即涌集心头：粉丝对某影星的感情，郊区妇人对公爵夫人的感情，新来者在老手面前的敬畏，街头顽童对警察的惧怕。

公学里的头几个小时，刻骨铭心。我们宿舍楼，是座又窄又高的建筑（顺便说一句，也是这地方唯一不是建筑噩梦的房子），①挺像一艘船。我们主要居住的那层甲板，有两条黑乎乎的相互垂直的石头走廊。廊道门通向学习室——六平方英尺的小屋，由两三个学生共用。在一个从未有过自己的独立空间的预科学校学生眼中，学习室简直令人心醉。由于我们仍然（文化上）处于爱德华时代，爱德华式起居室的满满当当，每个学习室都是尽可能效仿。目标就是，

---

① 《纳尼亚人》一书则说，马尔文公学是一座很美的学校。

只要还能放得下,就用书柜、角橱、廉价装饰和画布满小屋。同一层有两个较大的屋子;一个是"干部室",奥林匹斯议事厅,另一个则是新生学习室。那一点都不像个学习室。大,暗,简陋,无法移动的条椅围着一张固定的桌子。不过我们这十来个菜鸟都知道,不是我们所有人都会留在新生学习室。会给某几个人"正儿八经"的学习室;剩下来的则得在这个没面子的地方待上个把学期。头一个晚上,真是前途未卜;有人要走,有人要留。

我们绕着固定桌子坐一圈,绝大多数时间一声不响,偶尔低声说句话。门隔一会就开一下。会有个男生朝里张望,笑嘻嘻的(不是冲我们笑,是冲自己),又走了。有一次,就在笑者的肩头,又来了另一张脸,咯咯笑道:"霍霍!我知道你在盯视什么?"只有我知道这一切是怎么回事,因为哥哥曾给我这个斯坦霍普扮演过查斯特菲尔德,[1]教我学店

---

[1] 典出查斯特菲尔德勋爵(Lord Chesterfield,1694—1773)写给儿子菲利普·斯坦霍普(Philip Stanhope)的书信集。查斯特菲尔德勋爵,英国著名政治家、外交家、文学家。在儿子不满六岁时,就开始给儿子写信,教他做人。这些书信 1774 年结集出版,名为 *Letters to his Son*, *Philip Stanhope*,广泛流传于英国上流社会,被誉为"培养绅士的教科书",成为有史以来最受推崇的家书之一。该书之中译本,近年有近十种之多,名曰《一生的忠告》。

风俗。笑着朝里看的,没一个是血帮;他们都还很小,他们的脸蛋,有些东西是共同的。事实上,他们是在位的或要逊位的宿舍倡优,想要猜猜,我们谁会是他们注定的对手或后继者。

一些读者可能不知道,何为宿舍倡优(House Tart)。先说说其限定词。维文的整个生活,可以说,有两个同心圆。一个是学店,一个是宿舍。你可以是个学店头儿,或只是一个宿舍头儿;你可以是个学店血帮,或只是个宿舍血帮;一个学店散户(也即贱民,没啥人气)或只是个宿舍散户(Punt);当然还有了,可以是个学店倡优或只是个宿舍倡优。倡优是个①漂亮的秀里秀气的小男生,他给一个或多个高年级生充当娈童。这高年级生通常是血帮,只是通常,并非总是。尽管我们的寡头,独占绝大多数人生乐事,但在这一点上,他们倒挺自由主义的;在不准这样不准那样之外,他们不再强求中间阶层的男生守贞。更低阶层的男生中间,娈童也不算什么"摆谱",或至少不算太严重的摆谱;不像手插兜里或不系扣子那样严重。这些尊神,倒是张弛

---

① 【原注1】这里,还有整篇说明中,我时而会用"历史现在时"。老天在上,我可没有维文今天还是这样的意思。

有度。

要让学校成为公共生活之预备(学校就是这样打广告的),倡优有重要作用。他们不像奴隶,因为他们受宠是(几乎总是)被勾搭,而不是遭强迫。他们也一点不像娼妓,因为私通往往还算长久,而且远远不只是为感官,而且还挺动情。他们的服务,不取报酬(我是说钱);尽管大人物的情人在成人世界所享有的,如溢美之辞,非官方影响,宠幸和特权,他们当然也一应俱全。公共生活之预备,就在这儿。大概在阿诺德·伦恩①的《哈罗公学》(*Harrovians*)里,学校的倡优有充当打小报告的。我们的则一个没有。这我应该知道,因为我的一个朋友,跟一个小倡优共有一个学习室;除非倡优的某个情人偶尔来了,他就得出学习室(这再正常不过),此外,他倒没什么抱怨的。震惊我的,不是这些事。对我而言,在那个年纪,这整套体系的主要毛病就是,它让我烦透了。因为,我们宿舍的整体氛围就是,一个周末接一个周末,都在切切嘈嘈这事。除了体育比赛(games),风流韵

---

① 阿诺德·伦恩(Sir Arnold Lunn, 1888—1974),英国回转滑雪运动员和国际滑雪运动权威人士。(参《不列颠百科全书》第10卷268页)伦恩45岁归信基督,并成为著名的天主教护教者。

事就是文明谈话的主要题目；谁跟谁"有一腿"，谁的明星蒸蒸日上，谁有谁的照片，谁在什么时间如何频繁在哪天晚上在哪个地方……我想这可以叫作希腊传统了。不过这项罪孽，我则从未受到诱惑，而且至今仍发觉难以想象。或许，要是在学店逗留得再长一点，我也就跟在别的方面一样，恰如那体系所允诺的，在这方面也会被转化为一个正常男生。实际情况是，我烦透了。

最初那些天，就跟你刚入伍的日子一样，都在竭力找你不得不做的事情中慌乱度过。我的首要义务之一就是，找到我所属的那个"队"（Club）。那些队，是被指定去进行强制体育比赛的单位。它们是学店组织，不是宿舍组织。因而，我就不得不去一个名叫"学店榜"（Up Coll）的公告牌那里，了解情况。先得找到地方——接着硬着头皮，挤进围在公告牌周围的那群更重要的男生中间——再接下来开始来回读那五百个名字，不过通常还得用另一只眼睛看你的手表，因为在这十分钟内，当然还有一些别的事需要敲定。还没找到我的名字，就被挤离公告牌。只得回宿舍。直冒冷汗，慌里慌张忐忑不安，盘算着明天怎么找个时间再做这事，要是不做，会有什么闻所未闻的灾难后果。（顺便提一句,为什么一些作家说起话来,仿佛操心打卦就是成人生活的独有特征似的?可依我看,中学生平均每周的忧虑,比成人平均每年的都要多。)

刚到宿舍,有样事情真是喜从天降。干部室门口,站着一位帮闲(Fribble),是个宿舍血帮。其实,只是个宿舍小血帮,但对于我,那可是个尊贵人物,百分之百的。他是那种精瘦精瘦嘻儿哈的少年。我不敢相信自己的耳朵,他竟对我说话。"嗨,我说,路易斯,"他在喊我,"我可以告诉你哪个队。你跟我一队,B6。"从绝望到欢欣,真是时来运转啊!一切的焦虑忐忑,都平息了。再看帮闲的和蔼可亲,降尊纡贵!即便国君请我进餐,那份抬举,也无过于此。好事还在后头呢。每次校内假,我都本分地去 B6 队公告牌前,看是否写着我的名字,下午是否要去运动。从没我的名字。真是乐不可支,当然是因为我讨厌体育比赛。我天生笨手笨脚,再加上缺乏训练(这怪贝尔森),就排除了让我玩起来足以自娱的一切可能,更谈不上让别的玩伴满意了。我将体育比赛(相当多的男生都这样)视为生活里的一项必需之恶,跟个人所得税或牙医有得一比。于是,有那么一两周,我是乐哉悠哉。

可接下来,打击来了。帮闲撒了谎。我在一个截然不同的队。我的名字,不止一次上了公告牌,可我没看见。我犯了重罪,叫"擅自离队"。惩罚就是鞭打,当着众学生官的面,由学店的头儿执行。对学店的头儿本人——红头发,满脸疙瘩,叫个苣头(Borage)或狱头(Porridge)什么来着——我不记恨;这对于他,只是例行公事。不过还必须给他安个名字,因为故事的真正要点有这个需要。那个唤我受刑的特使(比头儿本人略低一点的血帮),想让我明白我是怎样的罪大恶极。他说:"你是谁呀?啥都不是。狱头是谁呢?这里的太岁爷。"

我那时想,现在仍想,这话不着调。他蛮可以得出两个完美的道德教训。他可以说:"我们是要教教你,能得到一手知识,就永远别信二手的。"——一个特别有益的教训。或者可以说:"是啥让你以为,血帮就不会撒谎了?"可是他却说,"你是谁呀?啥也不是。"尽管公允,却仿佛不沾边。言下之意就是,我离队,是目中无人或寻衅滋事。我始终弄不明白,他是否就信了自己的话。难道他真以为,一个全然无助的陌生人,初来乍到,身处一个由势不可挡的阶级所统治的社会里,他全部的幸福希望还得仰赖此阶级赏光,头一周就喜欢在这里的太岁爷头上动土？这个问题，在后来的生活中，我碰见多次。当某些考官说，"交上这号作品是羞辱考官"，他什么意思？他真以为，那个没及格的应试者羞辱了他？

另一个问题是，我的小灾祸里，帮闲的份。他向我撒谎，是恶作剧，捉弄人？还是跟哥哥有宿怨，乘机报复？抑或他就是前人所说的"话痨"，真真假假的信息，整日价在嘴里源源不断，不经考虑，甚至不由自主？有人或许认为，不管他起初什么动机，看到我的下场，总会前来道个歉吧。不过你知道，就别指望了。他只是个很小很小的血帮，还在往上爬。帮闲上头，大人（Burradge）高高在上；恰如帮闲对我是高高在上。在一个只有向上爬才是命根的社群中，要是前来道歉，其社会地位就岌岌可危。学校，真是公共生活之预备。

为对维文公正起见，我必须补上一句，依我们那里标准，帮闲不大能代表血帮。他在风流韵事上曾有劣迹。那样犯事，（哥哥告诉我）在他顺风顺水时，是绝无可能的。我方才说过，倡优是被勾搭，而不是被强迫。可是，帮闲却用尽自己的干部权力，整学期都在迫害一个男生，我们就叫他帕斯利(Parsley)吧,因为这男生拒绝了他的求爱。这对帮闲来说,是手到擒来。条条框框多如牛毛,一个低年级生不知不觉间都会犯错。这就使得一个干部能确保,让某男生几乎总是麻烦缠身。尽管学长学弟制,本就使得这男生在无论哪一天的哪个时间都闲不下来。于是,帕斯利领教了,即便是拒绝一个小血帮是什么结果。要是帕斯利是个德行学生,拒绝是出于道德,那这故事就会更感人。很不幸,他"像理发匠的椅子一样",①什么屁股都能坐。哥哥在校的日子,他还是个头面人物,可如今,差不多过气了。他竟跟帮闲划界限。不过,帮闲的强迫企图,这种事,我倒是只知道这一次。

说实话,大体而论,再虑及青春的诱惑,又如此享有特权,受恭维,血帮这伙人还不算太坏。假伯爵(The Count)甚至还蛮好心。应声虫(The Parrot)充其量只是个傻帽:他们唤他"笑面虎"。渔贼(Stopfish),尽管有人以为残忍,

---

① 原文是"as common as a barber's chair."典出莎士比亚《终成眷属》第二幕第2场第18行:"It is like a barber's chair, that fits all buttocks."朱生豪译为:"它就像理发匠的椅子一样,什么屁股坐上去都合适。"(《莎士比亚全集》卷二,译林出版社,第413页)

但他甚至还有一些道德原则;年纪还小的那些日子,(我听说)很多人都垂青他这个倡优,可如今他仍保留着他的德性。"漂亮,但没啥用。他是个尤物。"维文人都会这么议论。最难为之辩解的,或许当数丁尼生(Tennyson)。他是个扒手,我们倒不在乎;有人还认为,他挺聪明伶俐,派他去镇上买趟东西,总能买回更多的领结和袜子。我们在乎的是,对我们这些乌合之众,他爱用的惩罚:"敲打。"不过他真的可以向学校当局抗辩,说那只是扇个耳光而已。他不会多说,不会说他让受罚者站在门口,左耳、太阳穴和脸颊几乎贴着门框,不是完全贴上,接着使足劲在右耳一击。他组织过一场名曰"庭院板球大赛"的锦标赛,募捐(无论明目张胆还是实质就是,反正都是强制性的,我想)。后来既没举行锦标赛,也没退钱。我们也只是暗地发点牢骚而已。不过你该记得,在马可尼的时代,就有过这种事。① 做学生干

---

① 马可尼(Guglielmo Marconi, 1874—1937),意大利科学家,无线电的发明人,1909 年诺贝尔物理学奖得主。他的成就,主要在英国取得。1912 年,马可尼无线电报有限公司从英国政府得到大笔资助。后来有传言称,有多位部长,还有首相 Lloyd George,持有这一公司的股份。事见切斯特顿(G. K. Chesterton)的《自传》(*Autobiography*, 1936)第九章"The case against corruption"(反腐)。

部,真是公共生活之预备。所有的学生干部,甚至包括丁尼生,有件事倒可圈可点——他们从不酗酒。我听说他们的前任,就在我来这里一年前,大白天,时常在宿舍廊道里烂醉如泥。事实上,尽管成人听上去怪怪的,我刚住进宿舍那会,宿舍正处在道德重建的严厉氛围之中。头一周,在宿舍图书馆里,学生干部给我们全体寄宿生作系列演讲,讲的就是这个事。演讲中夹着大量恐吓,说道德改革者(moral reformers)要让我们提高觉悟或齐心协力,一有堕落就严惩不贷。在这个场合,丁尼生很出众。他声音浑厚,在合唱队领唱。我认识他的一个倡优。

愿他们平安。一场更坏的命运,比绝大多数怀恨在心的跑腿者所期望的更坏,在等着他们。伊普尔战役①和索姆河战役,②将他们绝大多数都吞噬掉了。他们的好日子还没到头的时候,就让他们快乐呗。

---

① 伊普尔战役(Battle of Ypres),指第一次世界大战期间,协约国军队同德军于 1914 年、1915 年和 1917 年在比利时西部伊普尔地区进行的三次战役。该地区成为双方新武器和新技术的试验场,包括人类第一次使用毒气,大约 50 万名士兵丧生。
② 索姆河战役(Battle of the Somme),第一次世界大战期间,英法联军于 1916 年 7—11 月在法国北部索姆河地区对德军实施的进攻战役,是"一战"中最大规模的战役之一,非常惨烈。

满脸疙瘩的老衙役(old Ullage)执行的鞭打,本身可不是毫不留情。真正的麻烦在于,我想,拜帮闲所赐,我成了名人,成了那种"擅自离队"的问题新生。至少我想,我之所以成了丁尼生讨厌的对象,这是主要原因。大概还有别的原因吧。相对于年龄,我体块有点大,笨手笨脚,这就使得高年级生反感。在体育比赛中,我又是废物一个。最糟糕的是,还有我这张脸。我就是招人说"收起你那副尊容"的那种人。注意,这又是我们生活中公道与不公之交织。无疑,自负或生气时,我常常故意显得傲慢或好斗;可是在这些场合,人们仿佛注意不到这神情。可话说回来,我被告知"收起尊容"的那些当儿,通常都是我有意显得无助的时候。难道是我的祖先里的某个自由人,跟我作对,要露一下脸?

我前面约略提到,学长学弟制是主要媒介,藉此,血帮不用违犯任何纪律,就可以使得一个低年级生的生活苦不堪言。不同的学校,有着不同的学长学弟制。在一些学校,每个血帮都有专人跑腿。这是校园小说中最常写到的制度;有时候,还将它再现为——而且我们都知道,有时候也确实是——骑士跟随从之间投桃报李的关系,其中,一方之服侍所得回报,在某种程度上就是另一方所给的衣食保障和人身保护。然而无论它有何等优点,我们在维文都从没体验过。我们的学长学弟制,就跟维多利亚时期英国的劳动力市场一样,非关人情(impersonal);如此说来,学店又是公共生活之预备。某个高年级生底下的所有男生,构成了一个劳动力池子,是全体血帮的共同财产。一个血帮,想刷洗他的训练服,擦鞋子,"整理"他的学习室,或泡壶茶,他就喊。我们全都一路小跑。当然,血帮会将任务交给他讨厌的男生。洗刷训练服——得用好几个小时,你干完的时候,还有你自己的有待洗刷——是最让人憎恨的劳役。擦鞋本身倒不太麻烦,麻烦的是其连带情形。它占去了我这号学生那至为关键的一小时,既然获得了奖学金,就被放在高级班里,拼尽全力,还赶不上学业。因而,在班里整整一天成功与否,就看早饭和早课之间那宝贵的40分钟了。这段时间,你跟同班同学复习指定的翻译段落。只有当你幸好没被抓差去擦鞋,这才能完成。当然,这不是说擦一双鞋就要40分钟。费时间的是,跟别的跑腿的在"鞋穴"排队,等着轮到你用鞋刷和鞋油。那间屋子的样子,那个黑暗,那个气味,还有(一年绝大多数时光的)

那个寒冷,至今历历在目。你切莫以为,在这些奢华年月里,没有服务人员。有两个官方雇佣的"鞋童",舍监付费,负责擦所有的鞋靴。每一个人在学期末,包括我们这些既擦自己鞋又擦血帮鞋的这些跑腿的,都要为这两个鞋童的服务付小费。

不得不记述随着时间流逝我变得越来越讨厌学长学弟制,出于所有英国读者都理解的原因(别的读者在下一章会听到一些),我感到丢人现眼,感到左右为难。我若说自己疲惫不堪,真正捍卫公立学校的人不会信我。可我就是疲惫不堪——像狗、像拉车的马、像工厂里的童工一样疲惫不堪。除去跑腿,有很多事令我疲惫。我体块大,可能还因发育过快而体弱。班上的作业,几乎总做不完。那时,我还常常牙疼,有许多夜晚,疼得直叫。除了在前线战壕(那也不是老在战壕),我不记得哪里还曾有过,在维文的这种疼痛和疲累。哦,无情的白天,睡醒时的恐惧,还有无法入眠的那漫漫长夜!而且切记,对于一个并不喜欢体育比赛的男生来说,即便没有跑腿这事,学校的一天也很少有空闲。对于他,从教室转移到操场,就是将自己还能产生一点兴趣的作业,换成了他产生不了一点兴趣的作业,失败会遭严厉惩罚,而且(最糟糕的是)他还必须佯装有兴趣。①

我想,跟任何别的事物相比,这个佯装,不停装出对我厌倦至极的那些事情感兴趣的这个装模作样,最令我身心交瘁。要是读者诸君设想自己,手无寸铁,昼夜被关押在一群狂热的高尔夫球手中间,关整整十三周——或者你自己是个高尔夫球手,那群人则是垂钓者,通神论者,金银二本位论者,培根主义者,或是爱写自传的德国大学生——这些人都手持左轮手枪,你若显得对其谈话失去兴趣他们大概就会开枪,这时,你对我的学校生活也就能想得来了。即便是硬汉乔伯克(在《埃瑞洪》里②),在这等宿命面前也会畏缩不前。因为体育比赛(和风流韵事)是唯一话题,而我对两者都没心思。但我必须显得热衷,因为一个少年去上公学,恰好就是要被塑造成一个正常的、懂事的少年——好好融入社会——要脱胎换骨;不合群,要遭严厉惩戒。

---

① 路易斯在《给孩子们的信》里曾说:"我一共读过三所学校(都是寄宿学校),其中两所非常可怕。那是我最讨厌的地方,甚至一次世界大战前线的战壕都没有那么讨厌。"(余冲译,华东师范大学出版社,2009,第130页)

② 硬汉乔伯克(the hardy Chowbok),英国小说家、随笔作家和批评家塞缪尔·巴特勒(Samuel Batler,1835—1902)的讽刺小说《埃瑞洪》(*Erewhon*,亦译《乌有乡》)中的人物。

你切莫由此仓促下结论说，绝大多数男生都比我更喜欢玩体育比赛。成打的男生都想着，离队明显是件大好事。离队需要舍监签字，这个无害人之心的墨洛温人①的笔迹，可以模仿。一个能干的造假人（我认识这行当的一个人），靠制作出售假签名，就能给自己的零花钱带来稳定收入。反复谈论体育比赛，有赖三样事情。首先，依赖于同一种发自深衷（尽管不太实际）的热情，这种热情将人群送到足球联赛。虽然几乎没人想去玩，但多数人则想去看，替代性地分享学店队或宿舍队的胜利。其次，这种自然感情有全体血帮以及差不多全体老师作为警戒后盾。对此不温不火，是大罪。因而，有热情时，就得大张旗鼓；没热情时，也得装腔作势。板球比赛上，小血帮在观众席上巡逻。谁鼓掌"懒散"，就找出来，惩罚；这就令你想起了，当尼禄唱歌时，②你就得当心了。因为，要是血帮以游戏精神来玩，为了娱乐来玩，那么，血帮的整体结构就会垮掉；必须有观众，必须有聚

---

① 原文是"harmless Merovingian"，其中的 Merovingian，指法兰克王国的第一个王朝（481—751），疆域相当于今天的法国大部与德国西部。
② 尼禄（Nero），罗马帝国皇帝，54—68 年在位。他是罗马帝国朱里亚·克劳狄王朝的最后一任皇帝。尼禄是第一个压迫基督教的暴君，使徒保罗和西门彼得即在他手中遇害。

光灯。这就将我们带向第三个理由。对于那些还没进入血帮却有些体育天分的学生,体育比赛在本质上是条终南捷径。运动队对于他们,跟对于我一样,没有娱乐可言。他们上操场去,并不像人们去网球俱乐部,而像是一心想当演员的女孩参加面试;紧张,焦虑,受一线希望和死命担心的轮番折磨,老是忐忑不安,直到他们赢得某些注意——这些注意会让他们的脚搭上社会阶梯头一个台阶。那时,还会忐忑不安;因为,不接着上台阶,就等于后退。

真相就是,有组织的强制的体育比赛,在那段日子里,几乎将游戏因素(the element of play)从学校生活连根拔除。没时间游戏(严格意义上的游戏)。竞赛太过残酷,奖项太过耀眼,"失败深渊"太过狰狞。

"游戏"的学生(但不是在体育比赛中),差不多只有一个,是我们爱尔兰的一个伯爵。不过,他那时不受一切纪律约束;不是因为他的爵位,而是因为他是个桀骜不驯的爱尔兰人,天生无政府,没有哪个社会能熨平。头一学期,他就叼个烟斗。他会夜间离开学校,到邻近城市神出鬼没;我相信,他不是去找女人,而是去闯江湖,去找底层生活,去冒险。他总是拿只左轮手枪。这我记得很牢,因为他有个习惯,只装一发子弹,接着就闯进你的学习室,枪口冲着你向别处开火(要是"开火"这个词恰当的话),因而你的小命就全看他计数准不准了。我那时感到,现在仍感到,这(跟跑腿不一样)是懂事孩子都不会反对的那种事。这是对教师和血帮的反抗,虽然徒劳无益,但其中绝无恶意。我喜欢枪侠(Ballygunnian);他后来也在法国阵亡了。我不认为他曾经是个血帮;他若曾是,他也不把那当回事。对于聚光灯或社会成功,他不以为意。他路过学店,正眼没瞧一眼。

我想小妮子(Popsy)——那长着一头漂亮红发的"私人"女佣——或许也能算作一个"游戏"因素。小妮子,当她被连拖带拽到宿舍楼我们这块时(我想是假伯爵干的),一路又笑又叫。她是个聪明女孩,不会将她的"美德"交给任何一个血帮。不过有传言说,那些在正确时间正确地点找到她的人,会引诱她来上一堂生理卫生课。或许,他们是造谣。

我差不多还没提到过一位老师。有个老师,深受爱戴和尊敬,会在下章出现。别的老师,差不多不值一提。家长很难认识到(或许学校老师更难),在学校生活中,绝大多数老师其实并不重要。对一个学童的助益及危害,老师一般而言,都做得不多,知道得就更少了。我们自己的舍监,必定是个正直的人,因为他给我们的伙食极好。再说了,他管理自己的宿舍楼的方式,很是绅士,一点都不好事。夜间,他有时也来楼道转悠,可总是穿着靴子,脚步声很大,还在门口咳嗽。他既不打探,也不扫人的兴,是个老实人。他还健在,愿他长寿。

由于我越来越疲惫,心身俱疲,我变得恨起维文来了。我并没注意到,它给我带来的真正害处。它逐渐将我教成一个自命清高者(a prig);也就是说,一个智识上的自命清高者,或者一个(贬义的)高眉(a High Brow)①。不过这个话题,得留给下一章了。在本章末尾,我必须重申,(因为这是维文留下的总体印象),我疲惫不堪。清醒意识本身成了大恶;睡眠,倒成了首善。躺下来,悄无声息,不再装腔作势不再哭丧着脸不再躲藏开溜,成了全部渴欲的对象——要是前面再没有另一个清晨——要是睡眠能持续到永远,该多好!

---

① 英文 high-brow,与 low-brow 及 middle-brow 相对,指格调高雅之士,有时亦直译为"高眉"。

7 有明有暗

Light and Shade

再惨再惨,亦有安慰。①

——哥德史密斯

这家伙,你会说,往常都以道德和宗教作家面孔出现,可如今,瞧,竟然用了整整一章,将他所上的那家学校,写成不洁之爱的渊薮,却闭口不提自己这方面的罪孽。不过,有

---

① 原文是:"No situation, however wretched it seems, but has some sort of comfort attending it." 语出英国作家哥德史密斯(Oliver Goldsmith, 1731—1774)的感伤小说《威克菲尔德的牧师》(*The Vicar of Wakefield*),是该书第 25 章标题。蒲隆先生译有该书之简写本。

两点理由。其一,你会在本章末尾听到。其二,如我所说,这个罪,是我唯独没受诱惑的两宗罪之一(另一个是赌博)。① 对从未在战场上遭遇的敌人,我不会沉溺于发表檄文。

("这么说,你要大写特写别的罪了……"嗯,是的,是该写写,可十分遗憾,那跟我们此刻的目标无关。)

我现在必须告诉诸君,维文如何将我造就为一个自命清高者(a prig)。② 初到维文,那儿的学生,什么都不读,只

---

① 关于赌博以及彩票,路易斯真的一生都不受诱惑。他说:

赌博永远不应成为人生的重要部分。假如在赌博中,大宗金钱从一个人的口袋转入另一个人的口袋,而没有做任何善事(比如,产生就业机会,善心等等),那么它就是一桩坏事。如果只是小打小闹,我不敢保它就是坏事。我对此所知不多,因为赌博是对我全无诱惑的唯一一桩罪恶。我想,谈论一些自己全无经验的事物,很危险,因为我并不了解它们。假如有人来请我玩桥牌赌钱,我会说:"你想赢多少? 拿走吧。"(见路易斯神学暨伦理学文集 God in the Dock 第一编第 4 章,拙译该书华东师范大学出版社即出)

② "自命清高"(priggery),当然是一桩罪,骄傲之罪。路易斯在本章就写自己的这桩罪过。不过,路易斯在 1945 年所写的《假如没了自命清高》(After Priggery - What?)一文中也提醒我们,自命清高固然有自以为义之嫌,但是,假如我们弃绝自命清高,必须操心自己是降到它以下,还是升在它以上。假如是降在它以下,那么,路易斯就建议我们最好保持自命清高。否则,会使人对恶变得冷漠,使人迁就甚至养活无赖。路易斯以撒谎成性的报业人士为例,说明了在民主社会或所谓的宽容时代,自命清高多么珍贵。(文见拙译《切今之事》,华东师范大学出版社,2015)

读杂志;什么都不听,只听(那时流行的)爵士乐。我则私淑好书、私淑瓦格纳、私淑神话。可是,要说这些私淑就给了我优越感,我哪会起这类念头?这么说或许听来难以置信,倘若我不补上一句,说我免受这类自负靠的是彻头彻尾的无知的话。伊恩·海伊先生在某个地方,①刻画他上学那会公学里少数读书人,说那些谈论"萧伯纳和切斯特顿"的学生,其精神劲头跟偷着抽烟的学生一样一样的;说这两组人,都受着同样的激发:渴望禁果,渴望长大。我想,他刻画

萧伯纳

的这些学生,家或许就在切尔西或牛津或剑桥,在那里,他们听过当代文学这回事。而我的立场,却全然不同。比如说吧,我去维文的那段时间,就是读萧伯纳的大户,可是我做梦都不敢想,读萧伯纳可引以为傲。跟别的作家一样,萧伯纳只是父亲书

---

① 见伊恩·海伊(Ian Hay,1876—1952)的《学校生活的轻松一面》(*The Lighter Side of School Life*,1914)第107页。伊恩·海伊,本名 John Hay Beith,英国小说家,剧作家。

架上的一个人物。我着手读他,那是因为他的《戏剧论集》,①大量谈及瓦格纳。瓦格纳的名字,那时就是诱饵。于是我顺藤摸瓜,读了家里所有的萧伯纳的书。至于他在文学界的声望,我既不知道,也不关心;我不知道,还有个"文学界"。虽然父亲告诉我,萧伯纳是个"江湖骗子",可是,在《英国佬的另一个岛》②里,确实有笑点啊。它跟我的别的读物一样;(感谢上帝)既没人眼热,也没人鼓励。(出于某些深不可测的理由,父亲提起威廉·莫里斯,③总是说"那个听命画家"。)在查尔特斯,我或许是——无疑就是——以擅长拉丁文自负;这被认为是可圈可点。不过幸好,教学大纲里没有"英国文学",因而我就免于以此自负的可能。平生以来,我从未读过用母语写成的一部小说、诗歌或批评,除非由于翻过前几页之后,我喜欢它那个味儿(the

---

① 路易斯所说的 *Dramatic Opinions*(《戏剧论集》)一书,应指萧伯纳的 *Dramatic Opinions and Essays*(1906)一书,该书收录了萧伯纳 1895—1898 年间写给《周六评论》(*Saturday Review*)的戏剧评论。
② 《英国佬的另一个岛》(*John Bull's Other Island*,1904),四幕讽刺喜剧,萧伯纳的成名作。
③ 威廉·莫里斯(William Morris,1834—1896),英国作家、艺术家、设计师、印刷商和社会改革者,被认为是维多利亚时代最伟大的人物之一。代表作《乌有乡消息》(*News from Nowhere*,1891)。

taste of it）。我免不了知道，别的人，少年及成人，绝大多数都不在意我所读的书。我跟父亲的共同趣味，少得可怜；跟哥哥的，多一点。除此之外，就没了交集。我对此安之若素，权当是一种自然法则。即便我反思过此事，那么我想，它给我的，也是一丝自卑感，而不是一丝优越感。相对于我的趣味，最新流行的小说，显而易见，都很成人（adult），很正统（normal），很世故（sophisticated）。某种羞涩或难为情，附着于我打心底私淑的东西上面。我去学店，与其说打算以自己的文学趣味为荣，远不如说，得为之辩解。

不过这种天真无邪，没延续下来。一开始，当我从班主任那里很快了解到文学之荣光（the glories of literature），就有点动摇了。而最终，我竟对这桩危险的秘密浑然不觉，即别的学生跟我一样，也发现那里"无限的幸福"，①也为美而疯狂。在同年级的其他新手（New Bugs）中间，我也碰到了来自牛津龙小学②的两个学生（在那里，

---

① "无限的幸福"（enormous bliss），典出弥尔顿《失乐园》卷五第297行。参本书第1章第15段脚注。

② Dragon School at Oxford，类似于国内所谓附小之类的名校。1877年，一群牛津大学指导教师创建了Dragon School，创立初衷是为牛津大学的教师子弟提供高质量的基础教育及关爱服务。坊间多译为"牛津龙小学"，拙译从之。

内欧米·密歇森①十几岁时就出版了她的第一部剧作)。从他们身上,我约略得知有个我从未梦见的世界,比方说吧,其中诗歌是被公众接受的一样事物,恰如在维文,体育比赛和风流韵事之被接受;不止如此,其中对这类事物的喜好,几乎就是优点。我的感觉,与齐格弗里德明白过来自己不是米梅的儿子有得一比。② 曾经的"我的"趣味,明显就是"我们的"趣味(要是我早就碰见这个"我们的"所从属的"我们",该多好)。如果这是"我们的"趣味,那么——经过一个危险的转化——或许这就是"好的"趣味或"正确的"趣味。因为这一转化,牵涉到一种堕落。一旦好的趣味自知其善,一些善(goodness)就失丧了。然而即便这时,也不是必然会向下再走一步,进而瞧不起那些并未共享此趣味的平庸之辈。③ 很不幸,我还是走了这步。此前,尽管在维文的凄惨与日俱增,但我为自己的凄惨感到脸红,还是愿意

---

① 内欧米·密歇森(Naomi Mitchison, 1897—1999),苏格兰小说家,诗人。

② 《尼伯龙根的指环》里的英雄齐格弗里德,是个孤儿,由侏儒米梅(Mime)抚养成人。齐格弗里德因为在溪水中看到自己的影子,明白米梅不是自己的生父。见《尼伯龙根的指环》第三部《齐格弗里德》第一幕第一场。

③ 原词是 philistines,本义是"非利士人"。比喻义为"平庸之辈"。

(只要允许我)仰慕这些尊神,还是有点怕有点胆怯而不是愤恨。你看到,我没有抗拒维文气氛(*ethos*)的立足之地,没有我可为之效力的对立阵营;只是一个光秃秃的"我",对抗着看上去简直就是世界的东西。可是,一旦这个"我"成了一个"我们",无论何其含混,局面就变了。因为这时,维文就不是这世界(*the* world),而只是一世界(*a* world)。现在,至少我想,就有了反击的可能。转化的那一刻,具体是在哪一会,我记不清了。有个学生干部,名叫布鲁格或格鲁布或什么来着,站我对面,对我的脸嗳气,发号施令。他嗳气,不是意在侮辱。恰如你不会侮辱一个动物,你也不会侮辱一个跑腿的。即便灯泡曾虑及我的反应,他大概也指望着,我会发现他嗳气挺好玩。① 推我越过边界变得自命清高(priggery)的,是他那张脸——撑得圆鼓鼓的双腮,厚厚的湿乎乎的下垂的嘴唇,像土老帽那样又脏又滑稽。"蠢货!"我想,"呆瓜。笨小丑!我要是有他这权力和特权,就不会是他这德行。"我成了个自命清高者,成了个高眉。

---

① 关于此人,前文的"布鲁格(Blugg)或格鲁布(Glubb)",大概是其名字;后文又用 Bulb 一词,大概是其绰号,可译为"灯泡"或"蒜头"之类俚语。

有意思的是,这个公学体制竟恰好造就了,它打广告要加以阻止或治愈的那东西。因为你必定了解(倘若你从未亲身沾染那个传统的话),设计这一整套体制,就是要从低年级生身上"打掉蠢举"(knock the nonsense),让他们"安分守己"(put them in their place)。"要是低年级生没跑过腿,"就像哥哥有次所说,"他们就不会吃苦。"为什么在前面的几页,当我不得不承认无休无止的跑腿令我疲惫不堪时,我感到有些左右为难,原因就在这里。要是你这样说了,每个真心为此体制辩护的人,都会马上来给你看病。他们的诊断,如出一辙。"嚯——嚯,"他们会叫起来,"病就在这儿!你自以为了不起,怎能给学长擦鞋,不是吗?这恰好表明,你多么需要跑跑腿。这体制的存在,就是要给你这样小小年纪还自命清高的人看看病。"他们不会承认,除了"你自以为了不起",引起你对跑腿活不满的,还有别的原因。可你只要设身处地,将这等事移到成人生活里,就会看清这一立场的逻辑。假设你有个 VIP 邻居,其权威不可抗拒,在你下班时间,可以随意随时唤你做任何差事——假设夏日黄昏,你刚下班回家,累得要死,还有一大堆明天的工作要准备,他也能将你拽到沙地上去,让你做球僮,直到夜幕降临——假设最后他一声谢也不道,却给了一大包要刷洗的衣服,早饭前交给他,还有一篮子脏亚麻布让你媳妇洗洗缝缝——假如这种统治下,你并不总是十分幸福十分满意,那么,除了你自己的虚荣心,总可以别有原因吧!别的原因终归是什么?因为,几乎根据定义,低年级生的每次冒犯,都必定归因于"颜面"或"架子";愁眉苦脸,甚至没能兴高采烈,都是一种冒犯。

显而易见,在建构维文等级制的那些人心中,总念念不忘某些祸患。他们以为不证自明的是,若放任自流,为郡里打橄榄球及为学校搞拳击的十九岁的学生,就随时随地会被十三岁的学生打倒或欺凌。你知道,这一幕令人发指。因而,就不得不费尽心机,设计这个机制,来保护强者,对抗弱者;保护老手们的铁板一块,对抗举目无亲素不相识的新来者们的一盘散沙;保护那些可怜的颤抖的狮子,对抗那些愤怒又贪婪的羊。

当然,其中有若许真理。年纪小的学生会变成厚脸皮;跟一个十三岁的法国人一起待上半小时,就会令我们绝大多数人感到,得替学长学弟制说句话了。虽如此,我还是忍不住想,那些大一点的学生能够挺得住,用不着学校当局给他们这一整套复杂的保护措施、表彰及鼓励。当然啦,学校当局,不满足于打掉羊的"无理取闹",总要给狮子注入或培养至少同样剂量的"无理取闹";要为他们所玩的竞技,配给权力、特权及鼓掌的观众。难道学生们的天性,不就已经做了这一切,甚至还会做得更好,又何用如此劳神费力?

不过,无论此设计的合理性何在,我还是认为,它失算了。过去三十来年,尖酸、好斗、怀疑、拆穿、犬儒气充斥英国知识界。他们大多数人,都曾在公学上学。而且我相信,他们很少有人喜欢它。那些为公学辩护的人,当然会说,这些自命清高者,都是这一体制没治好的病例;对他们,踢打、嘲笑、派差事、鞭策及羞辱,还不够。不过,他们就是此体制的产物,不也同样可能? 不也跟我一样,刚到自己学校时,他们一点都没自命清高,却在第一学年就被弄成了自命清高者? 因为说实话,这结果很是自然而然。压迫若没完全且永久摧毁精神,那么作为反弹,骄傲及不屑难道不正是其自然而然的趋势? 对于镣铐和拷打,我们会拿双倍剂量的自尊来自我补偿。跟新近解放的奴隶相比,没人会比他更有可能傲慢(arrogant)。

当然,我只写给中立的读者。跟这体制的全心全意的拥护者,没什么好说的,因为,如我们所见,他们的公理和逻辑,行外人没法捉摸。我甚至听到他们为强制体育比赛辩护,其根据就是,"除了一小撮无赖",一切学生都喜欢体育比赛;他们之所以不得不受强制,是因为用不着强制。(但愿我从未听过,随军牧师为教会游行做过同样的辩护。)①

不过依我看,公学生活本质之邪恶既不在于跑腿者的苦楚,也不在于血帮高人一等的傲慢。有些病症,更无孔不入,长远看,对那些在学校活得顺风顺水的学生,伤害最大。从属灵角度讲,公学生活的致命之处在于,这生活几乎全由社会争竞所主宰;打入、挤上或爬到顶层,占住那儿,是压倒一切的迷恋。② 当然,这往往也是成人生活的迷恋;但我从未见过任何成人社会,其中屈服于此冲动的人是如此的彻底。无论在学校还是在社会,一切卑鄙均由此发源:迎合上级的那些个溜须拍马,跟知名人士套的那些近乎,对无助于

---

① 路易斯对此等游行之愤怒,可参见拙译路易斯《切今之事》第七章"记梦"和第八章"毕林普恐惧症"。
② 《论语·八佾第三》:"君子无所争。"在《魔鬼家书》第 18 章,路易斯借大鬼 Screwtape 之口,说出上帝与撒旦的不同哲学:"整个地狱哲学的根基建立在一个公理之上,即此物非彼物、是己则非彼。我的好处归我,而你的好处归你。一个自我的所得必为另一自我的所失。……'存在'就意味着'竞争'。"(况志琼、李安琴译,华东师范大学出版社,2010,第68—69页);"祂旨在制造一个矛盾体;万物既多种多样,却又莫名其妙地归于一体。一个自我的好处同样会让另一个自我受益。祂把这种不可能的事情称为'爱'。"(同前,第69页)。

自己往上爬的友人的背信弃义,对没人气者的落井下石,还有几乎每项举动中的鬼算盘。回想起来,维文人就是我所了解的社会中间,最不天机自发的,因而最没孩子气的。在一些学生的生活中,每样事情都精打细算,为升迁伟业着想,这样说或许不算过分。正是为此,他们才参加体育比赛;正是为此,才穿这些衣服,交这些朋友,开这些玩笑,犯这些罪恶。

在学店诸恶当中,我为何无法将娈童置于首位,原因就在于此。关于此论题,有很多的伪善。人们通常一说起来,仿佛与此相比,任何别的邪恶都尚可忍受。可凭什么呢?是因为我们这些没这毛病的人,比方说,就像为恋尸癖感到恶心一样,也为之恶心?我认为这与道德判决,基本无关。还是因为它导致了永久的性倒错?可是,极少有这方面的证据。血帮,要是能有女孩相伴,他们就会更喜欢女孩,而不是男孩;在后来的年纪,能得到女孩时,他们大概就会选择女孩。那么,就是基于基督教了?可是,对此事义正辞严的人,有多少人事实上就是基督徒呢?在维文这样世俗这样残酷的社会中,什么样的基督徒,会将肉身之罪,挑出来刻意非难呢?残酷想来比情欲更恶,俗世(the World)至少跟肉身一样危险。在我看来,所有这些喧嚷(pother)的真正理由,既非关伦理,也非关基督教。我们抨击这项罪恶,不是因为它最坏,而是因为,依照成人的标准,最声名狼藉亦最讳莫如深,同时碰巧又是英国法律里的一项罪。俗世只会将你带向地狱;而嗜男色则会让你锒铛入狱,卷入丑闻,失业——俗世,说句公道话,尚不至此。

我们这些已经了解维文这号学校的人,要是敢说真话,那就不得不说,无论娈童本身是怎样一种大恶,但在那个时间那个地方,却是为某些好事物所留下的唯一的立足点或裂隙。这是社会争竞中的唯一制衡;是投机钻营这片灼热沙漠中,唯一的绿洲(尽管只有一些青草,只有一点臭水)。血帮,在自己违反天性的情事中,或许还只有在这里,他才略略走出了自己,在个把小时内,忘记了他就是这地方的太岁爷。①这就让画面柔和了些。性扭曲是留下的唯一裂缝,通过它,某些天机自发的、非算计的东西才能渗进来。还真让柏拉

---

① "爱",无论什么样的爱,都意味着人走出自我中心:"当我爱的时候,我放弃了自我中心。"(When we love, we give up the center of ourselves. 见罗洛·梅《爱与意志》,冯川译,国际文化出版公司,1987,第103页)"爱情只能产生于这样两个人中间,这两个人都从他们生存的圈子里跳出来并互相结合,同时他们两个人都又能脱离自我中心去体验自己。"(弗罗姆《爱的艺术》,李健鸣译,商务印书馆,1987,第72页)

图说对了。爱欲(Eros),即便是颠倒的、变黑的、扭曲的甚至肮脏的,仍带有神性痕迹。①

顺便提一句,对于将一切社会病灶都追溯到经济上去的那些人,维文真是一记当头棒喝。因为在这里,阶级制度跟金钱没有关系。成为散户(Punts)的,(谢天谢地)不是衣衫褴褛的学生;成为血帮的,也不是口袋装满零花钱。照一些理论家看来,维文因而应该能免却资产阶级的庸俗和劣迹才是。然而,我从没见过哪个团体如此明争暗斗,到处都是势利眼马屁精,统治阶级如此自私如此具有阶级意识,普罗大众如此谄媚逢迎,既不团结,也没有集体荣誉感。不过,对于如此显见的一个先验真理(a truth so obvious a priori),你几乎用不着去援引经验。如亚里士多德所说,人不会因苦于缺乏衣着而成为暴君。② 要是一个统治阶级具有别的权力来源,又何必劳金钱的大驾?它所要

---

① 详见柏拉图的《会饮篇》。
② 见亚里士多德《政治学》卷二第7章:"世间重大的罪恶往往不是起因于饥寒而是产生于放肆。人们成为暴君(僭主),绝不是因为苦于缺乏衣着。所以[僭主的罪恶特别大],人们不重视谁能捕获一个窃衣的小偷,而以殊荣加给那位能够诛杀一僭主的勇士。"(1267a15,吴寿彭译,商务印书馆,1965)

的绝大多数东西,都有马屁精争相奉送;至于别的,可武力掠夺。

毋庸讳言,在维文倒有两样恩惠。一个是我的班主任,我们唤他史缪吉(Smewgy)。我这样拼写,是为了确保正确拼读——第一个音节应跟 *Fugue* 合韵——尽管在维文,人都拼读成"史马吉"(Smugy)。

出生以来,除了在老家伙的学校,我都有幸碰见好老师;不过,史缪吉是"出乎意料,想都没敢想"。[①] 他灰白头发,大眼镜,大嘴巴,这些组合在一起,让他面相就像青蛙。不过他的声音,一点都不像青蛙。那声音甜甜的。每篇韵文,在他唇间,都成了音乐:介于演说和唱歌之间的某种东西。这虽不是韵文的唯一好读法,却是打动学生的读法;后来的学习里,可以学到更富戏剧性更少韵律感的读法。他首次教我如何正确感受诗歌,如何独自品味及涵咏。关于弥尔顿的"诸位王、公、有势、有德、有权的",[②]他说,"这行

[①] 原文是:"*beyond expectation, beyond hope.*"语出鲍斯威尔《约翰逊传》记载 1781 年 6 月 4 日"参观白特爵士的雄伟府邸"章。查罗珞珈之中译本(中国社会科学出版社,2004),似乎漏译此句。

[②] 原文是:"Thrones, Dominations, Princedoms, Virtues, Powers."语出弥尔顿《失乐园》卷五 601 行,这是撒旦对他的魔鬼同伴致辞时的一系列称呼。拙译用朱维之先生之中译文。

诗令我幸福了一周。"①这种事，我以前就没听过。我以前也从没见过老师如此彬彬有礼。这跟温柔扯不上关系。史缪吉也很严厉，不过是法官的那种严厉，重而有度，没有责骂；②

> 他一生从未对人说过一句恶言。③

他的部伍，很难统领。因为我们班，一部分跟我一样，是小不点（youngsters），领奖学金的新手（New Bugs），初来乍到；一部分则是老兵，他们在漫长的上学生涯末期来到这里。他凭自己的彬彬有礼，使我们团结一致。他总是称呼我们"绅士们"。因而从一开始，好像就排除了非绅士举止的可能性。在那间屋子，跑腿与血帮之界隔，至少没有抬头。一个大热天，他准许我们脱去外套。而他自己在脱去

---

① 《论语·述而第七》："子在齐闻韶，三月不知肉味。曰：'不图为乐之至于斯也。'"

② 《论语·述而第七》："子温而厉，威而不猛，恭而安。"

③ 原文是："*He never yet no vileinye ne sayde / In all his lyf unto no maner wight*."语出乔叟《坎特伯雷故事》总引，描写骑士的段落。见方重译本（人民文学出版社，2004）第2页。

礼服之前,却请求我们准许。有一次,因作业差,他将我交到校长那里,既是吓唬也是抬举。校长误解了史缪吉的意思,以为对我的行为举止有所不满。史缪吉风闻校长实际所说的话,就立即纠正错误。他将我拉到一边,说:"这里有点莫名其妙的误解。我可一点都没那样说你。要是下一周你的希腊语法作业不好,你就不得不挨鞭子了。不过,这跟你我的行为举止都没关系。"说靠一顿鞭打(一如决斗)就会改变两位绅士之间的谈话基调,匪夷所思。他的举止,完美无缺:不套近乎,没有敌意,没有老掉牙的幽默;相互尊重;文质彬彬。"人生岂可无缪斯",①是他的一个口头禅。他跟斯宾塞一样知道,礼貌属于缪斯女神。

这样,即便他再没教给我们什么,在史缪吉的班上,也在某种程度上变得高贵。在学校生活的平庸野心和华而不实中间,史缪吉站在那里,提醒着某种更优雅、更人性、更阔大、更冷静的事物。而他的教学,严格说来,也是一样的好。他不但能感染(enchant),也能分析(analyse)。一个成语,或一个文本关键(a textual crux),经他一讲,就洞若观火。

---

① 原文是:"Never let us live with *amousia*."

他令我们感到,学者所要求的准确,不只是严谨,更不是一条独断的道德律令,毋宁说,是一种雅致(niceness),一种敏感(delicacy)。缺少它,则证明"一种粗鲁,一种卑下"①。我开始明白,错过了一首诗中句法要点的读者,也错过了其审美要点。

在这些日子,主修古典的学生(a boy on the classical side),照例,除了古典,差不多啥都不修。我想,这是明智的。我们能为今日之教育所做的最大贡献,就是少开些课。二十岁之前,人能将少数几样事情做好,就不错了。当我们强迫一个孩子成为懂一打课程的庸才,我们就毁坏了他的标杆,或许还是终生毁坏。史缪吉虽然只教我们拉丁文和希腊文,但别的一切却随之而来。在他的教导下,我最喜爱的书,有贺拉斯的《颂诗》(*Odes*),有《埃涅阿斯纪》卷四,还有欧里庇得斯的《酒神的伴侣》(*Bacchae*)。虽然在某种意义上,我一直"喜爱"我的古典课程,但直到这时,古典课程才成为人掌握一门技艺后会感到的那种快乐。这时,我尝到古典的诗味。在我心中,欧里庇得斯对狄奥尼索斯的刻

---

① 原文为:"*a gross and swainish disposition.*"典出弥尔顿的《为斯麦克提莫斯辩护》(*An Apology for Smectymnuus*, 1642)。

画，与史蒂芬先生的《金罐记》(*Crock of Gold*)气脉相通。我后来首次读到《金罐记》，兴高采烈。这里有些东西，跟北方气息(Northernness)很不相同。潘和狄奥尼索斯，①缺乏奥丁和弗雷(Frey)的那种凄冷的魅力。② 一种新品质，进入我的想象：某种东西，地中海一般，火山一般；狂欢的鼓点。狂欢，但并非爱欲，或并非强烈爱欲。这，或许跟我对公学正统及陈规的与日俱增的恨，跟我要打破撕裂它的渴欲，冥冥相连。

学店的另一项毋庸讳言的恩惠，是校图书馆，诨号"轮床"(the Gurney)。不只因为那是个图书馆，而且因为它是个避难所。恰如黑奴一踏上英国土地，就成了自由人；最卑微的学生，一进"轮床"，就"不用跑腿"了。当然，要上图书馆，不容易。在冬季学期，要是你不在"运动队"名单上，你还不得不出去跑步。在夏季，你只有在顺利条件下，才能在避难所过一下午。你或许会被列入运动队，那就没机会了。

---

① 潘(Pan)，希腊神话中的牧神，人首羊身；狄奥尼索斯(Dionysus)，希腊神话中的酒神。
② 奥丁(Odin)，北欧神话之主神，阿斯加尔德仙境的统治者；弗雷(Frey)，北欧神话中的丰饶之神，司收获、果实、爱情、和平和繁荣。

或许有一场宿舍体育比赛或学店体育比赛,你被迫去观看。而最有可能的是,在你去"轮床"的路上,你或许就被逮个正着,派你跑一下午的腿。不过有时候,还是能九死一生,逃过这些危险。这时——书籍,宁静,闲暇,远处的击球声("鼓声山外任隆隆"①),敞开的窗户上蜜蜂嗡嗡营营,还有自由。在"轮床"(Gurney),我找到了《北欧古语诗集》②,并试图从页面底端的译文揣摩原文,虽徒劳无功却乐此不疲。我还找到了弥尔顿,叶芝,③还有一本论凯尔特神话的书。于是,凯尔特神话即便不是立即成为北方神话的对手,也成了一个谦卑的伴侣。这令我受益匪浅;乐享两种神话(或者说三种,因为我开始爱上希腊神话了),全然清楚它们的不同滋味,是一桩周全之事(a balancing thing),有利于平心若

---

① 路易斯所引诗文是:"Oh the brave music of a *distant* drum."语出波斯著名诗人奥玛珈音(1052—1122)的《鲁拜集》第 13 首。黄克孙先生以绝句中译全诗如下:"三生事业尽朦胧,一世浮华总落空。今日有钱须买醉,鼓声山外任隆隆。"

② 路易斯所用书名为 Corpus Poeticum Boreale,指 19 世纪著名斯堪的纳维亚学者 Guðbrandur Vigfússon(1827—1889)主编的两卷本诗歌选集,卷一收录诗体《埃达》,卷二收录宫廷诗。该书副标题为:"the poetry of the old Northern tongue from the earliest times to the thirteenth century",拙译书名依副标题意译。

③ 叶芝(William Bulter Yeats, 1865—1939),爱尔兰诗人,1923 年诺贝尔文学奖得主。关于叶芝对路易斯的影响,参看本书第 11 章。

镜(makes for catholicity)。阿斯加尔德仙宫，石城巍峨，金碧辉煌；①克峦翰和塔拉之丘及青春之乡的世界，绿意盈盈，温柔富贵，难以趋近；②奥林匹斯山的美，更坚不可摧，更威严，更灿烂。③ 这三者之不同，我有深切感受。我着手

---

① 原文为：the stony and fiery sublimity of Asgard。其中 Asgard（通译阿斯加尔德，亦译"阿斯嘉特"）一词，指北欧神话中诸神宅邸。日人杉原梨江子《进入北欧神话的世界》这样描述 Asgard："大地的中央有座高台（从人类的角度来看则是天上），周围环绕着巨人铁匠打造的坚固城墙……馆邸的屋顶、墙壁和家具都是黄金打造而成，让阿斯嘉特闪烁着金色的光芒。"(李友君译，台北：台湾东贩股份有限公司，2015，第 40 页)

② 原文为：the green, leafy, amorous, and elusive world of Cruachan and the Red Branch and Tir-nan-Og。

其中 Cruachan（克峦翰），指古爱尔兰传奇女王梅芙（Maeve）的属国康诺特国（Connacht）之国都。库丘林的故事主要讲述，阿尔斯特国与康诺特国争战的故事。

其中 the Red Branch 一词，本指神话传说中阿尔斯特（Ulster）的黄金时期，这里应指代古爱尔兰诸王的圣域塔拉之丘（Hill of Tara，在都柏林北部）。

其中 Tir-nan-Og（"青春之乡"），指爱尔兰神话传说中的女王、金发的妮亚芙（Niamh Chinn Oir）的国度。在这里，人不会衰老，也无疾病。我相跟妮亚芙在青春之乡共度数百年光阴。我相思乡心切。妮亚芙提醒我相，回爱尔兰千万别下马。但我相看见两个人正使劲搬一块巨石，忍不住下马帮忙。脚刚一着地，就顿时老了三百岁，随即离开人世。

③ 原文为：the harder, more defiant, sun-bright beauty of Olympus。其中 Olympus，指希腊神话中诸神住所奥林匹斯山。关于奥林匹斯山，美国著名"古典文学普及家"依迪丝·汉密尔顿（1867—1963）在《神话》一书中写道：

在荷马的笔下，海神波塞冬说自己统治海洋，冥神哈得斯（转下页注）

(大概在假期)就库丘林(Cuchulain)写一部史诗,就芬恩(Finn)写另一部,①分别用英语六步格和七抑扬音步。幸好就在这些简易而庸俗的诗格坏了我的耳朵之前,我放

(接上页注)统治阴间,神王宙斯统治天庭,但奥林匹斯却是他们三人的共同居所。

　　无论奥林匹斯位于何处,它的入口一定是一扇云雾缭绕的大门,由四季之神把守。里面就是诸神的住所,他们在那里生活、睡觉、享用美味佳肴和琼浆玉液、聆听阿波罗用七弦琴演奏的仙乐。那是一片无比幸福的净土。荷马说,安详宁静的奥林匹斯从未受过大风的摇撼,也从未受过雨雪的冲刷,四面都是万里无云的晴空,宫墙上洒满了灿烂夺目的金色阳光。(刘一南译,华夏出版社,2014,第16页)

①　库丘林(Cuchulain)和芬恩(Finn),凯尔特神话中具有神力的英雄人物。分别是凯尔特神话故事中两大英雄传说"阿尔斯特故事群"(the Ulster Cycle)和"芬尼亚故事群"(the Fenian Cycle)或"莪相故事群"(the Ossianic Cycle)之主角。爱尔兰学者罗尔斯顿《凯尔特神话传说》一书中译本(陕西师范大学出版社,2013),将前一故事群称作"乌托尼恩或克纳瑞恩(Ultonian/Conorian)故事群"。

英人菲利普·威尔金森《神话与传说:图解古文明的秘密》(郭乃嘉等译,三联书店,2015)一书,对此二人有比较简洁的介绍:

　　"库丘林本名为塞坦塔(Sedanta),母亲是名叫黛克蒂尼(Deichtine)的凡间女子,父亲是爱尔兰的太阳神卢格(Lugh)。库丘林小时候,康楚巴尔邀请他参加铁匠库兰(Culann)举办的宴会,他抵达时已经迟到,当他受到库兰的护卫犬攻击时,赤手空拳将狗打死。为了平息铁匠的怒气,库丘林提议在库兰养另一只狗之前自己充当护卫,因而被命名为'库丘林',意思是库兰的狗。"(第117页)

　　"芬恩是一名战士,也是狩猎者,据许多故事的记载,他还是一位预言家,能够预言未来。"(第118页)

　　至于莪相,乃芬恩之子,既是战士,也是吟游诗人,以歌谣传唱芬尼亚战士的故事。

弃了。

不过,北方神话还是首选。这段时间,我唯一完成的作品,是部悲剧。北方主题,希腊形式。悲剧名曰《被缚的洛基》(*Loki Bound*),是人文主义者都渴欲的那种古典体,有序幕,合唱,插曲,合唱颂歌,对白。当然,还有一段扬抑格的七音步诗——押韵的。再没有比这更享受的了。悲剧内容,意味深长(significant)。我写的洛基,不只心存恶意。他反对奥丁,是因为奥丁创造了这世界,尽管洛基明确警告奥丁,这就是肆意恣虐(a wanton cruelty)。未经受造物同意,为什么要将生存的重负强加在它们头上?戏里的主要矛盾,在洛基的悲观智慧和托尔的残暴正统之间。奥丁,基本上值得同情;他至少能明白洛基在说什么,而在宇宙政治迫使他俩分道扬镳之前,两人还是故交。[①] 托尔,是真正的坏人。他手执神鎚威胁别人。[②] 他总是怂恿奥丁跟洛基对立,总是抱怨洛基对主神们不够尊敬。对

---

① 洛基(Loki,亦译洛奇),北欧神话中的火神,是"招来世界末日,亦善亦恶的神祇"。
② 托尔(Thor,亦译"索尔"),北欧神话中的雷神。性格豪爽,力大无比,自称是"阿斯加尔德众神中最强壮有力的神"。星期四(Thursday)一词,其词根即雷神 Thor。

此,洛基答曰:

> 我敬智慧,不敬强力。

托尔,事实上,就象征着血帮;尽管我现在比那时看得清楚。洛基则是我自己的投射;他说起话来的那个自命清高那个优越感,很不幸,正是我开始拿来补偿自己不幸的东西。

《被缚的洛基》中,另一项或许值得一提的特征,是其悲观主义。这段时间,我跟众多无神论者和反神论者一样,成天生活在矛盾的漩涡中。我一面坚称,不存在上帝。一面却为祂不存在而怒气冲冲;同样令我生气的是,祂竟创造了一个世界。

这种悲观主义,对宁可无生的这丝渴欲,在多大程度上出于真诚呢?好吧,我必须承认,就在狂放不羁的伯爵将手枪对准我的那几秒钟里,这一渴欲就从我心底溜之大吉了。由切斯特顿来检验,也即由《活着的人》(*Manalive*)来检验,它一点都不真诚。不过,切斯特顿的论证,仍未说服我。我承认,当一个悲观主义者的生命受到威胁时,他跟别人举止无二;他的保命冲动,强过他所作出的命不值得一保的判断。可是,这怎能证明这一判断就不真诚,甚至错误呢?一个人说他不能再饮酒了,可当酒瓶近在手边,他发觉渴欲强过理性,就屈服了。后面的事实推翻不了前面的判断。一经尝过生命滋味,我们就顺从了自保冲动。换句话说,生命就像可卡因一样,也容易上瘾。然后呢?倘若我仍坚持,创世是"大不义",那么,我必定会坚持说,这一活命冲动加剧了这一不义。倘若被迫饮下这杯饮剂(potion)是坏事一桩,那么,这杯饮剂最终表明是毒品,又怎能于事有补?悲观主义,你这样回击不了。我那时既然这样想宇宙,咒诅它,就咒得头头是道。我现在明白了,那时我的观点,与秉性偏激颇密切相关。我在否定主张上,总比在肯定主张上激烈。因而那时候,在人际关系上,人对我不屑一顾,我都能很快原谅;可我认为是干预(interference)的东西,哪怕是一点点,我原谅起来就难了。在饭桌上,饭菜难吃,我不介意;哪怕是有点怀疑调料过多或不适量,我就耿耿于怀。在生活中,多么单调乏味,我都能平静忍受;可哪怕是最小的扰动、麻烦、喧嚷或苏格兰人所谓的"口角"(kurfuffle),我就平静不了啦。在任何年龄,我都没吵着闹着要被领着玩;

在所有年龄段,我总是热切要求不受打扰。① 这种即便有丁点不幸也就宁可无生的悲观主义,或者说懦弱吧,因而只是所有这一切怯懦取向的总括。而且说实话,不存在或被湮没的那种恐怖,比如说,约翰逊博士对之就有强烈感受,我这辈子差不多都不太能够感受到。1947年,我头一次感受到它。但那已经是我重新归信之后多年的事了,那时已慢慢知道,生命其实是什么,知道没了生命会失去什么了。

---

① 据《纳尼亚人》,路易斯的日常生活充满劳碌、纷扰,有时甚至是疲于奔命。(详见《纳尼亚人》第一章)

8　解脱了

Release

不管前面是厄运还是好运,

带来的是慰藉还是伤痛,

那被命运女神眷顾的人,

总会逢凶化吉收获良多。①

——《珍珠》

---

①　原文是：*As Fortune is wont, at her chosen hour,/ Whether she sends us solace or sore,/ The wight to whom she shows her power / Will find that he gets still more and more*. 语出无名氏的中古英语头韵体诗歌《珍珠》(Pearl) 第 11 节,张晗编译《农夫皮尔斯:中世纪梦幻文学精选》(浙江大学出版社,2016)刊有该诗中译全文,这段文字见该书第 253—254 页。(转下页注)

在前面某章,我敬告诸君,悦慕之失而复得,给我生活带来一种两重性,增加了叙述难度。批阅自己方才所写的维文,我发觉自己在惊呼,"撒谎!撒谎!这其实是一段狂喜岁月(a period of ecstasy)。这段时间,你大都乐不可言。在你脑海里,诸神和英雄们在纵横驰骋;山头上,撒缇们在跳舞,①酒神女祭司们在呼号;布伦希尔德和齐格琳德、②迪尔德丽、③梅芙和海伦,④就在你周围。有时候,你或许

(接上页注)关于该诗,王佐良先生《英国诗史》(译林出版社,2008)简介如下:"《珍珠》写的是一个父亲哀悼两岁就死去的女儿,做梦看见她站在一个美丽地方一条河流的对岸,戴着王冠,穿一件缀有无数珍珠的袍子。她欢迎他,但告诫他不要以为能同她在一起,因为她在天上,而他还是地上的凡人。父亲认为这样不公平,为什么饱受世间痛苦的成人反而不能像孩子那样进天国?这样就发生了父女之间的争论。他执意要越过岸去追她,刚走进水里,梦就醒了。"(第21—22页)

① 撒缇(Satyr),希腊神话中的森林之身,半人半羊。

② 布伦希尔德(Brynhild),北欧神话中的女武神之一。在瓦格纳的《尼伯龙根的指环》中,她因违抗主神沃坦(即北欧神话中的众神之王奥丁),而被罚长眠于高山之上,四周以火圈围之。直到有人前来救她,方能苏醒。后经屠龙英雄齐格弗里德吻醒,两人坠入爱河。齐格琳德(Sieglinde),即屠龙英雄齐格弗里德之母。

③ 迪尔德丽(Deirdre,亦译"黛尔德"),凯尔特神话中爱尔兰最美丽的女子,也是"阿尔斯特故事群"中最悲情的人物。英文有成语"悲伤女神迪尔德丽"(Deirdre of the Sorrows),典出于此。其悲情故事,见爱尔兰学者罗尔斯顿《凯尔特人神话传说》(陕西师范大学出版社,2013)第123—126页。

④ 梅芙(Maeve),凯尔特神话传说中康诺特国(Connacht)的女王;海伦(Helen),特洛伊战争中所争夺的世上最美丽的女人。

都感到快要爆了。"这一切,都是实话。在宿舍,矮妖多于跑腿的。① 我看到库丘林的胜利,②比球队的胜利,要多。学店的头,那时号称苣头? 还是号称康纳尔王?③ 管什么俗世呢——住在天堂,我不会不幸福吧? 那时的阳光,何其耀眼何其刺目! 单单那个气息,就足以令人醉倒——新刈的草,露珠晶莹的绿苔,香豌豆,秋林,燃烧的木柴,泥炭,咸水。有一种痛感。我因渴欲而病,不过,这病可比没病好。这一切都是真的,可是,并不意味着另一个版本是假的。我在讲述两个生活故事。二者毫不相干:一个是油一个是醋,运河边上还流淌着另一条河,杰基尔与海德。④ 目光锁定在哪一边,哪一边都自称是独有的真相。记着我的外在生

---

① 矮妖(leprechauns),爱尔兰民间传说中的妖精,小老头模样,常戴三角帽,系皮围裙。天性孤独,据说住在很远的地方,会缝制鞋靴。他钉鞋的声音,会暴露他在哪里。他藏有一坛黄金。如果人们捉住他,以暴力相胁并盯住他时,他就会说出藏金子的地方。但人们往往受骗而旁顾,他则乘机逃之夭夭。leprechaun 一词源于古爱尔兰语 luchorpan,意为"小身材"。(参《不列颠百科全书》第 10 卷 20 页)

② 库丘林(Cuchulain),见前章第 18 段脚注。

③ 译号 Conachar MacNessa,疑是凯尔特神话"阿尔斯特故事群"中阿尔斯特王 Conchobar mac Nessa 的变体,故而译为"康纳尔王"。

④ 杰基尔(Jekyll)与海德(Hyde),取典罗伯特·路易斯·史蒂文森的名著《化身博士》(*Dr Jekyll and Mr Hyde*)。书中描写了德高望重的杰基尔博士,因喝了自己一种药剂,晚上就化身为无恶不作的海德先生。心理学因此用 Jekyll and Hyde 一词,作"双重人格"之代称。

活时,我清楚,内在生活只是瞬间闪光,就是数以月计的残渣中间散见的数以秒计的金子,很快就会被老的、熟悉的、悲惨的、无望的疲倦所吞噬。记着我的内在生活时,我就看到,上两章所提到的一切,都只是个粗糙的幕布,随时都可被拉到一边,将我那时所知道的天堂悉数展露。同样的两重性,也纠缠着我这就要讲述的家庭生活故事。

哥哥离开维文,而我进入维文,我们少年时代的古典时期,就宣告结束。后来的事情,就不那么好了。不过积水成河,这是古典时期慢慢酝酿出来的。如前所说,这一切都肇始于父亲早晨九点离家晚上六点才回家这一事实。从一开始,我们就为自己营造了一种将他排除在外的生活。至于他所要求的信任,几乎无边无际,而一位父亲通常不会这样,或者说一个聪明父亲才不会这样。就此而言,小时候的一件事,影响可谓深远。那时我还在老家伙的学校,正想努力活得像个基督徒,于是,我就给自己定下一些规矩,装口袋里。假期头一天,见我口袋鼓鼓囊囊满是纸条,弄得外套失了形,他掏出这堆垃圾,开始逐个翻检。作为孩子,我宁可去死,也不愿让他看我的发愿书。我想方设法让它们逃脱他的手掌,将它们扔进火堆。我现在仍看不出,这事到底怪谁;不过打那以后,直到他去世为止,进他房间之前,没有一次,我不翻检一下自己的口袋,去掉那些我但愿还是隐私的东西。

这样,就在我行事鬼祟之前,就养成了鬼祟的习惯。而今,我的鬼祟事多了去了。即便是那些光明正大的事,我也不会讲出来。给他讲维文甚至查尔特斯其实是什么样,会有危险(他可能会给校长写信),也会哭笑不得。而且,这也是不可能的事。话说到这份上,我就必须谈谈他最为奇怪的一个性格了。

路易斯的父亲
阿尔伯特·路易斯

我父亲——不过这几个字,置于段首,必然会令读者回想起《项狄传》。① 转念一想,我却觉得,还就应这样开头。只有在一股项狄气里(in a Shandean spirit),才能说我的事。我写这些稀奇古怪事,还不得不像曾钻进斯特恩脑瓜似的。要是我能这样,那我就乐于让你对我父亲,产生对项狄的父亲同样的感情。

---

① 《项狄传》,英国18世纪文学大师劳伦斯·斯特恩的代表作。其叙事语调,总以"我父亲"如何如何打头。

现在言归正传。你得先抓住一点：我父亲不傻。他甚至有些天才。同时，他混淆事实或弄错事实的那个能力，比我认识的任何人都强——尤其是在八月的下午，窗户紧闭，午间饱餐之后，稳坐沙发椅的时候。结果就是，尽管他不停打问，也不可能将我们学校生活的现实，赶进他的脑袋。交流的第一个障碍，也即最简单的障碍就是，尽管急切追问，但他并不"等待答案"，抑或答案刚一说他就忘了。有些事实，一周之内，他会问好多次，你也得讲多次。每一次，他听着都像是新的。但这只是最简单的障碍。很多时候，他记住了有些事，只不过面目全非，不是你说的那个样子。他的心里，洋溢着幽默、感伤和义愤。这样，还没理解你说的话，甚至还没听到你说的话，就有某些偶然的暗示启动了他的想象，已经开始制造自己的事实版本，并相信那就是从你这儿听来的。由于他一如既往地张冠李戴（在他听来，这名字跟那名字差不了多少），他的"范本"①往往几乎面目全非。给他讲有个名叫丘奇伍德的男孩，抓了只田鼠，当宠物养

---

① 拉丁文 *textus receptus*，通译为"公认经文"或"公认文本"，指的是宗教改革时期诸多新约译本共同依据的希腊语新约底本（1516 年出版，天主教学者及人文主义者伊拉斯谟编订）。这里译为"范本"，只求文意通畅。

了。一年或十年之后,他就会问你,"再听说没,那个怕老鼠的可怜孩子奇克韦德怎么样了?"因为他自己的版本,一经接受,就不可磨灭。试图纠正,只会令他不相信你。"嗯。好吧。这不是你以前讲给我的那个故事。"有时候,他倒真的汲取了你所说的事实;不过,真理的命运也没好到哪里去。哪个事实,不带诠释呢?对我父亲来说,有条公理(理论上的),人说话做事,其动机没有一目了然的。于是乎,这个实际生活中最可敬最冲动的人,最容易上当受骗,任何无赖或骗子都盼着碰上他;可当他紧皱眉头,将他称之为"善读言外之意"(reading between the lines)的那套捕风捉影本领,用于素昧平生的人的行为举止上面,这时,却成了一个地地道道的权谋家。① 他会在一个他素昧平生的人的行为当中,捕风捉影。一旦这样起航,他就会在广阔世界的任何地方着陆,而且总是带着不可动摇的信念。"我全明白了"——"我吃透了"——"这不明摆着的吗",他会这样说;而且,恰如我们很快就会了解到的那样,他到死都会相信某些既子虚乌有又绝无可能的事情,如某致命纠纷,轻蔑,隐

---

① 路易斯所用原词为 Machiavel,即《君主论》之作者马基雅维利。

秘的伤痛或复杂无比的阴谋。我们若不以为然,他会带着善意的微笑,说这怪我们天真,轻信,不懂生活。除了这些混淆黑白,还有赤裸裸的凭空而论(non sequiturs),就在前提差不多近在脚边的时候。"莎士比亚拼写他的名字,最后还有个E吗?"哥哥问。"我相信,"我说——可父亲打断了我:"我倒怀疑,他是否真还用的是意大利字母表。"贝尔法斯特的一座教堂,门上刻着希腊语经文,还有座稀奇的塔。"这座教堂可是个大地标,"我说,"在任何地方,我都能认出它来——即便在卡弗山国家公园的山顶。""真是胡说,"父亲说,"三四里开外,你能辨认出希腊字母?"

多年以后的一场谈话,或许还可以记载下来,作为各说各的之样本。哥哥说,他最近列席了N军区军官们的团圆宴。"我想,你的朋友柯林斯也在那儿。"父亲说。

兄:柯林斯?啊,不。他没在N军区,你知道。

父:(停顿片刻)这帮家伙那时候不喜欢柯林斯喽?

兄:我不明白。哪帮家伙?

父:就是张罗宴会的那帮家伙呀。

兄:啊,不,根本不是这回事。这跟喜欢不喜欢没啥关系。你知道,这纯是军区内的事。谁要没在N军区呆过,就不存在邀请他的问题。

父：(停顿好长时间)嗯！好吧，我敢保，可怜的柯林斯会很受伤。

在这等情境，就算是秉性仁孝，也很难不流露出不耐烦。

我不会犯夸大其词之过(the sin of Ham)。作为一个历史学者，我也不会将复杂性格还原为一种虚假单一。这个人，坐在他的沙发椅里，有时候仿佛是下定决心误解一切，而不是没能力理解任何事情。而在监察厅(the police court)，则咄咄逼人，而且我想，特别能干。他是个幽默家，甚至偶尔还挺机敏。临终之时，一个俊秀护士，跟他调侃："你这个老悲观主义者，就像我爸爸。""我猜，"她的病人说，"他有好几个女儿吧。"

父亲在家的那些时辰，对我们孩子来说，于是就成了烦扰。傍晚时分，经过我所描述的那种对话之后，你会觉得，头就像陀螺一般旋转。无论我们的消遣，是无辜的还是遭禁的，他一在场，都会使之画上句号。一个人在自个家里，却感觉像是不速之客，这是件苦事(a hard thing)——甚至是件恶事(a wicked thing)。不过，恰如约翰逊所说，"感觉终归是感觉。"①的确,这不能怪他;我相信,大多是我们的错。可确定的是,跟他在一起,越来越压抑。为虎作伥的,恰好是他的一项最为平易近人的品质。我前面说过,他"不拿架子"(conned no state);发表抨击演说而外,他平等对待我们。他的理论是,我们住在一起,更像是仨兄弟,而不是父子仨。我说了,这只是理论。而实际上,当然不是如此,也不会如此;说实话,更不应如此。两个学生,跟一个习惯截然不同又太有个性的中年人之间,不会真的存在这种关系。假装有这种关系,结果就是,孩子出奇地紧张。切斯特顿曾正确指出这类做作的平等的弱点:"一个孩子的姨妈若是他的伙伴,那么,距孩子只需要姨妈不需要伙伴,不就一步之遥?"②当然,我们的问题不在这儿;我们不要伙伴。可是,我们的确要自由,只要在家里能自由出入就行。依父亲的理论,既然我们是待在一起的仨孩子,这实际上就意味着,他在家的时候,就应跟他寸步不离,就像拴在一起;我们仨的习惯,都受阻。这样一来,要是父亲给自己额外放半天

---

① 原文是:"Sensation is sensation."出处未知。
② 原文是:"If a boy's aunts are his pals, will it not soon follow that a boy needs no pals but his aunts?" 出处未知。

假,出乎意料地中午回家,他就会发现,要是在夏天,我俩搬了椅子拿着书坐在花园里。刻板的父母,老派的父母,都会进屋干大人的活去了。父亲可不这样。坐在花园?不错的主意。任人何不都坐夏凉椅呢?他穿上一件"风衣"之后,我俩就得到他那里。(我不晓得,他到底有多少件风衣;我如今穿的两件,就是他的。)穿这么厚,在正午的太阳下,毫无遮挡,坐几分钟,就快把人烤糊了。他自然会开始冒汗。"我不知道你俩咋想,"他会说,"不过我发现,这差不多是热过头了。回屋,怎样?"言下之意是,换到书房里。在那里,窗户哪怕是开一道细缝,也是勉强允许。我虽然说"允许",但这里没有权威的问题。理论上讲,凡事都取决于公意。"自由殿堂,孩子们,自由殿堂,"他总喜欢引用这句话,"你们喜欢什么时候吃午饭?"我们太明白这话的意思了。这意味着,本该在一点的午餐,照他平生的偏向,已经挪到两点或两点半;我们所喜欢的冷盘肉,已经让道给父亲素来爱吃的唯一食物——或炒或炖或烤的热乎乎的鲜肉……还要晌午时分,在阳面餐厅里吃。这天剩下来的全部时光,无论待在屋里还是出去溜达,我们都形影不离;说话(你明白,那很难叫作对谈),是各说各的,(不可避免)总是由父亲定调,断断续续,一直持续到上床时间。寂寞的父亲如此渴望儿子的友爱,要是我对此颇有微词,那我就猪狗不如;纵然如此,我给他的那点可怜回报,在那时却并未引起我良心不安。不过"感觉终归是感觉"。这让人筋疲力尽。这些无休无止的谈话中,我自己的贡献——对我而言太成人,太八卦,太滑稽——我越来越意识到一种做作。那些八卦轶闻,就其自身而言,确实精彩:生意经,马哈菲的故事①(我发现许多都与牛津大学的乔伊特②连在一起),巧妙骗局的故事,人生栽跤,监察厅"醉汉"。我的应答,只是表演。插科打诨,异想天开匪夷所思的幽默,是我的职责。我不得不演。父亲的侃侃而谈和我自己私底下的不以为然,都促使我装腔作势。他在家,我就做不了"我自己"。上帝赦免我,我想,他周一上班,那就是一周的黄金时间。

古典时期就成了这样一个局面。③ 如今,我去了维文,

---

① 马哈菲(John Pentland Mahaffy, 1839—1919,亦译"马赫非")都柏林三一学院的古代史教授。从1914年起,任学院院长。
② 乔伊特(Benjamin Jowett, 1817—1893),牛津大学贝利奥尔学院希腊语钦定教授。从1870年起,任学院院长。
③ "古典时期"指路易斯"上学生涯之古典时期",详见第4章第1段。

哥哥奔赴一位导师,备考桑德赫斯特。① 这时,变数来了。哥哥对维文的喜爱,跟我的厌恶有得一比。他的喜欢,不乏理由:他的适应能力,他那张脸没我那种找打神情。可更重要的是这一事实,他从老家伙的学校直接去的维文,而我则从一个过得不错的预科学校去的那儿。上过老家伙的学之后,在英国,没有哪所学校不像是尘世天堂。因而,就在第一学期,哥哥的一封家书中就给我说起了一个惊人事实,在餐桌上,你想吃多少就吃多少。对一个刚从贝尔森的学校毕业的学生来说,单这一件,就压过了别的一切。可等我到了维文,我就得学着吃饭得体了。这时,发生了一桩可怕的事。我对维文的反应,或许是哥哥首次经历的巨大失望。②他那样爱那地方,以至期待着终有一天,我们能够彼此分享那些时光——对博克森的共同情怀之后,是对维文的共同情怀。可他从我这儿听到的,却是对他的众神的诽谤;而从维文听到的,则是弟弟看上去仿佛就要沦为学店散户(a

---

① 桑德赫斯特(Sandhurst),皇家军事学院(Royal Military Academy)所在地。该校地位在英国的地位,相当于美国的西点军校。
② 据《纳尼亚人》第二章,路易斯的哥哥沃尼在"学店"可谓春风得意。他早已成为血帮,因发现抽烟而被迫离开"学店"之前,"人们正在考虑让他担任'学店'领袖"。(第49页)

Coll Punt)。我们之间源远流长的同盟,变得紧张起来,几近破裂。

这一切,又因父亲跟哥哥的关系空前绝后的紧张,复杂到残酷地步。他俩关系紧张,又是由于维文。哥哥的成绩单越来越差;他现在的这位导师,已经把话说到了这份上,说他几乎在学校啥都没学。还不止此。父亲那本《兰切斯特传统》①上面重笔勾画的语句,暴露了他的想法。这些段落,写的是某种厚颜无耻,某种处心积虑全无心肝的油嘴滑舌。这些事,是故事里那个锐意革新的校长,在他决意改革的学校的血帮里碰见的。在父亲心目中,哥哥这段时期就是:油嘴滑舌,萎靡不振,全无小时候展现出来的智识兴趣,无动于衷,对一切真实价值都漫不经心,却对摩托车鬼迷心窍。

当然,父亲送我们去维文的初衷,就是将我们转变为公学学生;产品完成了,他却大吃一惊。这种悲喜剧,耳熟能详,你在洛克哈特笔下就能学得到。司各特望子成龙,竭力培养儿子做个轻骑兵。轻骑兵真的就在面前了,司各特却

---

① 《兰切斯特传统》(*The Lanchester Tradition*),乃英国名校拉格比公学(Rugby School)校长 G. F. Bradby 的一部著名校园小说。

时不时忘了贵族风度,又变成了一位可敬的爱丁堡律师,对花里胡哨深恶痛绝。① 我家也是这样。父亲钟爱的修辞手法之一,就是发音错误。现在,他常将维文的第一个音节读错。我至今仍能听到他咕哝说"维文式矫揉做作"。随着哥哥的声调变得没精打采,城里人那般不冷不热,父亲也就带了更浓郁更有活力的爱尔兰口音。他少年时代在科克郡和都柏林所听到的各式各样的奇怪音乐,穿过贝尔法斯特的新地壳,破地而出。

在这些悲惨的争吵里,我的位置最倒霉。站在父亲这边反对哥哥吧,我就得脱个胎换个骨;这种党争,我的全套处家政治哲学应对不了。这令人无所适从。

然而,从这种"不愉快"(父亲钟爱的一个词)里蹦出来的,但就属世标尺而论,我仍以为是我从未遇见过的最大幸事。哥哥前去求学的那位导师(在萨里郡),是父亲的老朋友。他曾是勒根学校校长,父亲曾在那儿上学。在短得出

---

① 洛克哈特(J. G. Lockhart,1794—1854),苏格兰作家,乃英国著名作家瓦尔特·司各特(Walter Scott)的女婿,因《司各特传》闻名。该传是英国最著名的传记之一。据说其文字之美,仅次于鲍斯威尔的《约翰逊传》。《歌德谈话录》之"1827 年 7 月 25 日(歌德接到瓦尔特·司各特的信)"章,曾记述此传记。

奇的时间里,他就重建并扩建了哥哥的教育废墟。哥哥不仅考入桑德赫斯特,而且在少数几个获得军校奖学金的申请者里,名列前茅。① 可我并不认为,哥哥的成就,归功于父亲的英明。那个时候,他俩之鸿沟空前巨大。距他们重归于好,尚还遥遥无期。不过,这是他老师超凡能力的绝佳证明,父亲倒看得清清楚楚。与此同时,提起维文,他几乎跟我一样头疼。通过书信和口诉,我不断请求将我带走。所有这些因素,促使他做出了现在的这个决定。满足我的心愿,让我跟学校一了百了,也把我送到萨里郡,跟着柯克帕特里克先生②去学,考大学,难道不是上策么? 他作这一打算,可不是没有满腹狐疑或犹豫不决。他竭尽全力,将一切危险摆我面前:孤独的威胁,大学校热闹生活之后的突然变化(这变化可不像我所期待的那样讨我喜欢),还有只跟一对老夫妻相伴可能会有的致命后果。没有同龄人的陪伴,我真的会幸福吗? 对这些问题,我试图显得面色凝重。不过这全是装相。我在心底窃笑。是该为没有其他学生而

---

① 路易斯的哥哥沃尼,在 201 名成功申请者中间,名列第 21 名。
② 柯克帕特里克先生(Mr. Kirkpatrick, 1848—1921),全名 William Thompson Kirkpatrick。

欢喜呢,还是该为没了牙痛、没了冻疮、鞋里没了小石子而欢喜?假如没有任何推荐理由,单单"我永永远远再也用不着玩体育比赛了"这个想法,就足以让我心往神驰。要是你想知道我的感受,试想你一大早醒来,发觉收入所得税或单相思不知怎地就从这世界上消失了,想象一下那时你的感受。

要是诸君以为我在想,或者我怂恿诸君去认为,我对用球拍和球去做事的无法克服的厌恶,不是个不幸,那我会感到悲哀。校长声称体育比赛所具有的道德价值甚至奥妙的价值,我也一点没有赋予体育比赛;依我看,体育比赛虽然会带来其他东西,但也同样导致野心、嫉妒以及恶意的党派感情。然而,厌恶它却是个不幸,因为这令你自绝于没有其他途径可接近的许多人杰。是一桩不幸(misfortune),而非一桩罪过(vice);因为这不是出于志愿。我曾试图喜欢体育比赛,但失败了。这个冲动也就跟我绝缘了;体育比赛之于我,恰如谚语所说,相当于琴之于牛。

很多作家留意到一个奇怪真理,好运后面是更好的运气,霉运后面是更霉的。差不多与父亲决定送我去柯克帕特里克先生那儿的同时,另一桩大好事临到我头。好几章以前，我提到一个住得挺近的男孩，他曾试图跟我和哥哥交朋友，但不大成功。他名叫阿瑟，跟哥哥同岁。我们都曾在坎贝尔上学，却没见过面。我想，维文的最后一个学期刚一开始，我得到消息说，阿瑟卧病在床，日渐康复，欢迎造访。虽然我不记得，是什么促动我接受这一邀请，不过，理由多的是。

我发现阿瑟坐在病床上。旁边桌上，放着一部《北方神话》(*Myths of the Norsemen*)。

"你喜欢这书吗？"我问。

"你也喜欢？"他说。

接下来，这本书就在我俩手上，头几乎抵在一块。我们比比划划，引章摘句，相谈甚欢——很快几乎喊出声来——接二连三的问题里，发现我们不仅喜爱同一样东西，而且是其相同部分，以同样的方式。我们俩人都知道悦慕之痛（the stab of Joy），都知道这箭射自北方。成千上万的人，都有过找到首位知己的经验，但这丝毫无损于此经验之奇妙；其美妙，(步小说家之后尘)堪与初恋比肩，甚至更美妙。我已经好久都没想过，竟可能会有这样一位朋友，以至于我从未想望过；就跟我从未想望过当英国国王一样。要是我发

路易斯的终生挚友
阿瑟·格里夫斯

现,阿瑟也曾独立建起一个跟博克森世界一模一样的世界,①我真的一点也不会感到惊诧。在任何人的生活里,我纳闷,还有什么事情会比发现确实还有个人特别特别像自己,更令人惊异的呢!②

我在维文的最后一周,报纸上逐渐出现奇怪故事。那时,是1914年夏天。我记得,一位朋友和我一道为"英国是否能够幸免"而迷惑不解。"幸免?"他说,"我看不出来,她怎会卷进去。"记忆中这一学期末尾,染上了轻轻的一抹末日色彩(slightly apocalyptic colours)。或许,记忆会骗人。或许对我而言,知道自己行将离开,最后一次看这一切可恶事物,这就足像是末日了。那可不只是(在那一刻)恨它们。

---

① 关于博克森世界(Boxonian world),见本书第五章。
② 《纳尼亚人》第二章:"路易斯显然是重视友谊几乎胜过其他所有一切的人。"(第8页)这话可能说得有些过分,但足可见友爱在路易斯的属灵生活中的位置。

哪怕是在一把温莎椅的周围,都有个"怪物"(rumness),有个幽灵,它说:"你不会再见到我了。"假期一开始,我们就宣战了。哥哥,那时候刚从桑赫斯特放假回来,又被唤了回去。几周以后,我去柯克帕特里克先生那里,萨里郡的大布克汉姆。①

---

① 大布克汉姆(Great Bookham),英格兰萨里郡的一个村庄。

9 当头棒喝
The Great Knock

你还会遇到生性狂放的人,即使是最细腻的剧作家也无法描绘出他们真实的色彩。①

——查斯特菲尔德勋爵

九月的一天,经由利物浦抵达伦敦,我只身前往滑铁卢(Waterloo),一路奔向大布克汉姆。我曾听说,萨里郡是"郊

---

① 原文是:"*You will often meet with characters in nature so extravagant that a discreet poet would not venture to set them upon the stage.*"语出查斯特菲尔德勋爵(Lord Chesterfield,1694—1773)写给儿子的书信集《一生的忠告》第 54 封信(1748 年 10 月 19 日)。

区",可窗口掠过的地景,着实让我吃惊。我看到陡山,河谷,还有长满树木的公用土地,这照维文或爱尔兰的标准,就算是森林了。到处都是凤尾草。一片红色、褐色、黄绿色的世界。即便是点缀其间的乡间别墅(比现在稀少多了),也令我欣喜。这些红顶木质房屋,绿树环绕,跟构成贝尔法斯特郊区的那些抹着灰泥的庞然大物,一点都不像。我心中想的是砂石路,铁门,成片的月桂树和南洋杉,可我看到的则是,山上蜿蜒曲折的羊肠小道,从小门伸出来,掩映在果树和桦树中间。要是我的趣味(taste)再挑剔一点,这些房屋或许全都会遭到嘲笑;但我还是禁不住认为,设计这些房屋及其花园的人,真是自出机杼——它们提示着幸福。它们让我心中充满了对天伦之乐的渴欲,这我从未见识过;它们会令你想起茶盘。

在布克汉姆站,接我的是新老师——"柯克"或"苛刻"或"棒喝师",①父亲、哥哥和我都这样称呼他。我们兄弟俩打一生下来,总是听到一些有关他的事,因而,我对自己会

---

① 原文是"Kirk" or "Knock" or the Great Knock,将 Kirk 译为"柯克",是全名的缩略;将 Knock 译为"苛刻",是为了跟"柯克"谐音;将 the Great Knock 译为"棒喝师",取"当头棒喝"的典故,又意欲凸出其中的敬意。

路易斯的恩师
柯克先生(想象图)

遭遇到什么,心中很是有数。我来这里,就准备要忍受一场多愁善感的温情浴。这是我为逃离学校的天恩,准备付出的代价。不过是个沉重代价。父亲有个故事,尤其给了我最为尴尬的预兆。父亲爱给我俩讲,有一次,他在勒根陷入某种困境或遭遇某种困难。这位老苛刻,或这位亲爱的老苛刻,将父亲拉到一边,"平静自然地"揽他入怀,用自己那可爱的老络腮胡子蹭着父亲那稚嫩脸颊,轻声低语安慰父亲……终于到了布克汉姆站,还就是这个头号情种(arch-sentimentalist)亲自来接站。

他身长六尺有余,穿着邋遢(像个园丁,我想),虽干瘦,肌肉却出奇发达。那露出来的布满皱纹的脸,仿佛全是肌肉似的。因为他留着大胡子,腮帮却像弗朗茨·约瑟夫大帝[①]那样,刮得干干净净。那络腮胡子,你能理解,此刻就颇关

[①] 弗朗茨·约瑟夫大帝(Emperor Franz Joseph, 1830—1916),奥匈帝国皇帝,统治中南欧洲达68年之久。

我心。我的脸颊已经先痒痒了。他会立刻开始吗？肯定会流泪，或许还等而下之。我保持终生的弱点之一就是，我从来承受不了同性人的拥抱和吻。(一项没丈夫气的弱点，顺便说一句；埃涅阿斯、贝奥武甫、罗兰、郎世乐、约翰逊，还有纳尔逊，对此一无所知。)①

可是显然，老人隐忍未发。我们握了握手，他手就像铁钳，好在握的时间不长。几分钟后，我们步行离开火车站。

"你现在，"柯克说，"就走在大小布克汉姆中间的主干线上。"

我偷偷瞟他一眼。这个地理学话头，是个玩笑？还是试图掩藏自己的感情？不过，他面无表情。我用试探口气，

---

① 路易斯《四种爱》第四章第 10 段："亲吻，泪水，拥抱，本身不是同性恋的证据。这样捕风捉影，未免太可笑。罗瑟迦拥抱贝奥武甫，约翰逊拥抱鲍斯威尔（千真万确的异性恋），还有塔西佗笔下那些白发苍苍身经百战的百夫长，在军团被打散之时，彼此紧紧拥抱，以求最后一吻——这一切难道都是同性恋？假如你能相信这个，那你无论什么事都可以信了。放眼历史，需要做些特别解释的，不是先人对友爱之表露(the demonstrative gestures of Friendship)，而是我们自己社会里这类表露之缺席。乱了脚步的是我们，不是他们。"（拙译该书华东师范大学出版社 2016 年即出）路易斯在这里列举的，都是英雄，分别涉及古罗马英雄史诗《埃涅阿斯纪》，英国英雄史诗《贝奥武甫》，法国英雄史诗《罗兰之歌》，英国英雄史诗《亚瑟王之死》，还有《约翰逊传》。至于纳尔逊(Nelson)，即为在海战中大败法国—西班牙联合舰队的英国海军统帅。

开始"聊天"。这个试探本事,是我在那些晚会上学来的,而且发觉跟父亲说话时越来越不可或缺。我说,萨里郡的"景色",令我惊异;比我预想的还"野"。

"住口!"柯克大喝一声。那个突如其来,会让我惊跳起来。"你的'野'字是什么意思?你又有什么根据不这样预想?"

我回答说,我不知道。还得接着"聊"。一个又一个回答,都被撕成碎片,最终我明白了,他还真的想知道。他不是聊天,不是玩笑,不是逗我;他想要知道。我被激怒了,企图给出真实答案。没用几回合,就足以表明,我对"野"字没有相应的明确想法,而且即便我终究还是有些想法,"野"字也是词不达意。"你看到了吧,"棒喝师总结道,"你的论点毫无意义?"我怒而不言,以为这话题就要抛下了。平生以来,最大的失算。分析过我的用词,柯克继续处理我的整个命题。我预想萨里郡的植被和地理,有什么根据(他念作"梗据")?是地图,照片还是书籍?我说不出一个。谢天谢地,幸好没灵机一动,说我所谓的我的思想,根本就用不着任何"梗据"。柯克又下结论了——一点情感色彩都没有,也同样一点都不顾及我心想的礼貌:"你这下看到了吧,对这话题,你没有任何权利持有任何观点。"

这时,我们只用了三四分钟,就相识了。不过这第一次聊天的基调,我在布克汉姆的那几年里,则一直遵守,一次都没违背。真想不出来,还有什么东西比父亲回忆里的"可爱的老苛刻",更不着边际了。虑及父亲总是打算实话实说,虑及任何真相一进他心里就会经历奇特转变,我就能确定,他不是刻意欺骗我们。不过,即便柯克平生以来,还真有一次将一个孩子拉到一边,"平静自然地"用络腮胡子蹭孩子的脸,那么让我相信,他平静自然地用他那可敬的光头倒立,也是轻而易举。

若真有人近乎是个纯逻辑实体(a purely logical entity),这人就是柯克。要是生得再晚一点,他准会成为一个逻辑实证主义者。① 对他而言,人用自己的发声器官,什么

---

① 逻辑实证主义(Logical Positivism)在20世纪上半叶之英美学界,蔚为风潮。其主要目标就是,取消形而上学,建立一种"科学的哲学"。它认为,命题分两类,一类是经验科学命题,它们对事实有所断定,故而其真假可由感觉材料(sense data)证实,具有经验意义;另一类是形式科学命题(数学和逻辑命题),它们是分析命题,对事实无所断定,故而其真假由定义和逻辑形式决定,只具有逻辑意义。而形而上学命题既非经验命题,也非分析命题,故而是毫无意义的"伪问题",应被逐出哲学。(参见葛力主编《现代西方哲学辞典》,求实出版社,1990)

都干,就是不去交流或发现真理,那才叫荒谬绝伦。最漫不经心的话,他会当作一个辩驳召唤。我很快就知道,他的三个引子的不同意谓了。大喊"住口",那是要阻止再也受不了的废话,不是因为这令他烦躁(他从未烦躁),而是因为这是浪费时间,是节外生枝。急切而又平静的"原谅!"(即"原谅我"),则是要插入一段矫正或厘清的话,预示着这样订正一下,你的话就会臻于完满,不会流于荒谬。最激励人的引子是"我听着呢"。这意味着你的话有点意思,只是有待辩驳;它已经有犯错的尊荣了。辩驳(当我们到了这步田地),通常遵循着同一路数。我读过这吗?我研究过那吗?有哪些统计学证据?有哪些亲身经验的证据?最后差不多是个一成不变的结论,"你该明白了吧,你没权利如何如何。"

这个,一些学生不喜欢;对我而言,这就是带血牛排和啤酒。在布克汉姆,闲暇时间在"大人聊天"中读过,我视为理所当然。你也知道,我没这爱好。在我的经验中,这本就意味着聊政治、金钱、健康和消化。我原以为,这爱好,恰如吃芥末或读报纸,长大后就会有了(迄今为止,这三样期待都落空)。我唯独想要参加的两种谈话,一个几乎是纯想象的,如我跟哥哥谈博克森、跟阿瑟谈瓦尔哈拉(Valhalla);①一个几乎是纯理性的,如跟古西舅舅谈天文学。在任何科学上,我都走不远,那是因为在通往每门科学的路上,都有数学这头拦路虎。甚至在数学中,无论用单纯的推理来做什么(如在简单几何中),我都兴致勃勃;可是一当运算进来,我就变得无助。我抓住了定理,但我的答案总是错的。然而,尽管我永远当不了科学家,我却既有想象冲动又有科学冲动,而且我爱做推理。柯克激发并满足了我这一面。这里的谈话,确实言之有物。这里有个人,他想的不是你,而是你说的东西。无疑,当我信马由缰,我会遭到呵斥会被拴上缰绳。经过数次打击,我开始知道了一些攻防策略(guards and blows),开始长智识肌肉了。最终,不是自吹,我成了一个不可小觑的对手。有一天,孜孜于暴露我的含混的这个人,最终警告我,要防范缜密过度的危险。这可是个大日子。

要是柯克的无情的辩证法,②只是个教学手段,那我就

---

① 瓦尔哈拉(Valhalla),北欧神话中主神奥丁款待阵亡将士的英灵殿。
② 我们耳熟但未必能详的"辩证法"(dialectic),其本意原指对话,辩难:"它本来意思很单纯,就是对话的方法或艺术。我们知道希腊哲人有一种同其他民族圣贤不大一样的特色,那就是他们的智慧从来都不是用'一个人说了算'的方式,而是在一种自由论辩的进程中表现(转下页注)

会憎恨它。不过,他可不知道还有别的谈话途径。没有哪个年龄哪个性别能幸免于反驳。要是有人竟不指望着得到澄清或纠正,他会震惊不已。一位有头有脸的邻居,在周日的一通电话里,仿佛要下定论的神气,说:"好了,好了,柯克帕特里克先生,世人难求一律。你是个自由派,我是个保守派。我们看待事实,自然是不同角度。"柯克回答说:"你什么意思呢?你是否在请我勾画一幅图画,自由派和保守派站在台子两头,将确凿事实当乒乓球打来打去?"倘若一位粗心的造访者,希望搁置某话题,说:"当然,我知道意见总是见仁见智——"柯克就会举起双手,惊呼:"天哪,我对任何话题从没有任何意见(*opinions*)。"① 他有句口头禅,"花九便士就能得到启蒙,但你却喜欢无知。"② 最稀松平常的隐喻,也会遭到质疑,直到某些苦涩真理(bitter truth),从

(接上页注)形成的。苏格拉底的探求就是这种对话的生动典型,所以它的方法和逻辑也就是'对话法—辩证法'。"(杨适《古希腊哲学探本》,商务印书馆,2003,第 100 页)罗念生译亚里士多德《修辞学》第一条脚注,析之更详。

① 这里牵涉到的柏拉图关于"真理"(truth)和"意见"(opinion)的著名区分。

② 原文是:You can have enlightenment for ninepence but you prefer ignorance. 路易斯多处引用导师柯克的这句名言。

隐藏之地被逼了出来。"德国佬的这些魔鬼行径——""可是,魔鬼难道不是想象臆造的么?""是啊,这么说吧,这些禽兽行径——""不过,可没有哪个禽兽做这种事!"——"好吧,那我该怎么称?""不明摆着,我们必须称它们为人类的(Human)?"激起他最大轻蔑的,是跟另一位校长的谈话。还是勒根校长的那阵子,在会上,他经常还不得不忍着点。"他们会跑来问我,'你对差生采取何种态度?'天哪!仿佛我对任何事任何人都持有某种态度似的!"有时候,但很不经常,他被迫讽刺挖苦。在这种场合,他的语气甚至变得比平素沉重,只有那些了解他的人明白,他鼻孔里的那丝不屑露了馅。他这样发表声明:"贝利奥尔学院院长是宇宙中最重要的一环。"①

可以想象,柯克帕特里克太太确实活得不太容易。我曾亲眼目睹,有一次她张罗着玩场桥牌,牌局就要开始,丈夫却鬼使神差,发觉自己来到起居室。过了半小时,只见她

---

① 或许指的就是牛津大学贝利奥尔学院希腊语钦定教授乔伊特(Benjamin Jowett,1817—1893),他从1870年起,任学院院长。他是19世纪晚期牛津大学一位很有影响的人物。因为别的学院相继由贝利奥尔学院毕业生领导。

离开起居室,面色不大好看;几个小时过后,还发现棒喝师坐着小脚凳,在七位老太太中间("似乎心情很沉重"①),请她们厘清用语。

我说过,他几乎通体都是逻辑;但也不尽然。曾是长老会信徒的他,现在是无神论者。他过星期天,跟平时没什么两样,就是打理花园。不过,还保留着年青时长老会的一个奇怪印迹。星期天莳花弄草,总穿上一套异于平日的较体面的衣裳。一个人从阿尔斯特移居苏格兰,或许会变得不信上帝,但他在安息日,不会穿着日常周间的衣裳。

说起他是个无神论者,我就得赶紧补充一句,他是19世纪那种老派的、高雅的、铁杆的"理性主义者"。② 因为无神论自那以后,就跟政治搅和在一起,学会蹚浑水了。有位匿名的捐赠者,送反神杂志(anti-God magazines)给我,无疑期待着伤害我身上的基督徒(the Christian in me);他其实伤害的是,无神论前辈(ex-Atheist)。我的老同道以及

---

① 语出乔叟《坎特伯雷故事》里《学者的故事》(*The Clerk's Tale*)第514行。拙译采方重先生之译文(人民文学出版社,2004,第136页)。
② 路易斯的科幻小说"太空三部曲"之三《黑暗之劫》里的那个可敬可爱的无神论者,即以导师柯克为原型。

(更重要的是)柯克的老同道,竟变得如此卑下,我深以为耻。那时可不一样;就算是马凯布,①写起东西来也像个人。柯克的无神论的原动力,主要是人类学和悲观主义。他对《金枝》②和叔本华,③耳熟能详。

诸君定还记得,我自己的无神论和悲观主义,来布克汉姆之前就已完全成形。我在布克汉姆得到的,只是保卫已有据点的新弹药。即便是这,我也是间接得自他的思维基调(the tone of his mind),或得自独立阅读他的藏书。他从

---

① 马凯布(Joseph Martin McCabe,1867—1955),1896 年脱离罗马天主教会。其后岁月,是个好战的理性主义者,自由思想者,多产作家。

② 《金枝》(*The Golden Bough*: *A Study in Magic and Religion*,1890),英国著名人类学家弗雷泽(James George Frazer,1854—1941)之代表作,该书之中译本由中国民间文化出版社 1987 年出版,译者徐育新。《金枝》让许多欧洲知识分子脱离信仰:

詹姆斯·弗雷泽爵士对于欧洲和中东的古代宗教所做的厚重、多卷的研究著作《金枝》提供了反对上帝,或者说反对基督教的一个不同案例……弗雷泽对于"垂死上帝的传说"的探索——还探索其他普遍的宗教实践,弗雷泽说,这些东西来自四季的循环——说服了许多知识分子,使他们认为基督教是古代宗教实践的一种新近、非原创性且不是特别能打动人的版本。虽然弗雷泽的书现在很少有人去读了,但它是 20 世纪上半叶最有影响的书籍之一……(《纳尼亚人》第 67 页)

③ 路易斯在 1915 年 11 月写给父亲的信中说,他自己一直在读叔本华的《作为意志和表象的世界》,发现此书"深奥而令人沮丧"。接着提起柯克:"柯克坚定地支持他,而且会成小时地谈论这个主题。"(《纳尼亚人》第 46—47 页)

荷　马

未当着我的面抨击宗教。这种事实,从对我生活的表面了解中,推不出来,但却是个事实。

我来到加斯顿(人都这么叫苛刻的家),是个周六。他宣布,我们周一要开始读荷马。我解释说,除了雅典方言,其余方言我一个字都没读过。我原以为,当他知道了这一点,他就会上几节讲史诗语言的入门课,来接近荷马。他的答复,只是他谈话中极常用的一声,我只能记作"嗯嗯"。我发觉这着实令人不安。周一醒来,我自言自语,"就要读荷马了。天哪!"这名字,让我懔然生畏。九点,功课开始,就坐在楼上一间小书房里。书房对我一下子亲切起来,里面有一条沙发(一起做功课时,他跟我并肩坐着),一张桌子,一把椅子(我独自一人时用的),一个书架,一架煤气炉,还有装了框的格莱斯顿①像。我们打

---

① 疑即英国自由党领袖 W. E. 格莱斯顿(William Ewart Gladstone, 1809—1898)。

开书,《伊利亚特》卷一。没作只字介绍,苛刻就朗读了开篇的二十来行,用一种我从未听过的"新"发音。跟史缪吉一样,他是在吟诵。声音没那么圆润,但他那完整的喉音和卷舌音以及多变的元音,仿佛就切合青铜时代的史诗,恰如史缪吉的甜美声腔切合贺拉斯。因为柯克,即便在英格兰住了好些年头,仍说着再纯正不过的阿尔斯特话。他接下来翻译了一百来行,做了点解释,但很少很少。我从没见过,一位古典作家竟被这样狼吞虎咽。翻译完了,他递给我一本克卢修斯的《字典》(Crusius' Lexicon),①给我说,尽我所能将他读过的这段复习一下,就离开屋子。这教学方法看上去好生奇怪,但管用。起初,我只能在他开辟的道路上,走很短的一段。不过每一天,我都能前进一点。很快,我就走完全程。接下来,我还能在他的北极之外,另辟一两条蹊径。接着,看还能走多远,就成了一种游戏。在这一阶段,他显得更看重速度,而不是绝对准确。巨大收获就是,我很快用不着翻译,就能理解很多很多;我开始用希腊语思考了。这是学任何语言

---

① 指 Gottlieb Christian Crusius 编纂的词典 *A Complete Greek and English Lexicon for the Poems of Homer and the Homeridae*.

要渡过的卢比孔河。① 只有查字典时希腊文字才算活着,并接着用英文替换掉它的那些人,其实根本不是在读希腊文;他们只是在解题。"*Naus* 指的是船",这说法是错的。*Naus* 和船,都指一样东西,他们并未相互指称。在 *Naus* 背后,恰如在 *Navis* 或 *Naca* 背后,我们想要获得一幅画面,隐约可见有帆,有桨,还有人在爬船脊,没有官方英文闯入。

我们于是形成一个惯例。此后,我心目中就有了个原型,每当我说起"正常"时日(a "normal" day)(并哀叹正常时日如此稀少),我仍指的是布克汉姆那样的日子。因为,要是我能随心所欲,我会一直就像在那里一样活着。我会一直选择八点准时早餐,不到九点就坐在书桌前,读读写写直到一点。要是十一点给我端来一杯茶或咖啡,那就更好了。出门一两步,喝一品脱啤酒,也没好到哪里去;因为人不愿单独喝酒,而要是你在酒吧间碰见一位朋友,小憩往往就会超过十分钟。准时一点的午餐,会在餐桌上;最

---

① 卢比孔河(the great Rubicon),罗马共和国时代为山南高卢与意大利的界河。公元前 49 年,恺撒冲破不得越出所驻行省的法律,渡河宣告与罗马执政官庞培决战。Rubicon 一词因此就有了界限之意,cross the Rubicon 就有破釜沉舟之意。

晚两点以前,我就去散步了。没朋友陪伴,偶有例外。散步和谈话,是两项大快乐,不过,将二者合一,则是个错误。① 我们自己的声响,会抹杀掉户外世界的声与寂。而且谈话,几乎不可避免地招来抽烟。于是乎,就我们的一个感官而论,已经向自然说再见了。唯独可一道散步的是这样一个人(假期我在阿瑟身上发现的),对乡野的每种情味,他跟你共享着一样的爱好,因而一瞥,一停,或充其量用肘一戳,就足以让你心有灵犀。散步回来,端上茶点,应是机缘巧合,不晚于四点一刻。茶点,应是一人独用,就像我在布克汉姆的一些时日那样(多得不可胜数),其时柯克帕特里克先生外出;苛刻本人不屑用茶点。因为饮食和读书,是合之则双美的两样快乐。当然并非一切书都适合饭间阅读。饭桌上读诗,那会是一种亵渎。这时想读的书,是形式不拘的闲书,任何地点都可以打开。在布克汉姆,我学会这样去读的有,鲍斯威尔,②希罗多德的一个译本,③朗格的

---

① 即中国古人所谓"离之则双美,合之则两伤"之意。

② 鲍斯威尔(James Boswell, 1740—1795),著名英文传记《约翰逊传》之作者。

③ 此处应指古希腊历史学家希罗多德(Herodotus,约公元前485—前425)的名著《历史》。该书在西方,向来被看作是最早的一部历史著作,希罗多德因此被罗马著名政治活动家西塞罗誉为"历史之父"。

《英国文学史》。① 《项狄传》,《伊利亚随笔》,②还有《忧郁的解剖》,③用于同一目的也都不错。五点,就应重新投入工作,直到七点。接下来晚餐,之后就是谈天时间。要是没谈天,则是轻松阅读。除非有朋自远方来(在布克汉姆从未有过),否则就没理由晚于十一点上床。可是,何时写信呢?你大概忘记了,我描写的是跟柯克一起的幸福生活,或若是能够我现在就愿意过的理想生活。幸福生活的要旨之一就是,人几乎没有邮件,从不怕邮递员敲门。④ 在这些蒙福岁月(blessed days),我一周只收到并回复两封信。一封来自父亲,回信是项义务;一封来自阿瑟,那可是一周里的高光部分(the high light),因为在信中彼此倾吐令我俩迷醉的

---

① 指苏格兰童话搜集者、诗人、文学批评家安德鲁·朗格(Andrew Lang, 1844—1912)的《英国文学史:从贝奥武甫到史文朋》(*A History of English Literature: from Beowulf to Swinburne*, 1912)。

② 《伊利亚随笔》,作者查尔斯·兰姆(Charles Lamb, 1775—1834),笔名伊利亚,是跟蒙田齐名的随笔作家。

③ 《忧郁的解剖》(*Anatomy of Melancholy*),作者是英国圣公会牧师罗伯特·伯顿(Robert Burton, 1577—1640)。

④ 奇怪的是,路易斯终生保持每信必回的习惯。路易斯《给孩子们的信》之《编者的话》里说:"20多年来,除了假日,每天都会有成捆的信件和卡片被寄往路易斯那所有着红色砖墙的房子——连窑。如同从不间断的信件一样,路易斯也会在每天早上坐在书桌前,花上一个多小时读信、回信。"(余冲译,华东师范大学出版社,2009,第3页)

所有喜悦。哥哥正从军服役,来信就少多了,间隔很长,我的回信也一样。

这是我的"安逸平静的伊壁鸠鲁生活"①理想,(差不多)也是那时的现实。总体上没让我过上这种生活,毫无疑问,这对我自己有好处。因为,这几乎是一种彻头彻尾的为我(selfish)。② 是"为我",而非自我中心(self centred)。因为在这种生活中,我的心灵也会指向成千上万的事物,自我只是其中之一。这个区分,并非无足轻重。我认识一个人,处身最快乐的人之列,也是最讨人喜欢的伙伴,他就极其

---

① 原文是"settled, calm, Epicurean life",语出丁尼生(Tennyson)的诗作《卢克莱修》("Lucretius",1868)第215行:"Nothing to mar the sober majesties / Of settled, sweet Epicurean life."尼古拉斯·布宁、余纪元编著《西方哲学英汉对照辞典》(人民出版社,2001)释"伊壁鸠鲁主义"(epicureanism):

为伊壁鸠鲁所创立的哲学。他于公元前306年在雅典建立他的花园学派。在形而上学方面,伊壁鸠鲁信奉德谟克利特的原子论,并依据亚里士多德的批评而对其有所修正。在认识论上,他提出所有感性的东西都是真实的。在伦理学上,他提倡内在的平静和痛苦的缺失是主要的善,他反对世俗社会的竞争,追求绝对的平等,相信真正的幸福在于一个平和的心灵和一个健康的身体。他关于指导生活的基本学说,在于其提出的四重疗法,包括:在神面前不惧怕,在死亡面前不忧虑,善是易于获得的,恶要情愿去忍受。……他的作品的绝大多数都散失了,但他的学说为卢克莱修所保存。……

② 将selfish译为"为我",取先秦名家杨子之典:"杨氏为我,是无君也";"杨子取为我,拔一毛而利天下,不为也。"

"为我"。另一方面,我认识好多人,能做出真正牺牲,但他们的生活对自己对别人都是一种折磨,因为满脑子想的是自我中心和自哀自怜。无论为我还是自我中心,最终都会毁掉灵魂。不过终局之前,就给我送来这样的人,他享用万物(即便由我出钱),谈说别的事物;不要给我那样的人,他伺候我,谈说自己,他的好心肠是一种不断的谴责,不断要求怜悯、感恩及叹赏。①

当然,柯克不是让我只读荷马。两大讨厌鬼(狄摩西尼和西塞罗),②免不了。还有(荣耀归主!)卢克莱修,③卡图卢斯,④塔

---

① 路易斯《四种爱》第三章里所写的菲吉特太太,就是这样的一个典型。被誉为"21世纪的C. S.路易斯"的美国牧师提摩太·凯勒在《婚姻的意义》一书里,通过反省自身,说明无微不至的奉献也有可能是极端的自我中心:

我想服侍别人,是的,因为这让我感觉自己优越,然后我就可以立足于道德高地。但这种"服侍"根本不是服侍,而是操纵。我不给凯西机会来服侍我,反倒因此没服侍好她,而背后的原因是我太骄傲。(杨基译,上海三联书店,2015,第51页)

② 狄摩西尼(Demosthenes,前384—前322),雅典政治家,公认的古希腊最伟大的演说家,与柏拉图和亚里士多德同时代;西塞罗(Marcus Tullius Cicero,前106—前43),古罗马政治家,演说家。

③ 卢克莱修(Titus Lucretius Carus,约公元前98—前53),罗马诗人,哲学家。以长诗《物性论》闻名于世。

④ 卡图卢斯(Catullus,约公元前84—前54),罗马诗人,曾一度湮没无闻,在20世纪声名鹊起,在拉丁文课堂和古典学中,与维吉尔、奥维德和贺拉斯分庭抗礼。有抒情诗集《歌集》行世。

西伦,①希罗多德。有我那时谈不上真正喜欢的维吉尔。②有希腊语和拉丁语作文(我竟想着法儿活到年近五十,对恺撒只字未读,这倒是怪事一桩)。还有欧里庇得斯,索福克勒斯,埃斯库罗斯。③黄昏时分,柯克帕特里克夫人教我法语,法子跟丈夫教荷马一样。我就这样读了很多优秀小说,并且很快自己购买法文书籍了。我曾希望也会有英文论文,但不知是因为他感到受不了我的作文,还是因为他立即推测,我已经太过精通这门艺术(他几乎瞧不起的艺术),柯克从未给我布置过一篇。大约在头一周吧,他对我的英文阅读做过指导。可是当他发现,由我自己安排时,我不大会浪费时间,于是他给了我绝对自由。后来的学业,我们延伸到德语和意大利语。方法,一仍其旧。简单接触语法和练习之后,我就被扔进《浮士德》和《神曲·地狱篇》。在意大利语上,我们成功了。在德语上,我怀疑,也会同样成功,要是我跟他待一起的时间长一点的话。我过早离开,于是我

---

① 塔西佗(Tacitus,约55—120),古罗马最伟大的历史学家,在罗马史学上的地位,堪比修昔底德之于希腊史学上的地位。
② 维吉尔(Virgil,前70—前19),古罗马人心目中堪与荷马比肩的伟大诗人,其声誉主要来自其民族史诗《埃涅阿斯纪》。
③ 欧里庇得斯,索福克勒斯和埃斯库罗斯,古希腊三大悲剧家。

的德语终生就停在中学水准。无论何时,每当我打算重操旧业,总有一些别的急务打断。

不过荷马首当其冲。日复一日,月复一月,我们成绩斐然。先从《伊利亚特》中抽取全部的《阿基琉斯纪》(Achilleid),将别的一切扔在一边。接下来读整部的《奥德赛》,直至诗的音韵,还有几乎每一诗行里的独拔之秀气,成为我的一部分。当然,我的欣赏特别的浪漫化——就像沉浸于威廉·莫里斯的学生。不过,这一小小偏差,让我未犯深刻很多的"古典主义"错误——藉此错误,人文主义蒙蔽了大半个世界。我因而不会悔恨那些日子,那时我称喀尔刻(Circe)为"女巫",①称每场婚姻为"满潮"(high-tide)。这东西燃尽自己,一点火星都没留。故而现在,我会以一种更成熟的方式乐享《奥德赛》。这些歧路,只是歧路而已;当奥德修斯脱下他的破烂衣裳弯弓搭箭时的那种"否极泰来"(托尔金会这样称呼),②这样的大转

---

① 喀耳刻(Circe),荷马史诗《奥德赛》中的美丽仙女,精通巫术,曾把奥德修斯的同伴变成猪。
② 典出托尔金《论童话故事》一文。三联书店《新知》杂志 2014 年 11 刊,刊出此文之节译。其中说:
　　童话最好的结局是一种突如其来的逃脱灾难的幸福"转变",姑且称之为"否极泰来"(Eucatastrophe),比如复活或者摆脱了邪恶力量而获救的狂喜时刻。这种安慰无关"逃避"或"逃亡"。在童话故事的(转下页注)

折(great moment)才意味深长;而现在,最悦我心的或许是皮洛斯及别处那些盛装打扮的夏洛特·M. 扬格家族。①莫里斯·庞威克爵士说得多么到位:"在所有时代,都有文明人。"②让我们补充一句:"所有时代,他们都被野蛮包围。"

同时,在下午及周日,萨里郡对我敞开胸怀。假期在唐

(接上页注)设定中,它是一种突然的、美好的奇迹,不能指望它一再发生。它并不否定灾难性后果(dyscatastrophe)、悲伤和失败的存在,而这一切正是最终释放喜悦的前提;它否定的是终极失败。喜悦和忧伤一样强烈、动人。无论奇遇多么荒诞或可怕,当转折来临时,人们会屏住呼吸、心跳加速、几近泪下。而人们心中应永远有实现愿望、得到满足的乐观信念。

① 最后一个分句的原文是:and perhaps what now pleases me best of all is those exquisite, Charlotte M. Yonge families at Pylos and elsewhere. 这句话殊难翻译,因为其中用了好几个典故。其中皮洛斯(*Pylos*),《荷马史诗·奥德赛》卷三中的地名,"涅琉斯的坚固城堡",奥德修斯之子特勒马科斯来此打问父亲消息。特勒马科斯刚到皮洛斯,就碰上一场祭礼:"当地的居民们正在海滩上奉献祭礼,把全身纯黑的牯牛先给黑发的震地神。献祭的人们分成九队,每队五百人,各队前摆着九条牛作为奉献的祭品。"(卷三第5—8行)路易斯曾在《论故事》(On Stories)一文中说,故事吸引他的,不是情节之刺激(excitement),而是故事之情境(atmosphere),故事里的那个异域气息。至于路易斯为什么要以小说家夏洛特·M. 扬格(Charlotte M. Yonge, 1823—1901)作典故,大概是因为她对珍视天主教仪礼的牛津运动(the Oxford Movement)颇为同情吧。

② 莫里斯·庞威克(Frederick Maurice Powicke, 1897—1963),研究中世纪的史学家,牛津大学的钦定讲座教授(Regius Professor)。路易斯这里引用的"There have been civilised people in all ages."一语,大概是为中世纪辩护的一句话,出处未知。

郡(County Down),学期在萨里郡——真是花开两朵各表一枝。两地都这么美,即便是傻瓜,或许都不会逼迫两者去一比高下。这就一劳永逸地治好了我的比东比西挑三拣四的恶习——即便是面对艺术作品,这种习惯也基本没啥好处,至于面对自然,那就是贻害无穷了。① 全无戒备,是享受二者的第一步。闭上嘴,睁开眼睛,敞大耳门。那里有什么,就接受什么,不要想这里本该有什么,也不要想别的地方会有什么。这想法,其后可以有,要是它早晚会来的话。(这里注意,在任何美好事物上的真正操练,如何总是预示着基督徒生命的真正操练,并且,如果归信基督,又如何总是有所助益。基督徒生命是所学校,这里,无论你前期在什么上做工,这些工,总会派上用场。)萨里郡让我欣喜的,是它的玲珑别致(intricacy)。在爱尔兰散步,仿佛掌管着广阔大地,海岸线一览无余尽收眼底。而在萨里郡,轮廓线如此曲折,小河谷如此窄狭。有那么多的树木,树林或凹地隐藏

---

① 路易斯《四种爱》第 2 章第 3 段:"人类心灵,一般都热衷于褒扬或贬斥,而非描述及界定。它想使得任何区分都成为价值区分;因而就有了这样一些不可救药的批评家:不给两位诗人排出座次,便说不出二人之不同,仿佛他们是某个奖项的候选人似的。"(拙译该书华东师范大学出版社 2017 年即出)

着那么多的村庄,还有那么多的田间阡陌,林中小径,幽谷,灌木丛。平房,农舍,别墅,宅邸,意想不到的多样。这样一来,对整个地区我从不会一清二楚。每日漫步其间,都会给你徜徉于马罗礼或《仙后》之迷宫中一样的快乐。① 即便在视野还算开阔之地,比如当我坐在珀丽斯顿-莱西,俯瞰莱瑟海德镇和多克金镇的河谷,②也总是缺乏维文地景的那种古典式明晰(the classic comprehensibility)。河谷蜿蜒曲折,向南伸进另一个河谷;只听火车轰鸣穿过林带,不见车影;对面的山脊,遮挡住了海湾和岬角。即便在夏日清晨,也是这样。不过我记得更真切的是秋日下午,在参天古木掩盖着的谷底,尤其是接近星期五大街的那个当儿,③我们这伙人(这时我就不是只身一人)由奇形怪状的树桩发现,方才那半个小时,我们恰好转了个圈又回来了;或者是一轮

---

① 马罗礼(Sir Thomas Maroly,1395—1471?),传奇史诗《亚瑟王之死》(*Le Morte Darthur*,1485)之作者;《仙后》(*Faerie Queene*),文艺复兴时期最杰出的诗人之一埃德蒙·斯宾塞(Edmund Spenser,1552—1599)的代表作。

② 珀丽斯顿-莱西(Polesdan Lacey),坐落在萨里郡起伏山坡上的一座19世纪大宅;莱瑟海德(Leatherhead)和多克金(Dorking),萨里郡两个著名小镇。

③ 星期五大街(Friday Street),是英格兰萨里郡 Leith Hill 坡底的一个小村庄(hamlet)。

落日,惨白惨白的,落向吉尔福德的豕背(the Hog's Back at Guildford)。在冬日某个周六下午,鼻子和手指头都快冻掉了,茶和炉火就别有一番况味,周末读物悉数摆在面前,我想,尘世幸福莫过于此。尤其是,还有几本新买的垂涎已久的书在等着我的时候。

差点忘记了。说起邮差时,我忘了告诉你,他不只带给我信件,还带给我包裹。我这个年龄的人,少年时,都有一桩惹后人嫉妒的福气:我们活在一个有着大量便宜书籍的世界。你手头的"人人丛书",那时只值一先令,更有甚者,还总有现货。你的"世界经典丛书"、"缪斯图书馆丛书","家庭大学图书馆","藏经阁文丛",纳尔逊法国书系,博恩和朗文的口袋文库,都相当便宜。① 我省下来的钱,全都寄给了斯特兰德大街的丹尼先生。即便是布克汉姆,最幸福的一天,也莫过于在下午,邮差给我带来用牛皮纸包着的小

---

① 这里路易斯历数当时的系列丛书,定名颇难,颇有妄译之嫌。为方便读者诸君指正,兹附译名与原名如右:"人人丛书"(*Everyman*),"世界经典丛书"(*World's Classic*)、"缪斯图书馆丛书"(*Muses' Library*),"家庭大学图书馆"(*Home University Library*),"藏经阁文丛"(*Temple Classic*),纳尔逊法国书系(Nelson's French series),博恩和朗文的口袋文库(Bohn, and Longman's Pocket Library)

包裹。弥尔顿,斯宾塞,马罗礼,《圣杯的历史》,①《拉克斯峡谷萨迦》,②龙沙,③谢尼埃,④伏尔泰,《贝奥武甫》和《高文爵士与绿衣骑士》(都是译本),阿普列乌斯,⑤《英雄国》,⑥沃尔顿,⑦约翰·曼德维尔爵士,⑧锡德尼的《阿卡迪亚》,⑨还有莫里斯的几乎全部著作,都一本一本落我手中。买的书,一些是大失所望,一些则是喜出望外,但拆包裹则一直是个甜美时刻。在为数不多的伦敦之行里,我都带着某种敬畏,去看斯特兰德大街的丹尼先生;正因敬畏,故有许多快乐。

---

① 《圣杯的历史》(*The High History of the Holy Grail*),13世纪上半叶完成于法国的一部佚名作品。

② 《拉克斯峡谷萨迦》(*Laxdale Saga*),冰岛萨迦之一。

③ 比埃尔·德·龙沙(Pierre de Ronsard,又译作龙萨,1524—1585),文艺复兴时期法国诗人。

④ 谢尼埃(Andre Chenier,1762—1794),法国浪漫派诗人之先驱,32岁死于断头台。

⑤ 阿普列乌斯(Apuleius,约124—170以后),柏拉图派哲学家、修辞学家及作家,因《变形记》(*Metamorphoses*)一书而知名。

⑥ 《英雄国》(*Kalevala*),芬兰史诗,亦译《卡莱瓦拉》。

⑦ 艾萨克·沃尔顿(Izaak Walton,1593—1683),最著名的著作是《钓客清话》(*Compleat Angler*)。花城出版社2001年出版该书之中译本,译者缪哲。

⑧ 约翰·曼德维尔爵士(Sir John Mandeville),中世纪旅行家,以《曼德维尔游记》闻名。

⑨ 《阿卡迪亚》(*Arcadia*),菲力普·锡德尼爵士(Sir Philip Sidney,1554—1586)的散文传奇。

史缪吉和柯克,是我的两位最伟大的老师。粗略说来,(用中世纪的说法)可以说史缪吉教我语法和修辞,柯克教我辩证法。他们各有所短,适足互补。柯克一点都没有史缪吉的亲切或优雅,而史缪吉没有柯克那样幽默。那是一种冷幽默(a saturnine humour)。他确实像萨图恩——不是意大利传说中流浪的国王,而是严厉的老克洛诺斯,① 是手执大镰和沙漏的时间之父。最让人哭笑不得也最搞笑的事情,发生在饭后。他猛地从饭桌起身(总比我们其余人早),站着在壁炉架上一个破烂不堪的烟匣里,搜寻上次吸剩的烟丝。这是他的节俭习惯,还要装进烟斗。他对我恩德匪浅。② 我对这些时光的敬意,不可磨灭。

---

① 克洛诺斯(Cronos),希腊神话十二巨人中年龄最小的一个,后被等同于罗马农神萨图恩(Saturn)。他在母亲该亚(Gaea,地神)怂恿下,阉割了父亲乌拉诺斯(Uranus,天神),从而使天地分离。于是成为巨人之王,后被儿子宙斯推翻。

② 在早先出版的《神迹》(*Miracles*,1947)一书第 10 章,路易斯这样说柯克:"教我思考正是此人——一个强硬而尖刻的无神论者(a hard, satirical atheist),曾为长老会信徒的他,沉溺于《金枝》,房子里满是唯理出版协会(Rationalist Press Association)所出的书……他跟白日阳光一般明白无二。大恩不言谢。他对基督教的态度,对我而言,正是成熟思考的起点;可以说,那态度深入我的骨髓。不过,自那些日子之后,我逐渐看到,那态度是彻头彻尾的误解。"

10 幸运微笑

Fortune's Smile

> 四海江河和诸神似乎都应许,
> 一起来取笑我,附和我的目的。①
>
> ——斯宾塞

在维文换成布克汉姆的同时,我的主要伙伴,也由哥哥换成了阿瑟。你也知道,哥哥在法国服役。从 1914 至 1916,

---

① 原文为:"*The fields, the floods, the heavens, with one consent / Did seeme to laugh on me, and favour mine intent.*"语出斯宾塞《仙后》(*The Faerie Queene*)卷一第九章第 12 节 8—9 行。《仙后》一书之首部中文译本,2015 年由北京时代华文书局发售,译者邢怡。

也就是我在布克汉姆的时期,他成了一名不速之客,偶尔因休假期闪一次面,神气十足的年轻军官,仿佛有无尽财富以供驱遣,将我掠回爱尔兰。在此之前,我还不知道何为奢华,诸如一等车厢,卧铺客车。这些都为旅途增光添彩。你知道,打九岁起,我每年就要六次渡过爱尔兰海。哥哥休假,如今往往又额外添上行程。像我这样一个出门不多的人,记忆里储存的船舷图像却异乎寻常地多,原因就在这里。我闭上眼睛,只要想看,有时候无论想不想看,都会看到船浪的粼粼波光,桅杆在星空下一动不动尽管船在破浪而行,苍青色冰冷水面上日出日落时分的橙红色裂隙,还会看到接近陆地时陆地那惊人举动:海岬走出来迎接你,内陆山脉动来动去最后消失不见。

这些休假,当然是个大喜悦。哥哥行程在即,要回法国,(感谢维文)我们却置之度外。我们双方都有个心照不宣的决心,就在所剩无几的时光里,重温我们少年时代的古典时期。哥哥在皇家陆军后勤部队服役,在那些日子,这地方被视为一个安全去处,因而,我们不太为他感到焦虑,不像当时绝大多数家庭所承受的那样。或许,在无意识里有更多焦虑,只不过没发出来,没进入清醒意识。这至少能解释我的一个经历,肯定有过一次,或许还是多次;那不是个信念,更不是个梦,而是一个印象,一个心像,一桩心事。就在布克汉姆的一个寒风刺骨的冬夜,哥哥在花园游荡,在呼喊——或试图呼喊,可是恰如维吉尔笔下的地狱,"嘴白白张得很大,但是声音很小",①传来的却全都是蝙蝠叫声。对这幅画面上萦绕的那种氛围,我的厌恶,跟我厌恶曾呼吸到的异教冥王的乌烟瘴气——混合着死亡恐怖和无力回天的凄惨——不差上下。

尽管我跟阿瑟的友爱,始于某一点上的志趣相投,但我们却很不相同,适足互补。他的家庭生活,几乎跟我正好相反。他父母是普利茅斯兄弟会②成员,他是一个大家庭里最小的一位;然而,我家有多吵,他家就有多静。那个时候,他在一位兄长的公司里工作。不过由于他体质娇弱,害过一两次病之后,就退了出来。他多才多艺,是个钢琴家,还有望成

---

① 原文是拉丁文:*inceptus clamor frustratur hiantem*。语出维吉尔《埃涅阿斯纪》卷六第 493 行,意为:"The cry rising in the gaping mouth is muffled."拙译用杨周翰先生之中译文。
② 普利茅斯兄弟会(Plymouth Brethren,简称"the Brethren"),基督教新教派别之一。因以达比(John Nelson Darby,1800—1882)学说为依据,故又被称作"达比派"(Darbyites)。

为作曲家和画家。我们最早的一个设想是,他为《被缚的洛基》配乐,弄成歌剧。这个方案,在极为短暂的幸福生活过后,当然就无疾而终。在文学上他之影响我,相对于我影响他,更多亦更深远。他的一大缺点是,对韵文很不在意。我做了些弥补,但未能全部如愿。可反过来,除了跟我一道共享着对神话和奇迹(marvel)的爱,他还有一项爱好令我受益终生。这项爱好,在遇见他之前,我一直缺少。这就是对他所谓的"好看的大部头老书"(the good, solid, old books)的爱好,也即对英文古典小说家的爱好。令人吃惊的是,在遇见阿瑟之前,我怎就躲着呢。很小的时候,我就读过《纽康家》,是父亲劝我读的,那时读它还太小;去牛津之前,我从未尝试重读萨克雷。① 他仍与我格格不入,倒不是因为他布道,而是因为他布道布得很差。我那时看狄更斯,带着一丝恐怖感,这都怪我还没学会读,就长期凝视其中插画。我仍以为他的书不好。这里,跟在华特·迪士尼②那里一样,坏

---

① 《纽康家》(*The Newcomes*),萨克雷(William Makepeace Thackeray,1811—1863)的小说,在 19 世纪颇为畅销。
② 华特·迪士尼(Walt Disney,1901—1966,亦译沃尔特·迪斯尼),是美国著名动画大师,举世闻名的迪士尼公司创始人。

了事的不是丑陋形象之丑陋,而是意在博得我们同情的傻笑的玩偶(我可不是说,华特·迪士尼没比狄更斯的插画家高出许多)。对于司各特,我只知道少数几部中世纪小说,也即最差的几部。在阿瑟的影响下,我这时读了"威弗利作者"最好的小说,[①]读了勃朗特姐妹和简·奥斯丁的全部小说。对于我的更偏重奇幻的阅读,它们提供了一个绝妙补充,两者相得益彰,每一个都得到更大乐享。这些书先前令我望而却步的那些品质,阿瑟教我将其看作魅力所在。我称为"笨拙"(stodginess)和"平庸"(ordinariness),他则唤作"平淡"(Homeliness)——他的想象中的一个关键词。他可不只是指家常(Domesticity),家常只是包含其中。他指的是扎根(the rooted quality),使得这些小说贴近我们的朴素经验,贴近天气,贴近日用饮食,贴近家长里短。从《简·爱》的开篇那句,[②]或从安徒生一篇童话故事的开篇那句

[①] 司各特(Sir Walter Scott,1771—1832):苏格兰小说家,常被认为是"欧洲历史小说之父"。1814 年,司各特匿名出版了小说《威弗利》(Waverly),这部以苏格兰历史为题材的小说一出版便引起了轰动,六个月之内重印三次。此后,司各特继续以"威弗利作者"的笔名发表历史小说,直到 1827 年才公布作者的真实姓名。

[②] 《简·爱》开篇头一句:"There was no possibility of taking a walk that day. 祝庆英译本:"那一天不可能去散步了。"

"怎么下起雨来了,还真是的",①他就能得到无穷享受。勃朗特姐妹笔下的"山溪"(beck)一词,②对他来说就是一场盛宴;教室和厨房的场面也是如此。他之爱"平淡"(Homely),不限于文学。他在户外景色中也寻找它,并如此教我。

此前,我对自然的感情,浪漫得有些狭隘。我几乎只留意我认为会激人敬畏的或狂野的或怪异的风景,更重要的是还要远观。因而,山峦和云彩,是我的最爱(my especial delight)。天空之于我,那时是,现在仍是,任何景观中的主要元素。在依照《现代画家》里的命名和分类来看天空景色之前,③我老早就特别留意卷云、积云和雨云的不同质地不同高度。至于大地,我生长的那片土地,有着鼓励浪漫倾向

---

① 原文是:"How it did rain, to be sure."翻检《安徒生童话全集》(英汉对照版,叶君健译),并未找到这一开头,故而暂且妄译。不过,安徒生童话故事之开头,确实"平淡"。如,《海的女儿》之开头:"在海的远处,水是那么蓝……"如《邻居们》:"人们一定以为养鸭池里有什么不平常的事情发生了,但是一丁点儿也没有。"《夜莺》:"你大概知道,在中国,皇帝是一个中国人,他周围的人也是中国人。"《丑小鸭》:"乡下真实非常美丽。这正是夏天!小麦是金黄的,燕麦是绿油油的。"

② 《简·爱》中多处描写"山溪"(beck),如第九章:"这种乐趣……还包括一条清澈的山溪,里面充满了暗色的石块和闪亮的涡流。"(祝庆英译,上海译文出版社,1990,第66页)

③ 《现代画家》,维多利亚时代英国最伟大的艺术评论家罗斯金(John Ruskin,1819—1900)的名著。对云彩的分类命名,见该书第一卷第二部分第三章。

的一切东西,而且打我头一遭透过婴儿房的窗户看那遥不可及的绿岭那时起,就确实鼓励了。那些了解这些地方的读者,足可以说,我为之魂牵梦绕的主要是霍利伍德丘陵(Holywood Hills)——你会将它形容为不规则多边形,如果你由斯托蒙特连线库默,库默连线纽顿纳兹,纽顿纳兹连线斯科拉博,斯科拉博连线克雷甘特,克雷甘特连线霍利伍德,从而经由诺克纳格涅返回斯托蒙特。① 至于向外乡人怎样提示,我真不知道。

首先,依南英格兰的标准,它显得荒凉。树木,是不少,但都是小树,椒树,桦树和小冷杉。田块也小,由水沟条块分割,堤上还有参差不齐的树篱。常会看到金雀花,还有裸露的岩石。废弃的小采石场异常地多,里面满是凄冷的水洼。草间,差不多总有风掠过。每当你看见有人耕种,就会看到海鸥尾随其后,在犁沟啄食。没有田间小径也无所谓

---

① 路易斯在这里向我们形容的霍利伍德丘陵,让译者这个"老外"更是不知所从。其中地名众多,勉强翻译,兹附原文如右:the irregular polygon you would have described if you drew a line from Stormont to Comber, from Comber to Newtownards, from Newtownards to Scrabo, from Scrabo to Craigantlet, from Craigantlet to Holywood, and thence through Knocknagonney back to Stormont.

通行权(rights of way),不过这不是事,因为每个人都认识你——或者即便他们不认识你,他们也知道你的好心,理解你会关上院门,不践踏庄稼。蘑菇,跟空气一样,仍被视为公共财产。土壤,没有你在英格兰各处都能找到的肥沃的巧克力色或赭石色。土壤是苍白的——就是戴森所说的"古老的贫瘠大地"。① 不过草皮柔软,丰厚,散发着芳香。农舍,总是粉着白墙,单层,碧瓦,装点着全部地景。

这些山虽不是很高,但山上视野广阔,景象万千。站在东北方的最高处,山坡陡峭,直抵霍利伍德。内伊湖(the Lough)尽收眼底。安特里姆海岸,参差向北,遥遥无际;绿

---

① 戴森(H. V. D. Dyson, 1896—1975),通常以 Hugo Dyson 一名为人所知,英国学者,路易斯所在的著名文学团体"淡墨会"(Inklings)之成员。正是他跟托尔金(J. R. R. Tolkien)一道,在一次彻夜长谈中,帮助路易斯重新归信基督。"the ancient, bitter earth"一语,出自戴森于 1940 年出版的《古典与浪漫:1689—1839》(*Augustans and Romantics 1689—1839*)一书。这是论英国诗人华兹华斯的一个颇为著名的段落: It is a pity that the accident of Wordsworth's habitation and life-long preference has made him known as a "Lake-Poet". He is an earth poet. Not the green earth of the pastoral poetry of Pope and Gray and Philips, but the ancient bitter earth from which men wrest a living. The earth of Hesiod and of *Piers Plowman*. 大意是,华兹华斯与其说是个"湖畔诗人",不如说是个"大地诗人"。这个"大地",不是田园诗里的丰饶大地,而是"人在其上挣命的古老的贫瘠大地"(the ancient bitter earth from which men wrest a living)。

油油的唐郡相形见绌,逶迤向南。两者之间,内伊湖汇入大海。要是赶上好天气,你看得足够仔细,甚至能眺见苏格兰,在地平线上如鬼影一般。现在向西南走走,那座孤零零的农舍那里。这农舍,从我家就能看到,俯视着整个郊区。人都叫它牧羊屋(The Shepherd's Hut),虽然我们并非游牧之乡。你仍在俯瞰内伊湖,但入海口和海洋,如今被你刚下来的那个山肩挡住了,这时(就你所见)它或许就成了个内陆湖。就在这里,我们碰见了烙进我心灵深处的那些鲜明对比——冰霜之国尼夫海姆和阿斯加尔德仙宫,①不列颠和洛格雷斯,②汉德拉米和哈兰德拉,③空气和以太,下界和

---

① 冰霜之国尼夫海姆(Niflheim)和阿斯加尔德仙宫(Asgard),北欧神话中的国度。前者位于地底,是"天地肇始前被冰霜封闭的极寒之国。气候寒冷,世界上所有令人生畏之物都来自这里。该地的赫维尔盖尔米尔毒泉会涌出泉水,伪善者、杀人凶手等恶徒的尸体会被扔到里面,化成数条河川。泉水里有无数的蛇群蠕动,黑色的飞龙尼德霍格则会啃咬宇宙树的树根。"(杉原梨江子《进入北欧神话的世界》,台湾东贩股份有限公司,2015,第44页)后者位于天上,是诸神的国度。

② 洛格雷斯(Logres,亦作Logris或Loegria),亚瑟王的领地。该词派生于威尔士语Lloegr,意为"平面国",可能就是英格兰(England)一词之本义。

③ 路易斯《沉寂的星球》(*Out of the Silent Planet*,1938)中两种主要地貌,其第九章写道:

"哈兰德拉"和"汉德拉米"之间的鲜明对比令他叹为观止。……"汉德拉米"并不是真正的峡谷,随着它所属的山脉起伏跌宕。实(转下页注)

上界(the low world and the high)。① 从这里观望,你的地平线是安特里姆山,差不多就是灰蓝色的一团,尽管要是赶上个大晴天,你或许会在卡弗山(the Cave Hill)找到一条分界线,下面三分之二是绿油油的山坡,剩下的部分则是悬崖峭壁。这是一道美景;而你站的这个地方则是另一道美景,相当不同,甚至更显可爱——阳光,绿草,露珠,鸡在鸣叫,鸭在戏水。两地中间,就在你脚下的平坦谷底,翻腾的烟雾之中,伸出工厂烟囱、吊架和巨型起重机的森林,这里坐落着贝尔法斯特。噪音源源不绝。有轨电车吱吱嘎嘎,马车在疙里疙瘩的路面上咔嗒咔嗒,而压倒其余一切的,则是大造船厂的持续不断的轰鸣。由于一生下来就听这一切,对

(接上页注)际上,它不属于山脉。它只是一个深不可测的巨大裂缝或沟槽,贯穿整个高而平坦的"哈兰德拉"。(马爱农译,译林出版社,2011,第85页)

① 路易斯所说的这些对比,牵涉到高下之别。我们总会发现,电脑软件,高版本兼容低版本,低版本识别不了高版本;外出游历,由高视下是一目了然,由下窥高则视野狭窄;立身处世,善人君子既能理解君子也能理解小人,小人则既不理解君子也不理解小人。这个道理,路易斯在名为《高下转换》(Transposition)的演讲里,做了详细阐发。路易斯指出,许多现代思想,其致命缺陷就在于只知道"下界"而不知道"上界":"暴徒(brutal man)在爱情中,分析不出什么东西,除了兽欲;平面国之居民,在一幅画上,只会找到平面图形;生理学家在思维中,找不到任何东西,只有灰色物质之痉挛。"(拙译《荣耀之重》,华东师范大学出版社,2016,第112—113页)

我们而言,它就不会打破山顶的宁静;还不如说,它凸显了山顶的宁静,强化了对比,相得益彰。① 山下的"烟雾和吵闹声"②中,就是阿瑟的可恶办公室,他没我幸运,必须明天回去上班。因为,只有在他少得可怜的假日,我们才在一个周末清晨,一起站在这里。山下还有光着脚板的老妇,跌跌撞撞在"酒肆"(这是爱尔兰的可怕称呼,英格兰亲切称作"酒家")出进的醉汉,筋疲力尽的马匹,绷着脸的富婆——这就是阿尔伯里希诅咒爱情夺取黄金打造指环时,所创造的那个世界。③

---

① 这个对比,比"蝉噪林逾静,鸟鸣山更幽"要深刻得多,因为这里牵涉到"上界"与"下界"的对比。
② 原文是"smoke and stir",语出弥尔顿的《科马斯》(Comus)第五行。该诗一开头:我在朱夫宫殿门口住,星斗璀灿,那地方真正是个温柔恬静之乡,安居着光明而轻盈的不朽仙魂,远离幽暗下界的烟雾和吵闹声。这昏暗的下界,人类称它为土地;像羊群似地关在、挤在这畜栏里,他们因卑微的思想而抑郁不欢,但求保住一个臭皮囊,不知疲倦;倒也不在乎等到一命呜呼以后,忠义之士的金冠,他们能否到手,戴上这金冠可以忝列诸神座畔。(弥尔顿《科马斯》,杨熙龄译,新文艺出版社,1958,第3页)
③ 典出《尼伯龙根的指环》第一部《莱茵的黄金》第一幕。莱茵河三女神说:"谁失去了爱的魔力,谁摒弃了爱的乐趣,只有他才可获得魔力,打造出指环,用黄金。"侏儒阿尔伯里希调戏三女神,反被嘲弄,于是诅咒爱情:"我要夺取你们的光明,从礁石中夺取黄金,打造复仇的指环,河水听着:我诅咒爱情!"(鲁路译,安徽人民出版社,2013,第8页)

莫恩山脉

现在略走几步——只两畛地,走一段小路,登上远端的岸顶——你会看到,南方略靠东的地方,是另一个世界。一看到它,要是你成了一个浪漫主义者,要责怪那就怪我吧。因为这里是事物本身(the thing itself),不可抗拒,是通往世界尽头的路,是憧憬之地,心为之碎,亦为之醉。你望过的地带,在某种意义上,可以叫作唐郡平原。在它之外,是莫恩山脉。①

起初是K,也就是姨父考特的二女儿,那个女武神,给我讲这个唐郡平原其实是个什么样子。想象它,有个秘诀。

---

① 莫恩山脉(Mourne Mountains),爱尔兰最高的山脉。

拿几个中不溜的土豆,摆放在平底的盆子里(只摆一层)。然后在上面撒土,直至到土豆被覆盖。覆盖的是土豆,不是土豆的形状。土豆空隙里的土,当然是凹下去的。这时,想象着将这东西放大,直至这些凹地大得足以各自藏得下溪流和丛树。接下来该上色了。将你的褐色土地画成方块田地的模样,一小块一小块的(每块两三亩的样子吧),上面通常是谷物,草丛和犁沟。你这时就得到了唐郡"平原"的画面。在某种意义上是个平原,假如你是个特大的巨人,你会认为它平坦,只不过走上去硌脚——就像踩着鹅卵石。现在该记得每座农舍都是白的。因这些白色点缀,整个地域喜笑颜开;跟清风掠过夏日海面,形成的点点浪花,再像不过。道路也是白色的,那里还没有柏油路。由于整片土地,是小山峦的骚动不安的民主制,这些路也就什么方向的都有,隐而复现。不过,你切莫给这个地景抹上你们英格兰的灿烂阳光;弄得苍白一点,柔和一点,模糊一下白色积云的边缘,给它盖上一层稀薄的光,让它深一点,不那么真切。在这一切之外,在你的视野极限之地,在遥远得顿显突兀的地方,想象一下山脉。它们可不是四散零落。它们陡峭,坚实,高耸,犬牙交错。它们仿佛跟你眼前的这些小山峦和农舍,没有瓜葛。它们时而显蓝,时而发紫;不过更多的时间,则像是透明的——就像一些巨大的纱布,剪成山脉的形状,挂在那儿,因而,透过它们,你能看到它们背后那不可见的海洋所泛的光。

父亲没车,我将这列为我的一项福气。不过我的绝大多数朋友都有车,他们经常带我出去。这也就意味着,可以恰到好处地造访这些远方地带,足以裹上回忆而不是裹上非分欲望(impossible desires),同时它们又一如平常,像月亮一样不可企及。随心驰骋这份致死权能(deadly power),我不秉有。我丈量距离,以人为尺度,人靠自己的双脚行走,而不是以内燃机为尺度。那时还不许我践踏距离这个概念(the very idea of distance);因而从飙车族眼中的"弹丸小地"回来,我倒获得"无尽财富"。① 为现代交通做出的最符合实情也最让人恐怖的宣告,就是它"消灭了空间"。它做到了。它消灭了上天赐给我们的一样极其灿烂的礼物。现代交通是一种恶性膨胀,它降

---

① "弹丸小地"和"无尽财富",典出英国诗人、剧作家马洛(Christopher Marlowe)的剧作《马耳他岛的犹太人》(*The Jew of Malta*)第一幕第一场第 37 行:"Infinite riches in a little room."

低了距离的价值。① 因而,一个现代的孩子,旅行一百里所获得的舒放感、朝圣感和游历感,还没有老祖父行走十里地那样多。当然,要是有人憎恨空间,想让空间消灭,那就另当别论了。他何不立刻钻进棺材呢?那里头的空间够小了吧。

这就是遇见阿瑟之前,我的户外乐趣。所有这一切,他都共有,并加以强化。他在寻找平淡时,也教我看别的事物。要不是他,我永远也不会知道普通菜蔬的美,在我家,菜坛就是它们的归宿。"卷心,"(Drills)他通常说,"就是普普通通的卷心菜的卷心——还有更奇妙的么?"他说得对。他常常将我的目光从地平线唤回,透过树篱上的一道小孔

---

① 切斯特顿《异教徒》第三章:"实际上,探险与扩张使世界变小。电报与轮船也使世界变小,望远镜亦如此,只有显微镜才使世界变大。在不久的将来,使用望远镜的观测者和使用显微镜的观测者之间的大战将会把世界劈为两半:前者研究大事物,生活在小世界;后者研究小事物,生活在大世界。乘汽车飞驰环绕地球一周,感觉阿拉伯半岛只是一片沙石,如旋风呼啸而过;或是中国只是片片稻田,如闪电般疾逝,这无疑能激发人的灵感。但是,阿拉伯半岛不是一股沙石旋风,中国也不是稻田闪电,它们是古老的文明,拥有如埋藏的珍宝奇妙的美德。若想了解它们,我们绝不能以游客或调查员的身份,我们必须带着孩子般的忠诚和诗人般的极大耐心。征服这些地方就是失去这些地方。站在自家菜园,仙境就在自家门口敞开的人,是有远大理想的人。他的头脑创造了距离,汽车则愚蠢地毁灭了距离。"(汪咏梅译,北京:三联书店,2011,第 27 页)

去看。看到的无非是农家院落，上午十点左右，孤零零的，或许还有一只灰猫从仓房门底下爬了出来，或者一位伛偻老妇，慈祥的面孔上布满皱纹，刚从猪圈里拿回一个空猪食盆。不过，我们最喜欢的是，平淡和不平淡两相分立的时候。要是在左手，能看到荆豆和凸岩环绕的肥沃土地上，有块狭长飞地，其中突然冒出一小块菜地，或能看到采石场的水洼映着初升的月光。而在右手，则看到炊烟升起，窗户亮着灯，一家农舍正在打点夜晚。

这时在大陆，上演着第一次德国战争的那场拙劣屠杀。① 因为时局如此，又因我开始预计它大概会持续到我从军的年龄，我被迫做了个决定。这个决定，我这个年龄的英格兰少年，在法律上无权做出；因为在爱尔兰，不征兵。决定去服役，即便在那时，我也没引以为荣。但我确实感到，这个决定让我再也用不着留意战争。阿瑟的心脏使他永无资格参军，就没这类问题。与此相应，我也将战争搁在一旁。这在一些人看来是耻辱，一些人看来是匪夷所思。

---

① 《纳尼亚人》第三章曾描写一战之惨烈："为了得到一百码的领土，千千万万的男子可能在一天之内死去，而几周或几月之后可能又得付出同样的代价放弃这一百码的领土。"（第79页）

别人或许会称之为逃避现实。我则坚持,这是跟实存缔约(a treaty with reality),是确定边界。对我的国,我实际上是这样说的:"终有一日,你会占有我,但目前还不是。要是需要,我会死于你的战争,但那时之前,我还要过自己的生活。你可以占有我的身,但不是我的心。我会参加战斗,但不会读战争报道。"①要是这一态度还需要辩解,我就必须说,一个在学校很不快活的少年,无可避免地养成习惯,让未来就处于未来的位置。一旦他开始容许要来的学期渗透

---

① 路易斯《战时求学》一文曾区分我们"为之而生的义务"和"为之而死的义务":

战争不会吸引我们的全部注意,是因为它乃有限事物(a finite object),因而,内在地不适合承受人类灵魂之全神贯注。为避免误解,我这里必须做一些澄清。我相信,我们的事业就像人类的其他事业一样,很是正义,因而我相信参战乃一义务。每一义务都是神圣义务(a religious duty),践行每一义务之强制力因而就是绝对的。于是,我们可能就有义务拯救落水之人。假如生活于险滩,我们就有义务学习救生,以便每当有人落水,我们已经做好准备。舍身救人,或许就是我们的义务。然而,假如有人献身于救生,心无旁骛——在人人都学会游泳之前,他既不想也不说其他任何事情,要终止其他一切属人活动——他就会成为一个偏执狂。救落水之人,是我们值得为之而死的义务(a duty worth dying for),而不是我们值得为之而生(worth living for)的义务。在我看来,所有政治义务(其中包括参军义务)都是这类。一个人可能不得不为祖国而死,但是,没有人在心无旁骛的意义上为其祖国而生。谁人毫无保留地响应某国族、某政党或某阶级之召唤,谁就是把最明显不过属于上帝的东西,即他自己,贡献给恺撒。(拙译《荣耀之重》,华东师范大学出版社,2016,第44—45页)

到当前的假期,他就会绝望。还有,我身上的汉密尔顿血统一直防范着路易斯血统;那种自作自受的脾气,我见得够多了。

毫无疑问,即便这态度是对的,我身上令我如此容易取这态度的那个品质,却几乎惹人讨厌。可即便如此,我还是不会后悔。我逃脱了时间和精力的惊人浪费,浪费在阅读战争新闻,浪费在装腔作势讨论战争上面。没有军事知识,没有好地图,却读战斗报道;这些报道到军区司令那里之前一般就走了样,离开司令前再走一下样,再由记者们"供稿"就变得面目全非了;还费劲巴拉去驾驭那第二天就自打嘴巴的东西;因并不确凿的证据而担惊受怕心怀希冀——凡斯种种,都是乱用心思。即便是和平时期,我也认为,鼓励中学生读报的那些人,大错特错。孩子十几岁时在报纸上读到的一切,在二十岁之前,都会知道几乎全错了,即便事实没错,也错在了要点及诠释上;而且,其中的绝大多数,都会变得无足轻重。他所记住的绝大多数,因而还不得不去努力忘却;大概还会获得一种不可救药的对俗气和煽情的爱好,会养成个坏习惯,在一段又一段的文字间飘来飘去,了解某女明星在加利福尼亚离婚,某列车在法国脱轨,有四胞胎生在了新西兰。①

我现在是前所未有的幸福。开学,已不再令人伤痛;期末回家,快活还是一如从前。假期是越来越美好。我们的大朋友,尤其是我在芒特布拉肯的几个表姐,现在不再像是大人了——因为原来跟你年龄悬殊的大人,仿佛逆生长,在那个年龄迎候你。那里有许多愉快的聚会,更多美好谈话。我发现,除了阿瑟,还有人也爱我所爱之书。原先那些可怕的"逢场作戏",那些舞会,终于没我的事了,因为父亲如今容我拒绝邀请。如今,我的一切约会(engagements),都令人愉快。限于一个小圈子,这些人或相互通婚,或是老邻

---

① 路易斯终生鄙视报纸,当然更是看不起看了报纸就迎风流泪或随风起舞的知识人。他有个让人很不舒服的观点,尤其是现代知识人:"唯一真正会上自己所钟爱的报纸的当的,是知识人(intelligentsia)。正是他们,在读头条文章;穷人都在读体育新闻,报纸里体育新闻最真实。"(拙译《切今之事》,华东师范大学出版社,2015,第75页)同样意思的话,也出现在他的《黑暗之劫》中。只不过让人更不舒服。路易斯借黑暗势力警察头目之口说:"你这个傻瓜,正是受过教育的读者才会被欺骗。不好骗的都是别人。你什么时候看见过有相信报纸的工人?工人都毫不犹豫地相信报纸都是宣传,从来不看头版。他买报纸是为了看足球比赛的比分,以及姑娘摔出窗外,梅费尔的公寓发现尸体这类花边新闻。这样的工人们才让我们头疼。我们不得不调教他。但是受过教育的智识公众,那些读精英周刊的人,却不需要调教。他们已经调教好了,会相信一切事情。"(《黑暗之劫》,杜冬冬译,南京:译林出版社,2011,第96页)

居,或是(反正都是女人)老同学。提起她们,我有些情怯。我之所以不得不说起芒特布拉肯,是因为我的生命故事离不开它;超出这一步,我就踌躇了。赞扬朋友,几乎是离题万里。这里,我不会给你讲珍妮,不会讲她的母亲,也不会讲比尔夫妇。在小说里,外省社会常被涂成灰色以至黑色。我发现不是这样。我想,我们海滩区人(Strandtown)①和贝尔蒙特人(Belmont)中间的和善、机敏、美丽和趣味,跟我所知道的任何同等规模的圈子,不差上下。

而在家里,我跟父亲的貌合神离,一仍其旧。每个假期,我从柯克那里回来,思想及言辞都略略清晰了一些,这就使得跟父亲进行任何真正交谈,愈加不可能。我年龄太小,太粗疏,欣赏不了言外之意。既然领教过柯克的干枯,死巴巴的明晰,那就更不利于父亲心灵的含蓄蕴藉(即便模糊),丰饶和幽默了。出于少年人的残忍,我竟容许自己为父亲的一些特点而动怒。这些特点,要是在别的大人身上,我会认为是个可爱的弱点。有了太多太多不可沟通的误解。有一次,我收到哥哥一封信,父亲当时在场,立刻要看。他对其中的

---

① Strandtown,贝尔法斯特的一个区。

第三人称表述,大为光火。为了辩护,我请他注意,这些话不是写给他的。"胡说!"父亲回答说,"他知道,你会给我看这封信,而且有意让你给我看。"可实际上,我深知,哥哥下了个愚蠢的赌注,以为信来的时候父亲不在。可这一点,父亲想不到。他可不是倚老卖老,践踏不容他侵犯的隐私要求(a claim to privacy);他是想象不出,人还会提出这种要求。

我跟父亲的关系,有助于解释我人生中最糟糕的一个举动(我可不是暗示它们情有可原)。我竟容许自己准备行坚信礼(confirmation),而且还行了;①在全然不信的情况下,竟容许自己第一次领圣餐,装腔作势,就吃喝自己的罪了。② 正如约翰逊指出的那样,若没有勇气,别的德性也无法存活,除非藉助偶然。③ 怯懦驱使我变得伪善,而虚伪驱

---

① 坚信礼(confirmation,亦称"坚振礼"),基督教成人礼仪,主要是在施行婴孩洗礼的教会中举行。路易斯在1914年12月,行坚信礼。

② 典出《哥林多前书》十一章27—29节:"无论何人不按理吃主的饼、喝主的杯,就是干犯主的身、主的血了。人应当自己省察,然后吃这饼、喝这杯。因为人吃喝,若不分辨是主的身体,就是吃喝自己的罪了。"

③ 约翰逊的原话是:"Courage is a quality so necessary for maintaining virtue, that it is always respected, even when it is associated with vice."罗珞珈、莫洛夫的中译本译为:"勇气是维护美德的必须品性,纵然它有时与恶行关系密切,但是仍然应该受人尊敬。"(鲍斯威尔《约翰逊传》,中国社会科学出版社,第507页)

使我变得亵渎。我当时不知道也不会知道,自己所做事情的真实本性,这是实话;不过,我当时深知,自己以最大可能的郑重其事(solemnity)践行一个谎言。在我看来,告诉父亲我的真实看法,好像不可能。不是说他会像正统家长那样,暴跳如雷。相反,他会(首先)表现得极为和蔼。"我们再议议这事。"他会这样说。不过,要将我的真实立场赶进他的脑袋,很不可能。线索几乎立即就断掉,而向我劈头盖脸而来的那些引用、轶事及往事里所隐含的回答,我那时会以为一文不值——钦定版①的美啦,基督教传统、情操和人物的美啦。之后,当这招不管用,我仍试图澄清我的观点,我们之间就会有怒气,他那厢雷电交加,我这厢低声下气喋喋不休。而且话头一提起来,就放不下了。所有这一切,当然我本该硬着头皮去试一下,而不是自作主张。可是那时,这仿佛不可能。叙利亚的元帅因在临门庙屈身,而受饶恕。② 我就是在真神的庙宇里屈身的许多人中的一员,可

---

① 钦定版(the *Authorised Version*),英文圣经的标准版本,詹姆士一世时期发行(1611 年),故而美语通常称作 *King James Bible*.
② 典出《列王纪下》五章 18 节:"惟有一件事,愿耶和华饶恕你仆人:我主人进临门庙叩拜的时候,我用手搀他在临门庙,我也屈身。我在临门庙屈身的这事,愿耶和华饶恕我。"

那时,我对祂的信心,跟对临门(Rimmon)的信心,没啥差别。

周末和晚上,我被紧紧拴在父亲身边,很是难熬,因为这个时间最有可能找到阿瑟。周内时间给我的,仍是百分之百的孤独。说实话,我早该提到伙伴蒂姆。蒂姆是我们家的狗。在爱尔兰梗犬中间,它或许仍保持着长寿记录。因为,我还在老家伙的学校时,它就跟我们在一起。到1922年,还活着。不过蒂姆的陪伴,管不了多大用。我俩很久以前就达成一致,我散步时,不应指望它陪伴。它不喜欢我走那么远,因为它的体型,那时已经是长着四条腿的枕头,甚至是四条腿的桶了。再说了,我去的地方,或许会碰上别的狗;尽管蒂姆不是懦夫(我曾见它在自己的主场搏斗起来,跟魔鬼一样),但它讨厌狗。它溜达的时候,人都知道,一看到有条狗在前面,就会消失在树篱后面,100码之后又重新出现。它的心理,是我们弟兄上学时养成的。或许,从我们对别的男孩的态度里,它学到了对别的狗的态度。而现在,我跟它不像是主人跟狗,倒像是同一家旅馆里两个友好的访客。一天之内,我们数次碰面,又带着很大尊重,各走各的。我想,它曾经是同类的一个朋友,临近一条赤毛塞特犬，一条很可敬的中年狗。或许是个好影响，因为可怜的蒂姆，尽管我爱它，却是用四条腿走路的生灵里面，最懒散，最窝囊，最浪荡的。它从未顺从你；它经常同意你。

《恩底弥翁》作者济慈

威廉·莫里斯

空房子里的漫长时光，在读读写写中愉快度过。我现在置身浪漫主义者中间。我那时心里的谦卑（作为读者），后来再没有过。一些诗歌，不像别的诗那样能得到乐享。但我从没想过，这些诗或许低劣；我只是想，我是对我的作家产生厌倦，或者我不是处于恰当心境。《恩底弥翁》(Endymion)的"冗长"(*longueurs*)，①我全归咎于自己。济慈的

---

① 《恩底弥翁》(*Endymion*)，英国浪漫主义诗人济慈(John Keats, 1795—1821)的一首饱受诟病的长诗。

艳诗里的"情迷"因素(比如当"波菲罗如痴如醉")①,我努力去喜欢,但没成功。我想——尽管我忘记了为什么——雪莱必定高于济慈,因而为自己不太喜欢雪莱感到歉意。不过这一阶段,我心中的伟大作家是威廉·莫里斯。我第一次遇见他,是在论北欧神话的书籍的一句引文里;那句引文,将我领向《伏尔松西格德》(*Sigurd the Volsung*)。② 我力图喜欢,但其实不喜欢。我想,现在我知道是怎么回事了:其音律满足不了我的耳朵。不过接下来,在阿瑟的书架上,我找到了《世界尽头的泉井》。③ 我翻看——读章节标

---

① 语出济慈的长诗《圣亚尼节前夕》(*The Eve of St. Agnes*)第25节第8行。第25节全文如下:"冬日的月光照进了这片窗棂,/把暖的红色映上梅黛琳胸膛,/这时她跪着感谢上帝的施恩;/玫瑰红染上合着的素手一双,/银色十字架变作紫水晶炫亮,/光环罩发丝,使她像圣徒,又似/光辉的天使,着新装,只待插上/翅膀飞向天,——波菲罗如痴如醉;/她跪着,如此纯洁,没尘世的一点瑕疵。"(见 http://zhan.renren.com/bencaoshiyi?gid=3602888498036839340&checked=true)

② "BBS水木清华站"有长文《廿世纪欧美奇幻发展史大纲》,这样介绍莫里斯:"莫里士是近代最早发现北欧神话的先驱者,不仅与人合译 The Volsunga Saga,自己的作品也深受北欧神话壮烈绝望的宿命论影响,甚至为此前往冰岛旅行。他对北欧神话英译的贡献直接影响了后来艾狄森(E. R. Eddison)与托尔金等作家,事实上近代对北欧神话的热衷,部分都可归功于他。"

③ "BBS水木清华站"之长文《廿世纪欧美奇幻发展史大纲》:"《世界尽头的泉井》(*The Well at the World's End*, 1896)则是他最重要的长篇钜构,全书长达千余页。故事中的世界已具备独立而完整的(转下页注)

题——入迷了——第二天,我进城,给自己买了一本。跟许许多多的新进展(new steps)一样,它部分显得像是复兴(revival)——"带甲骑士",又从我的儿时回来了。此后,莫里斯的书,只要能弄到手,我都读:《詹森》(*Jason*),《地上乐园》(*The Earthly Paradise*),还有散文体的传奇。新欢乐与日俱增的标志就是,我突然意识到,几乎带着一种不忠感:威廉·莫里斯这几个字,至少变得跟瓦格纳这几个字一样,富于魔力。

阿瑟教给我的另一桩事,是爱护书籍。我曾一直敬重书籍。哥哥和我,虽然折起角来,毫无顾忌;可让一本书留下指痕或让书页变成狗耳朵,我们会脸红。而阿瑟不只看重,而且恋书;很快,我也恋上了。书页的排版,纸张的质感和气味,翻页时不同纸张所发出的不同声响,都成了一种感性愉悦。这向我暴露了柯克的一个毛病。有多少次我大吃一惊,当他用自己那双莳花弄草的手,拿起我的一本新典籍

(接上页注)地理风貌,并非传统上利用海洋或梦境加以与现实世界区隔的作法,我们已经可以从中瞥见后来第二世界的影子。本书的主角劳夫(Ralph)一个小王国的年轻王子,耐不住留在国内陪伴老爸,决定逃离皇宫,前往神秘的世界尽头,寻找青春之泉。"

(classical text),卷书皮卷得嘎吱嘎吱响,每页都留下指印。

"噢,我想起来了,"父亲说,"这是老苛刻的一个缺点。"

"一个糟糕缺点。"我说。

"几乎不可原谅。"父亲说。

11 被将一军

Check

否极泰来。①

——*SIR ALDINGAR*

几章以前,悦慕的历史就以瓦格纳音乐和北方及凯尔特神话的巨大浪涛,重归我心,如今,必定有了新的面孔。

---

① 题辞原文为:"*When bale is at highest, boote is at next.*" "Sir Aldingar"是一首中古民谣,收录于 Thomas Percy 的《英诗辑古》(*Reliques of Ancient English Poetry*, 1765)。

我已经约略提及,初见瓦尔哈拉和女武神的欣喜,①开始如何不知不觉转化成对它们的学术兴趣。我掌握到了,一个不懂古德语的一个学生所能掌握的一切。在这门课上,我都能应对相当严苛的考试了。我会嘲笑那些常见的笨伯,竟混淆了晚期

威廉·华兹华斯

神话的萨迦(the late mythological Sagas)和古典萨迦(classic Sagas),混淆散文体和诗体《埃达》,更有甚者,竟混淆了埃达(Edda)和萨迦(Saga)。② 在埃达的宇宙中,我知道路,

---

① 参第五章第9段脚注。

② 关于埃达(Edda)和萨迦(Saga)之别,石琴娥先生有精到之论:

何谓"埃达"?"埃达"一词在古代斯堪的纳维亚语里原义是"太姥姥"或是"古老传统",后来转化为"神的启示"或"运用智慧"。12世纪末,冰岛诗人斯诺里·斯图拉松从拉丁语"Edo"一词变化创造出冰岛语单词"埃达",意思是诗作或者写诗。这种诗体的"埃达"是公元9世纪从挪威迁到这里来的定居者将流传已久的北欧神话和英雄传奇带到了刚刚拓殖的处女地,并且在此基础上进一步繁荣发展起来的一种独特的文学形式。它有诗的体裁、格律和韵律,可供吟唱。这些作品大多在民间流传了数百年之久,然后在13世纪前由佚名的冰岛行吟诗人写定成篇,它们被称为"老埃达"、"诗体埃达"或"塞蒙恩德埃达"。斯诺里·斯图拉松在13世纪写定的无韵体散文神话故事和英雄传奇则被称为"新埃达"、"散(转下页注)

我能确定宇宙树每条根的位置,知道谁在其上爬上爬下。①我只是非常缓慢地认识到,所有这一切都颇不同于原初的悦慕。我继续给细节补充细节,竟至于"知道最多却乐享最少"②的田地。最终,我从修筑庙宇中苏醒过来,因为我发现神已飞走。当然,我当时没这么说。我只会说,我没得到那原先的颤栗(the old thrill)。我陷于华兹华斯的困境,哀叹"荣光"不再。③

(接上页注)文埃达"、"斯诺里埃达"。简言之,冰岛诗体埃达就是中古时代的冰岛民间史诗。(石琴娥译《埃达》之《译序》)

"(冰岛文学)从形式上它可分成诗歌和散文两种,诗歌就是埃达,散文则是萨迦。……口述萨迦大致类似我国从宋朝到清朝广泛流行而且至今仍保持这一传统的韵散文兼用连讲带唱的说唱文学或者是说书,而萨迦作品则相当于说唱的底本。"(石琴娥主编《萨迦选集》之《主编序》)

① 在北欧神话中,宇宙树(the Ash)伊格德拉西尔矗立在世界中心,周围有九大世界。诗体《埃达》第一首《女占卜者的预言》第2节写道:"记得那时有九个世界,九个女巨人各踞一方。还有一棵古梣皮树,名叫伊格德拉西尔。硕大无朋,擎天撑地,划分出天、地和下三界,虬根直插到地层深底。"(石琴娥译,2000,译林出版社)

② 原文为:"I should know most and should least enjoy"。语出勃朗宁(Robert Browning, 1812—1889)的长诗《克里昂》(*Cleon*)第 317 行,诗见勃朗宁的诗集《男人和女人》(*Men and Women*, 1855)。

③ 典出华兹华斯的《永生的信息》(*Ode*: *Intimations of Immortality from recollections of early childhood*, 1807)第二节:"虹霓显而复隐,/玫瑰秀色宜人,/明月怡然环顾,/天宇澄净无云;/湖水清丽悦目,/星斗映现湖心;/旭日方升,金辉闪射;/然而,不论我身在何方,/我总觉得:大地的荣光已黯然减色。"(诗见《华兹华斯抒情诗选》英汉对照本)(转下页注)

接着就下死决心,要重获原先的颤栗,直至我被迫认识到,这一切努力都是徒劳。我没有梧桐,凤凰不来。我才留意自己的盲目。就在这时,我记起了曾几何时,我以不同寻常的完满体味过这已逝的悦慕。那是个白雾茫茫的早晨,我在山间漫步。那时正好《指环》的另外两卷(《莱茵的黄金》和《女武神》)也来了,是父亲送的圣诞礼物。想到手头的这些读物,再加上山间的清冷与孤寂,树枝上的露滴,远处不可见的城镇的低吟,就产生了一种憧憬(这憧憬[longing]同时也是饱足[fruition]),在心头弥漫,仿佛要席卷整个身子。那次漫步,我记忆犹新。在我看来,那时仿佛已经体味到天堂。要是这样的时刻,能够重来!可是我没认识到的是,它已经重来——记住那次漫步,本身恰好就是一次新的同类体验。是啊,这是渴欲(desire),不是据有(possession)。不过,我漫步那时感受到的也是渴欲;而且,只有当那种渴欲本身成了渴欲对象时才谈得上据有,这才是我们

(接上页注)杨德豫译,湖南文艺出版社,1996)该诗第一节:"还记得当年,大地的千形万态,/绿野、丛林,滔滔的流水,/在我看来 / 仿佛都呈现天国的明辉,/赫赫的荣光,梦境的新姿异彩。/ 可是如今呢,光景已不似当年——/ 不论白天或晚上,/不论我走向何方,/当年所见的情境如今已不能重见。"(出处同前)

在尘世所能知道的最完全的据有。或者这样说吧,悦慕的本性,使得我们通常在拥有(having)和想望(wanting)之间所作区分,没了道理。在那里,拥有就是想望,想望就是拥有。这样,我憧憬着被重新刺痛的那个当儿,本身又就是这么一刺(stabbing)。一度由瓦尔哈拉勾起的渴欲对象,如今由我自己过去的一个特定时刻勾了起来;没认出他,那是因为,作为一个偶像崇拜者(idolater)和形式主义者,我坚持认为,他应出现在我为他修筑的庙宇之中;我也不知道,他只在意庙宇之修筑,而不在意修成的庙宇。华兹华斯终其一生,我想,都犯了这个错误。我敢确定,《序曲》里所充满的对风光不再的那种失落感,本身就是同类风光,要是他曾真信过它的话。

在我的思想地图(scheme of thought)里,将我所犯错误,跟天使申斥的那个女人的错误——他对她说"为什么在死人中找活人呢?他不在这里,已经复活了"①——相提并论,可不是亵渎。当然,这是将空前绝后的事跟不足挂齿的

---

① 典出《路加福音》廿四章5—6节:妇女们惊怕,将脸伏地。那两个人就对她们说:"为什么在死人中找活人呢?他不在这里,已经复活了。"

事相提并论,就像比对太阳和太阳在一滴露珠中的反光。不过依我看,这两个错误确实相似,因为我并不认为,基督教体验和纯想象的体验之间的相似就是个偶然。我想,万事万物都以各自的方式,反映着属天真理,想象尤其如此。"反映"二字是关键。想象的低级生命,不是更高的属灵生命的开端,①也不是迈出的一步,而只是一个"象"(an image)。② 在我身上,无论如何,它既不含信念因子,也不含伦理因子;无论求索得多远,都不会令我变得聪明或良善。不过,无论有多少重间隔,它仍然具有它所反映的实存(reality)的轮廓。③

---

① 【原注】并非必然不是或本性上不是。上帝能使得它成为这样一个开端。

② 此处将image一词译作"象",取《易·系辞上》"圣人立象以尽意"之意。王弼《周易略例·明象》:"夫象者,出意者也;言者,明象者也。尽意莫若象,尽象莫若言。言生于象,故可寻言以观象;象生于意,故可寻象以观意。意以象尽,象以言著,故言者所以明象,得象而忘言;象者,所以存意,得意而忘象。"

③ 关于这个"反映"(Reflect),路易斯《荣耀之重》里这段文字,是绝佳疏证:"感到饥饿并不证明我们가有面包。"然而我想,这并没说到点子上。人肚子饿,是并不证明他将得到面包;漂流大西洋,会饿毙。不过,人之饥饿,确实证明了他这一族类藉摄食补养身体,他居于其中的世界存在着可食之物。同理,尽管我并不相信(我倒希望自己相信),我对天堂之渴欲(desire)就证明了我将乐享天堂,但我认为,这一渴欲是一个很好的迹象,表明天堂存在,有人将乐享它。一男子可能爱一女子,却不会赢得她的芳心;可是,假如所谓的"坠入爱河"这一现象,发生在一个无性世界,那才是咄咄怪事。(拙译《荣耀之重》,华东师范大学出版社,2016,第14—15页)

即便没有什么别的提示,在两个层面上我们会犯一模一样的错误这一事实,至少能提示这一相似。你该记得,我做学生时,曾用某种恶毒的主观论毁了自己的宗教生命。这种主观论,竟将"落实"作为祈祷之目标。我转离上帝,寻找心境(states of mind);企图靠"武力"制造这些心境。① 真是愚蠢得难以置信,如今在自己的想象生活中,我接着又犯了一模一样的错误;或者这样说吧,犯了两个不相上下的大错。铸成第一个大错,是在我抱怨那"原先的颤栗"(old thrill)越来越稀少的那个当儿。因为这么一抱怨,我就偷偷运进一个假定,我想要的就是一次"颤栗",自己的某种心境。致命错误就在这里。只有当你全部的注意和渴欲,锁定在别的事物上面——无论是远方的山峦,或是过去,还是阿斯加尔德仙宫的诸神——这个"颤栗"才会产生。颤栗是个副产品。它的存在,就预设了你渴欲的不是它,而是心外别的事物(something other and outer)。要是藉助某种禁欲苦行或用某些药物,也能从内部产生出它的话,那么,你就会立即明白,它毫无价值。因为拿走对象,到底会留下什么

---

① 见本书第四章第 8 段。

呢？——浮想联翩，心里踢腾，神思恍惚。谁想要这个呢？我说的这头一个大错，在生活的每一层面都会出现，都同样地致命，会将宗教变成自慰（a self-caressing luxury），会将爱变成自恋（auto-eroticism）。第二个大错是，既然错将某种心境当作目标，就企图制造它。北方气息的衰退，我就理应得出结论说，那对象（the Object），那可欲之物（the Desirable），就比神话体系之类相对公开相对外在的事物，更遥远（further away），更外在（more external），更少主观（less subjective）——事实上，只是透过神话体系在闪烁。相反，我下结论说，它是我自己的某种心情或心境（a mood or state within myself），在任何语境中都会出现。"再次得到它"，就成了我的不懈努力；每次读诗，听音乐，散步，我都在心里急切守望，看那蒙福时刻（blessed moment）是否开始，要是开始了，则竭力留住。因为我还小，整个美的世界还对我敞开着，所以，自己的多此一举（officious obstructions）倒常被扫到一边，浑然忘我，我还是再次体味到悦慕。不过，更经常的是，我因为亟不可待地抓住悦慕，就将悦慕吓跑了。即便悦慕到来，也会马上因内省（introspection）而毁掉。而且无论何时，都因我对其本性的错误假定，而将其俗化。

弗雷德里克·莱顿作《金苹果园》

然而,我还是学到了一样东西,这使得我免于许多常见的糊涂。我由经验得知,它不是性欲之伪装。一些人以为,如果给青少年都奉上合适伴侣,我们就再也听不到"永恒憧憬"(immortal longings)。这当然是搞错了。我得知这一错误就是个错误,靠的是重复犯此错误的那个简单过程(堪称不光彩)。从北方气息(Northernness)出发,你不至于轻易滑入性爱幻象却留意不到其间分别;可是,当莫里斯的世界频频充当悦慕之津梁(the frequent medium of Joy),这一变换就有可能

沃特豪斯作《许拉斯与水泽宁芙》

了。你会轻易以为,渴欲这些森林,只为其中的女居民;渴欲金苹果园,只为长庚星的女儿;①渴欲许拉斯河,只为水中宁芙。② 我一再沿着此路行走——一路走到头。终到了,你找到快乐(pleasure);可你立即发现,快乐(无论这种快乐还是别的快乐)不是你在寻觅的东西。其中不牵涉道德问题;这时,在这个问题上,我的非道德,几乎到了人类受造所能抵达的极

---

① 金苹果园(the garden of Hesperus):据希腊神话,长庚星(*Hesperus*)的三个女儿赫斯珀里得斯(Hesperides),在阿特拉斯山(*Mount Atlas*)的山坡上,守护着一棵金苹果树。

② 许拉斯(Hylas),希腊神话中的美少年,英雄赫拉克勒斯的仆人和朋友。在伊阿宋寻找金羊毛故事中,他到泉边汲水,泉中水仙迷于他的美丽,将他拖下水去,从此失踪。

限。沮丧并不在于,找到的是一种"低级"快乐而非"高级"快乐。使之蒙尘的是,结论之不相干。猎犬的嗅觉发生改变。你捕到了错误的猎物。给我所说的渴欲奉上性快乐,就跟给一个渴得要死的人奉上羊排相差无几。对这个性爱结论,我可不是出于贞洁,吓得惊呼"不是这个"。我的感受毋宁说可以这样表述:"是啊。我明白。可是,我们不是偏离目标了吗?"悦慕,不是性的替代品;性,倒经常是悦慕的替代品。有时候我寻思,是不是所有快感(pleasures)都是悦慕的替代。

这就是我当时想象生活(imaginative life)的境况;与之相对照的,是我的智识生活(the life of my intellect)。我大脑的两个半球,形成鲜明对照。一边是诗歌和神话的多岛海洋,另一边则是伶牙俐齿的浅薄的"理性主义"(rationalism)。几乎我所爱的一切,我相信都是想象的;几乎我信以为真的一切,我认为都严酷,都没意思。① 例外,是一些人

---

① 王国维在《静安文集续编·自序二》(1907)中自陈:"余疲于哲学有日矣。哲学上之说,大都可爱者不可信,可信者不可爱。余知真理,而余又爱其谬误。伟大之形而上学,高严之伦理学,与纯粹之美学,此吾人所酷嗜也。然求其可信者,则宁在知识论上之实证论,伦理学上之快乐论,与美学上之经验论。知其可信而不能爱,觉其可爱而不能信,此近二三年中最大之烦闷。"(姚淦铭、王燕主编《王国维文集》,第三卷,中国文史出版社,1997,第473页)

（我爱并信以为真），还有自然本身，也即呈现于感官的自然。我反复咀嚼这个问题："自然怎会既如此之美又如此残酷、浪费及徒劳？"因而这时，我差不多会跟桑塔耶那一道说："一切的善都是想象，一切的真都是恶。"①在某种意义上，没有什么比这更不像是"逃离现实"了。我是如此远离一厢情愿（wishful thinking），以至于对任何事物，除非它对立于我的愿望（wishes），否则我基本不会认为它是真的。

是基本不会，而不是不会。因为有个途径，这个世界满足了我的愿望，就像柯克的理性主义教我看到的那样。世界或许严酷且充满杀机，但至少它摆脱了基督教的上帝。一些人（不是所有人）会发觉，这为什么在我看来确实是一项压倒性的优势。不过，你必须将我的过去和脾性纳入考量。在老家伙的学校，我经历的信仰阶段，包含着很多恐惧。如今，回望那个恐惧，加之受萧伯纳、伏尔泰和卢克莱修所谓"宗教所能招致的罪恶"②的鼓动，我极度夸大了记

---

① 原文是："All that is good is imaginary; all that is real is evil."出处未知。乔治·桑塔耶那（George Santayana，1863—1952），美籍西班牙裔哲学家，诗人，小说家。

② 原文是拉丁文：*Tantum religio*。语出卢克莱修《物性论》卷一第101行，全句是：*Tantum Religio potuit suadere malorum*. 意为："宗教所能招致的罪恶就是这样。"（方书春译，商务印书馆，1981，第7页）

忆里的恐惧成分,而忘记了跟恐惧结合在一起许多别的成分。① 不惜一切代价,我渴望着宿舍里那月光通明的夜晚不会再来。同时你还记得,我这个人,在否定主张上要比在肯定主张上激烈,很急切逃脱痛苦而非成就幸福。未经我自己许可就被生了出来,这事令我感到有些恼火。对于这样一个懦夫,唯物论宇宙就有着巨大魅力,因为它给你奉上的是有限依赖(limited liabilities)。在这样的宇宙中,严格意义上的无限灾祸(infinite disaster)也奈何不了你。一死,一了百了。即便有限灾祸比一个人愿意承受的更大,自杀总是可能的。基督教宇宙的恐怖就在于,它没有一道门上写着"安全出口"。而且,基督教的外表(the externals of Christianity)对我的美感,毫无吸引力可言,这或许也不是无足轻重。东方意象及风格,大概引我反感;至于其余,基督教主要让我联想到的是丑陋的建筑,丑陋的音乐及糟糕的诗歌。维文修道院和弥尔顿的韵文,在我的经验里,差不多是基督教与美的唯一交叉点。不过最最重要的,当然是我对权威的根深蒂固的恨,我的骇人的个人主义,我的无法

---

① 是不是说忘记了圣经《箴言》九章 10 节:"敬畏耶和华是智慧的开端。"

无天。在我的词汇表里,比起"干预"(Interference),没有哪个词更引我愤恨。而基督教,恰好将我当时眼中的一个超越的干预者(a transcendental Interferer)置于中心。如果基督教的世界图景是真的,那么,

约翰·弥尔顿

"跟实存缔约"(treaty with reality),无论何种,都没了可能。即便是在你的灵魂最深处(甚至说,尤其是在这里),也没有一块地,你可以用铁丝网围起来,写上"非许莫入"。唯物论的宇宙,才是我想要的;有些地域,无论如何之小,我可以对别的人说:"这是我自己的事,只是我自己的。"

在这方面,而且起初只在这方面,我或许有一厢情愿之嫌。几乎必定如此。唯物论宇宙观,要是它并未投合我的至少一个愿望,它对于我仿佛就不会那么极端合乎情理(so immensely probable)了。不过,全然根据一个少年的愿望来解释他的思想,其困难就在于,在这样一些大问题上,他总是两头便宜都占(wishes on both sides)。一个理智清醒的人所能承认的任何实存观(conception of reality),都必定

投合了某些愿望,挫折了别的。唯物主义的宇宙,对于我有一种巨大的否定性魅力。它再别无魅力。这不得不加以接受;你不得不向外看一个无意义的原子舞蹈(切记,我那时正在读卢克莱修),认识到一切表面的美都是一种主观磷光(a subjective phosphorescence),将你所珍视的一切事物都降到海市蜃楼。① 这代价,我试图老老实实偿付。因为我从柯克那里学到了,以理智为荣,以自相矛盾为耻。当然,我欢欣于自己的启蒙,是带着少年意气和庸俗傲气的。跟阿瑟争辩时,我就是恃强凌弱。如今看来,大多都难以置信

---

① 路易斯在这里说,假如你是一个彻底的唯物主义者,假如你认为,"大自然就是全部实存……除了原子在时空中毫无意义的无机运动(meaningless play of atoms)之外,没有什么曾经存在或即将存在",假如你认为我们这号"有意识的存在"(conscious being),只是原子运动因一系列百不一遇的机缘的偶然产物,那么,你就不得不承认:除非在动物感官层次,否则你不可能跟一个女孩相爱,假如你知道(而且时刻记得):她这个人的美和性格的美,只不过是原子碰撞产生的临时而又偶然的式样(pattern);你对那些美的反应,只不过是你的基因活动所产生的一种心理磷光(psychic phosphorescence)。你也不可能从音乐中得到任何严肃快乐(very serious pleasure),假如你知道并记住:其意境(air of significance)纯粹是幻影(pure illusion),你之所以喜欢它,只是因为你的神经系统无理可讲地适合于喜欢它。在最低的感官层次上,你或许仍然可以享受美好时光。只不过,只要时光的确成为美好时光,只要它将你从冷冰冰的感官快乐推向真正的温暖、热情和喜乐,那么,你终将会被迫感受到,你自己的情感与你所生活的宇宙之间那种令人绝望的不谐。(拙译《切今之事》,华东师范大学出版社,2015,第124—126页)

地残忍加愚蠢。那时,我正落在一种孩童似的心态中,以为模拟希伯来语,称呼上帝为"雅巍"(Jahveh),称呼耶稣为"约书亚"(Yeshua),呼求起来就大有功效。

如今回望我的生活,我震惊于自己的止步不前,没步入相反的正统——竟没变成一个左翼,无神论者,我们都熟知的那种愤世嫉俗的智识类型。一切条件,仿佛都已具备。我恨自己的公学。我恨自己所了解或所想象的英帝国的一切。尽管对莫里斯的社会主义(在他身上,我更感兴趣的东西太多太多),我很少在意,但持续阅读萧伯纳,就使得我所持有的初步的政治观点,就是模模糊糊的社会主义。在同一方向上,罗斯金也有助力。我平生以来对多愁善感的恐惧,应使我具备铁杆的"拆穿家"的资质。说实话,我对集体主义的恨,已臻达任何人对任何事的恨的极限;可是,我那时确实没有认识到,它跟社会主义的关系。我想,我的浪漫主义就注定了,我在碰见正统知识分子的当儿就与之分离;还有,像我这样对未来和协同行动极不乐观的人,要变得革命,那是难上加难。①

---

① 对公学的恨,乔治·奥威尔与路易斯不差上下。奥威尔因此也步入路易斯这里所说的"相反的正统"。

这就是我那时的立场:除了诸神和英雄,金苹果园,兰斯洛和圣杯,①什么也不关心;除了原子,进化和军事,什么都不信。冲突有时很剧烈,不过我现在想,这是一种有益的冲突。我现在也不相信,在布克汉姆那段时间末期,我的唯物主义"信仰"(就这样称呼它吧)里产生的间歇的动摇,只是源于我的愿望。那是另有来源。

我这时所读的所有诗人中间(我通读了《仙后》和《地上乐园》②),有一位卓尔不群。那就是叶芝。发现差别之前,我已经读他好长时间了。或许,倘若我没读他的散文,如《炼金术玫瑰》(*Rosa Alchemica*)和《在友爱幽静的月光下》(*Per Amica Silentia Lunae*),我还发现不了差别。差别在于,叶芝有信仰。他的"永生的那些"(ever living ones),不

---

① 兰斯洛(Launcelot,亦译郎世乐),亚瑟王传奇中的圆桌骑士。圣杯(the Grail),亚瑟王传奇中有寻找圣杯的传说:"据说圣杯是耶稣在最后晚餐时所用的酒杯,但根据另一种说法,这是盛接他在十字架受刑时滴血的器皿。后来,圣杯不知为何辗转来到不列颠,一段时间后又消失无踪,大地也变得荒芜,因此寻找圣杯并恢复不列颠的富饶多产,就成了亚瑟王的武士最重要的任务。不过,只有最圣洁、最有德行的武士才能完成这项任务。"(菲利普·威尔金森《神话与传说:图解古文明的秘密》,三联书店,2015,第128页)

② 《地上乐园》(*The Earthly Paradise*),威廉·莫里斯(William Morris,1834—1896)的组诗。

只是虚构的,或不只是渴欲的。他真认为,总有个世界里有跟它们或多或少相像的存有,那个世界跟我们这个世界的接触是可能的。说白了吧,他正儿八经信魔法(Magic)。他后期的诗人身份,不知怎地,在公众心目中掩盖了这一方面,不过事实无可怀疑——跟多年以后我遇到他时

叶 芝

所了解的一样。这样就一团糟了。你会了解到,我的理性主义必然基于我所相信的科学发现,而这些发现,由于我不是个科学家,不得不加以信赖——事实上,就是信赖权威。可是,又有了一个相反权威。倘若他曾是个基督徒,那我就会给他的证词打折,因为我想,我已经将基督徒"搁起来了",已经永远处理了。可我现在了解到,还有一些人,不是正统人士,却将整个唯物主义哲学拒之门外。我仍特别天真。对这世界上写出来并付诸印刷的胡说八道,我没有概念。我将叶芝看作一位饱读诗书的负责的作家:他所说的,必定值得纳入考虑。叶芝之后,我一头扎进梅特林克

(Maeterlinck);① 这很无邪(innocently),也很自然而然,因为那时人人都在读它,也因为我决定,将一定剂量的法文纳入我的饮食。在梅特林克那里,我碰到了唯灵论、神智学② 和泛神论。③ 这里又有一个负责的成人(不是基督徒),他相信在物质世界的背后或周围,有一个世界。我必须为自己说句公道话,我的赞同可不是无条件的。不过,一滴不安的疑虑,滴入我的唯物主义。那只是个"或许"。或许(哦,天哪!),终究有点"别的";或许(哦,放心吧!)这跟基督教神学没丁点关系。一旦我寻思这个"或许",旧有的神秘学知识(the old Occultist lore),还有查特尔斯的舍监在我身上激起的无邪的激动,全都活了过来。

现在生米做成熟饭,像是复仇。我心中一直相距甚远的两样事物,撞在了一起:想象中对悦慕的憧憬,或者说那本

---

① 梅特林克(Maeterlinck, 1862—1949),比利时剧作家,诗人,以法语写作,曾获 1911 年诺贝尔文学奖。
② 唯灵论(spiritualism)与神智学(Theosophy,亦译"通神论"),详见本书第四章第 6 段之译注。
③ 卢龙光主编《基督教圣经与神学词典》(宗教文化出版社,2007)释 pantheism(泛神论,泛神主义):"神学概念,这名称始自 18 世纪初,但泛神论的思想自古已有。泛神论相信神与宇宙是等同的,否认世界的存在与神的存在是分开的。换言之,神是万有,万有是神。"

就是悦慕的憧憬,跟对神秘(the Occult)对超自然本身(the Preternatural as such)的准好色的贪婪渴欲,撞在一起。与此同时,又来了(不太受欢迎的)某些骚动(stirring of unease),还有某些地老天荒的恐惧,这些恐惧我们在婴儿房里就都知道,而且(假如我们诚实的话)在婴儿期之后还在延续。人心中有一种引力,使得善奔向善,恶奔向恶。厌恶与渴欲的这一纠葛,将我身上所有别的坏东西都拉向它们。要是有着神秘学知识(Occult knowledge),那也是极少数人知道,大多数人则冷嘲热讽,这个念头变得愈加引人了;"我们少数人",你该记得,对我而言是个动情表达。手段应当是魔法——这个世界上最精致的非正统之物,依基督教和理性主义标尺都非正统——对我身上的叛逆气,当然有吸引力。我已经相当熟识浪漫主义的堕落一面;读过《安娜克托利娅》①和王尔德,沉思过比亚兹莱,②虽没被吸引,但也未做道德判断。这下我想,我开始明白其关捩。一言以蔽之,在

---

① 安娜克托利娅(Anactoria),本是《萨福残篇》第十六首里提到的萨福的情人。这里,路易斯说的是英国诗人史朋(Algernon Charles Swinburne,1837—1909)所写的题为《安娜克托利娅》的长诗。
② 比亚兹莱(Beardsley),英国 19 世纪著名插画家。

这个故事中,你已经有了俗世(the World)和肉身(the Flesh);如今来了魔鬼(the Devil)。要是邻里之中,有某位长者曾涉猎魔法一类东西(对其潜在的门徒,嗅觉灵敏),那我如今要么就成了一位撒旦主义者,要么就成了个疯子。

事实上,我受到奇妙的保护。这一属灵放荡,最终还结了个正果。我的保护,首先来自无知和无能。无论魔法是否可能,我始终没个老师,引导我上这条路。我还受到怯懦的保护;只要是白天,苏醒过来的童年的恐怖,或许会给我的贪婪和好奇加上一点佐料。可一个人在黑夜,我就又竭尽全力,成为一个严格的唯物主义者;虽然并不总是得手。一个"或许",就够我费神了。不过,最好的保护是我知道悦慕的本性。这个欲摆脱束缚、欲扯掉窗帘、欲参与秘密的贪婪渴欲,我在其中迁延日久,它就越来越清晰地暴露自己,与本是悦慕的憧憬大相径庭。其毛里毛糙(coarse strength)露了马脚。渐渐的,经过多次的故态复萌,我终于明白,跟情爱结论一样,这个魔法结论也跟悦慕没有干系。你再一次换了嗅觉。要是圆形、五角形和四字神名,都试过了,而且确实招来鬼魂或仿佛招来鬼魂,那么,这或许——要是你的神经能承受得了——极为有趣;不过,那个真正的渴欲对象(the real Desirable)就会离你而去,真正的渴欲会留下一句话:"这跟我有什么相关?"

我喜欢经验(experience),因为经验是非常诚实的东西,不管你做了多少次错误的选择,只要你睁大眼睛,保持警醒,走不多远,警戒的信号就会亮起。你或许一向都在欺骗自己,但是,经验并不想欺骗你。只要你的实验方法恰当,无论你在什么地方试验,宇宙总是信实的。

朝黑洞洞的屋子往里看,还有一个结果。首先,虽然我有了希望唯物论为真的一个新动机,但却对此渐渐失去自信。这个崭新动机,如你所料,来自沉睡在我童年记忆里的那些恐惧,它们蠢蠢欲动;就像地地道道的路易斯家人,让人不消停。每个怕鬼的人,都有个愿作唯物主义者的理由:唯物主义信条,承诺驱魔。至于我的信心动摇,还以"或许"的形式出现,却脱尽其直截了当彻头彻尾的魔法"功效"(its directly and grossly magical "affect")——一种愉快的可能性,宇宙在此时此地或许将唯物主义的舒适……这么说吧,跟我不知道是什么的东西结合在一起;宇宙之外的某个地方或某种东西,"苦思冥想无法想象的所在"。① 这特别糟

---

① 原文是"*the unimaginable lodge for solitary thinkings*",语出济慈(Keats)的长诗《恩底弥翁》(*Endymion*,亦译《暮归》,1818)卷一第293—294行。

糕。我起初是试图占两头便宜：得唯物主义者和灵性哲学之舒心，而不得二者之严厉。第二个结果，就好多了。我对任何神秘的魔法的事物，都彻底反感，这对我大有好处。因为后来在牛津，我终于碰见魔法师、灵性主义者之类的人。不是说这一贪婪情欲从此不再诱惑我，而是说，我这时知道，那是个诱惑。最重要的是，我这时知道，那不是悦慕的方向所在。

整个这个时期的收获，你或许可以总结为，从此之后，肉身（the Flesh）和魔鬼（the Devil），尽管仍旧诱惑，但不再能给我奉上最高贿赂。我已经得知，悦慕不在它们的礼物里。至于俗世（the World），甚至从未伪称据有它。

除此之外，出于无限仁慈（in superabundance of mercy），来了我在别的书里已经不止一次尝试描述的事件。我有个习惯，大约每周要到莱瑟黑德镇转一圈，有时是坐火车回来。夏天这样，主要是因为莱瑟黑德自诩有个小小的室内游泳池；像我这人，啥时学会游泳都记不清，人到中年就风湿病蔓延，却对钻在水里充满热情。夏天去莱瑟黑德，说得过去。可在冬天，我还去那儿，去找书，理发。那是一个十月的黄昏，只有我和一位服务员站在莱瑟黑德站那长长的木板月台上。夜幕低垂,火车头喷出的烟,映着底部火炉的红光。多克金河谷后边的山峦,蓝得几乎发紫;天空因雾气,蒙蒙发绿。耳尖冷得发痛。一个辉煌的读书周末,在等待着我。转向一家书摊,我随手挑出"人人丛书"里的一本。书封脏兮兮的,名曰《幻境》(Phantastes, a faerie Romance),作者乔治·麦克唐纳。这时,火车刚好进站。我还记得,服务员报上站名的那个声音,撒克逊口音,婉转悠扬——"布克汉姆,埃芬汉,霍斯利。"那天晚上,我开始读我新买的书。

《幻境》作者乔治·麦克唐纳

这个故事里的那些丛林旅行,那些鬼怪敌人,那些既善又恶的女士,如此贴近我所习惯的意象(habitual imagery),足以诱我不知不觉做出改变。这就像我还在熟睡就被带过边境,或就像我死在旧国度因而永远记不起来在新国度如何活过来的。因为,在某种意义上,这个新国度跟旧国度一模一样。我在这里遇到一切,在马罗礼、斯宾塞、莫里斯和叶芝的国度,都已令我着迷。可在另一种意义上,一切都变了样。我过去并不知道(用了好长时间才学到),潜伏在阿诺道斯的旅程中的那个新品质、那个明亮的影子的名字。①现在我知道了。它名叫圣洁(Holiness)。生平头一次,塞壬的歌声听起来像是母亲的或奶妈的声音。这是老妇人所讲的那类故事,沉浸其中没有什么可引以为傲的。那曾经从世界尽头传来的唤我的声音,如今仿佛是从身边传来。它就跟我同处一室,就在我自己的身体里面,或就在我背后。如果说,它曾经因为天隔地远令我捉摸不到,那么如今,则是因为近在咫尺——知识的这一面,太近以至看不清,太明白以至难于理解。它仿佛曾一直跟着我;要是我头转得够快,我应会抓住它。如今我第一次感到,之所以老够不着它,不是因为它无法够着,而是因为我禁不住要伸手去够。要是我任其自然(leave off),放手(let go),去我(unmake myself),它就还在。同时,在这个新领域,那一直迷

---

① 阿诺道斯(Anodos),麦克唐纳的小说《幻境》(*Phantastes*,1858)的21岁的主人公。阿诺道斯进入一个梦幻世界,经历了形形色色的事。无论白昼黑夜,他的影子都跟在他后面。等他一梦醒来,21天已经过去,他一下子成熟了。

惑着我对悦慕的追寻的一切混淆,全都偃旗息鼓。不再有诱惑,将故事中的景致跟栖息于这些景致之上的光明混为一谈,或以为这些景致是当作现实呈现的。更无诱惑让我梦想着,倘若这些景致就是现实,那么我也能到达安诺德行走过的丛林,因而又向我的渴欲接近了一步。可与此同时,从没有哪部故事,其中掠过的悦慕之风(the wind of Joy)跟故事本身如此密不可分。就在神跟魔(idolon)几乎就是一体的地方,混淆它们的危险竟然最小。于是,当那些伟大瞬间(the great moments)来临之时,我并未离开我所读到的丛林和村舍,去寻找在它们背后闪耀的某种无形光明,而是渐渐的,一点一点的(就像朝阳驱散浓雾),我发觉那光明照在这些丛林和农舍上,接着照上我自己过去的生活,再照进我坐的宁静小屋,照在我的老师身上,他正对着自己那袖珍本塔西佗频频点头。① 因为这时我觉察到,当新领域的气息(the air of the new region)使得我自己对悦慕的情爱扭曲和魔法扭曲显得龌龊,但却对桌上的面包或炉内的煤炭没有这种祛魅力量(such disenchanting power)。这是个奇

---

① 此境,真与静安先生"三境界说"之第三境有的一比:"众里寻他千百度,回头蓦见,那人却在灯火阑珊处。"

迹。之前,悦慕的每次造访,都使得日常世界即刻成为沙漠——"一触碰大地,就开始屠戮"。① 即便现实的云朵或树木,当它们提醒起另一个世界时,也成了刀下鬼;我不喜欢回到我们的世界。而今,我看到那道亮光(the bright shadow)从书中走出来,走进现实世界,栖息在那儿,转化了一切平常事物,自身却依然如故。或者更准确地说,我看见平常事物,被拉进那道亮光。"这是从哪里得的呢?"②我如此不堪,如此无知,所有这一切却不请自来,甚至不用我同意就赐予了我。那一夜,我的想象,在某种意义上经受了洗礼;我的其余部分,则尚须时日。那时我一点都没觉察,购买《幻境》一书,我是自投罗网。③

---

① 原文是"The first touch of the earth went nigh to kill."语出济慈的《恩底弥翁》(*Endymion*)卷四第 614 行.

② 原文为拉丁文:"*Unde hoc mihi*?"语出《路加福音》一章 43 节。

③ 在路易斯的小说《梦幻巴士》第 9 章,麦克唐纳以"我的教师"的身份出现。路易斯写道,"我"十六岁时在车站第一次读《幻境》(*Phantastes*),"那种感觉简直就像但丁初见碧雅翠丽采时一样的奇妙——'新生活从此开始'。"又写道:"那新生命有好长的一段时间仅存在我的想象境界而已;我是多么缓慢,且多么勉强才承认,他对基督教的解说不仅只是一些牵强拼凑的理论而已。而且当时我极其不愿意承认我在他书中所最先发现的特质就是圣洁(Holiness)。"见《梦幻巴士》,魏启源译,台北:校园书房出版社,1991,第 51 页。

12　枪炮与好伙伴

Guns and Good Company

> 与那么多出身名门、思想活跃的年轻人相处一起，……彼此说话直率随便，生性豪爽不尚虚饰。①
>
> ——蒙田

---

① 原文为法文，语出《蒙田随笔全集》第三卷第13章《论阅历》："任何工作都不及军事工作令人兴奋，这是履行高贵的职责（因为最激昂慷慨的美德是勇敢），从事高贵的事业；没有什么奉献比保卫国家的安宁与伟大更正确更深入人心。令人兴奋的还有与那么多出身名门、思想活跃的年轻人相处一起，悲壮的场面看在眼里习以为常，彼此说话直率随便，生性豪爽不尚虚饰，活动千变万化，雄壮嘹亮的战歌听在耳里热血沸腾，心潮澎湃，军功的这种光荣、艰辛与困难柏拉图并不欣赏，在他的理想国里只说是妇女与儿童份内的事。"（马振骋译，上海书店，2009，第301页）

那套老把戏又开始重演。布克汉姆的时光,就像一个更长更灿烂的假期,接近结束;奖学金考试,还有此后的军旅,就像一个更严酷的学期,在后面虎视眈眈。好时光,在它最后的那几月,好到顶点。我尤其记得在多尼戈尔郡洗浴的那些灿烂时光。那是冲浪浴(surf bathing):不像现在你有冲浪板,不慌不忙,而是乱了手脚。那翡翠色的海浪,震耳欲聋,鬼怪一般冲了过来,一直是胜者。当你背过头去,看见(太晚了)这么一块要是知道它要来了你就会躲开的如山巨浪,你会哑然失笑会心惊肉跳又会喜从心生。不过它们又会重新集结,独领风骚,就像一场革命一样的突然、一样的不可预期。

1916年冬季期末,我去牛津,参加我的奖学金考试。我的无动于衷,那些在和平时期受此考验的学生,不容易想象。这并不意味着,我低估了成功的(在某种意义上)重要

牛津大学一角

性。我那时就深知,在这个世界上,除了教书,几乎没有一份适合我谋生的职位;我也深知,我是在孤注一掷,其中胜者寥寥,败者上百。我,就像柯克写给父亲的一封信里所说的那样(当然,我是在多年以后才看到这封信):"你可以将他塑造成一个作家或学者。除此之外,勿作他想。为此,你可以下定决心了。"在这一点上,我有自知之明;有时候,这令我恐惧。消磨掉其锋芒的是,无论我是否获得奖学金,来年都得参军;即便是比我乐观向上的人,在1916年,也都会感到,一个陆军少尉在战后生活这类假设的东西上浪费感情,那真是脑子有了问题。我曾经试着向父亲解释此事;这是我的数次企图之一(尽管毫无疑问,我做的比应分的要少),企图打破我们交流中的矫揉做作,企图让他进入我的真实生活。徒劳无功。他立即答以父辈的劝导,说努力学习和专心学业之必要,说他在我的教育上已经花了多少钱,说日后生活中他能给我的帮助,非常有限甚至微不足道。可怜的人啊!要是他认为,荒废学业是我的诸项罪孽之一,他就可悲地误判了。我自问,要是生和死才是真正问题,他怎能指望,奖学金的得与失就一点没有失去重要性呢?现在想来,真相就是,由于死亡(我的,他的,每个人的)经常活生生地摆他面前,令他焦虑,或心烦意乱,因而,他根本就不会将死亡理解为一种需冷静面对、实事求是的偶然(a sober, matter-of-fact contingency),再作进一步想。无论如何,谈话都失败了。又撞在原来那块礁石上。渴望着我满怀信心,却没能力(在任何严格意义上)听我在说什么。他从不会虚心,或静默,让自己的心灵为别样想法留下空间。

初到牛津的遭遇,颇为滑稽。没提前安排住处,除了手里拎的也没别的行囊,我就信步走出车站,去找间出租的房子或找个便宜旅店;亟待着"梦幻尖塔之城"(dreaming spires)①和"最后的叹息"(last enchantments)②。对

---

① "dreaming spires",语出马修·阿诺德(Matthew Arnold)的《塞儿希斯》("Thyrsis",1866)一诗第 19—20 行:"And that sweet City with her dreaming spires, / She needs not June for beauty's heightening."坊间大多译为:"那甜蜜的城市,是梦幻尖塔之城。她无需温情的六月,为自己的美丽锦上添花。"

② "last enchantments",典出阿诺德《批评文汇第一卷》(*Essays in Criticism: First Series*, 1865):"Beautiful city! so venerable, so lovely, so unravaged by the fierce intellectual life of our century, so serene! ...whispering from her towers the last enchantments of the Middle Age. Home of lost causes, and forsaken beliefs, and unpopular names, and impossible loyalties."大意为:美丽的城市! 如此古老,如此可爱,如此不为我们这个世纪躁嚷智识生活所动,如此宁静! ……她的塔楼,发出中世纪最后的叹息。这是家之所在,住着失败的事业,被弃的信念,生僻的名字,还有不可能的忠诚。

眼中所见的失望，一开始还可以应付。城镇，总将它最差的一面朝向铁路。可是越走我越摸不着头脑。那一连串的寒碜店铺，真就是牛津？可我还继续前行，总是期待着再转一个弯，美就露面了；还寻思着，牛津比我预想的可大多了。只有当显而易见，我前面是座特别小的城镇，我事实上走向一片开阔乡野，这时，才转身回望。在背后，远方，才是童话里才有的尖顶大楼巍峨耸立，那是我印象中牛津最美的一瞬。我走错了出站口，一路走到那时还是郊区的伯特利（Botley），还破破烂烂的。我当时并没看到，在何种程度上，这段经历就是我整个人生的一个寓言。我只得回到车站，脚有点酸，要了辆二轮马车，请他将我拉到"不管啥地方，只要能找间屋子过一周"。这个方法，如今想起来真是好险，却完全成功。不久，我就在一家舒适居处，喝上茶了。那座房子如今还在，你出了霍利韦尔（Holywell）拐到曼斯菲尔德路（Mansfield Road），右手第一家就是。我跟另一位考生，共用起居室。他来自卡迪夫学院（Cardiff College）。据他说，卡迪夫的建筑，在牛津是无与伦比。他的学问，吓我一跳，但他为人和气。此后，我再没见过他。

天极寒冷。第二天,下起了雪,将尖顶装点成婚礼蛋糕一般。考场设在奥里尔学院的大厅里(the Hall of Oriel),我们都穿着大衣戴着围巾答卷,至少左手戴着手套。教务长老菲尔普斯分发试卷。试题,我基本不记得了。不过现在想来,我在纯古典学上面优于众多竞争者,在知识面和辩证法上面也算成功。我那时的印象是,考得很差。跟苛刻相处多年(或者说仿佛多年),治愈了我在维文养成的用于自卫的自负(my defensive Wyvernian priggery),不再以为我所知道的,别的学生都不知道。作文上也是如此。作文出的是约翰逊的一句话。鲍斯威尔的谈话录我读过多次,其中就有这句话,所以我能将它放回原来的语境;但我那时从没想过,这(比对叔本华的差强人意的知识强多了)竟会给我加点分。本是一件幸事,然而那时我却沮丧了。写完作文,我就离开大厅。我听见有位考生对朋友说,"我通篇都插入了卢梭和社会契约论。"这一下子令我沮丧透顶,因为我尽管涉猎过(不是很熟)《忏悔录》,但对《社会契约论》一无所知。那天一大早,有个可爱的哈罗公学毕业生悄声问我:"我都不知道,那是 Sam 还是 Ben。"出于天真,我向他解释说,是 Sam,不可能是 Ben。因为 Ben 的名字里没有 H

音。我没有想到,这样泄露信息会有什么害处。①

回到家,我给父亲说,差不多必败。他的全部柔情和豪情,获准释放。这个人,一个后生将自己可能的或大概会遭遇的死亡纳入考虑,他理解不了,却能够很好理解一个孩子的失望。再没有听到一个字谈花费谈艰难;听到的只是,安慰、鼓气和亲情。后来,圣诞夜前夕,我们听说"大学"(大学学院)录取了我。

尽管我已经成了学院的一名学生,我还不得不通过"文学学士初试"。② 要考数学基础。为了备考,圣诞节后,我又回到柯克那儿,过最后一学期——一个黄金学期,在即将到来的阴影之下,痛楚地幸福。在复活节,我漂亮地挂科了。跟往常一样,我算不对得数。"再细心一点",人人都这么建议。可是我发觉,这没用。我越是细心,出的岔子越多。就像直至今日,我越是急于誊抄一份干干净净的稿子,就越确定,我在第一行就要犯一个糟糕透顶的文书错误。

---

① Sam 指的是著名的约翰逊博士(Samuel Johnson),Ben 指的是英国文艺复兴时期剧作家本·琼森(Ben Jonson)。这位考生分不清,考题里的人名到底是约翰逊还是琼森,因为这两个英文名字仅一个字母之差。

② 在牛津大学,要获得文学学士学位(Bachelor of Arts),需通过三场考试。"文学学士初试"(*Responsions*)是头一场。

虽如此,1917年夏季学期,我还是入住了(在三一学院);因为这时的真正任务,是加入大学军官训练营(University Officers' Training Corps),为进入军队做准备。我在牛津的首轮学业,依然要考虑初试补考。我跟着哈福德郡的坎贝尔老先生学(该死的!)代数。他竟是我的老朋友珍妮(Janie M)的一个朋友。我从未通过初试,这是一定的,但我记不得我是不是参加补考并再次挂科。这问题在战后,变得不重要了,因为一道仁慈的命令,让退伍军人免试。否则,毫无疑问,我就不得不打消去牛津的念头。

在大学待了不到一学期,来了文件,我应征入伍。当时的情况,使得这学期最不同寻常。学院有一半变成了医院,归皇家陆军军医队掌管。留下的地界,住着稀稀拉拉几个大学生——有两个还没到从军年龄,两个身体不合格,还有一个新芬党党员,①他不会替英格兰打仗,其余几个,我从不知道怎么归类。我们在小教室里用餐,这间教室如今成了公共休息室和大厅之间的一条过道。我们尽管人少(大

---

① 新芬党(Sinn Fin),主张爱尔兰民族自决的政党。党名取自爱尔兰盖尔语(Irish Gaelic),意为"我们自己"。1905年建党,1921年完成爱尔兰独立。

概是八个吧),却着实优异,因为我们中间有 E. V. 戈登,①后来的曼彻斯特大学英文教授;A. C. 尤因,②剑桥大学哲学家;还有既机智又好心的西奥博尔德·巴特勒,③能熟练地将顶搞怪的打油诗变成希腊韵文。虽然我过得出奇快活,但这很不像正常的大学生活。对我而言,是一段动荡、刺激、总体上无用的时间。接着就到了军队。由于时来运转(a remarkable turn of fate),却并不意味着就此离开牛津。我被编入学员营(a Cadet Battalion),营地就在基布尔学院。

我通过了基本训练(在那些日子还像回事,跟新近这场战争的军训相比),被任命为少尉,在萨默塞特轻步兵团(Somerset Light Infantry),也即原来的第八步兵团(XIIIth Foot)。十九岁生日那天(1917 年 11 月),我来到前线战壕。参加的绝大多数战斗,都在阿拉斯前面的村庄——方布(Fampoux)和蒙希(Monchy)。1918 年 4 月,我在靠近利

---

① E. V. 戈登(Eric Valentine Gordon,1896—1938),语文学家,因将中古德语文本编辑成书而闻名。

② 尤因(A. C. Ewing,1899—1973),英国哲学家,传统形而上学的捍卫者,唯心论的同情的批评者。在宗教哲学领域,贡献卓著。

③ 西奥博尔德·巴特勒(Theobald Butler),未知何许人。

勒（Lillers）的本诺重山区（Mt. Bernenchon）负伤。

令我吃惊的是，我竟不怎么讨厌军队。当然，军队是可恶。不过"当然"一词，有些刺耳。这就是它不同于维文之处。你别指望着喜欢它。也没人说，你应喜欢它。没人假装喜欢它。你碰见的任何一个人，都理所当然认为，军队完全是一种可憎的必需（odious necessity），是对理性生活的可恶打断。这就是全部不同之所在。直截了当的磨难，相对于乔装成快乐的磨难，更易承受。一个孕育了同志之谊（*camaraderie*），甚至（当苦难深重时）名为患难之交的一种爱；另一个，则孕育了相互间的不信任，犬儒主义，勾心斗角。再者，我发现军营里比我年龄大的比我级别高的，跟维文的血帮比起来，都无比可爱。这无疑是因为，三十岁的对十九岁的，跟十九岁对十三岁相比，自然要好心一些：他们真的长大成人，不需要自我确证。不过我倒倾向于认为，我的脸色好看一些了。那副"尊容"，曾经那么多次让我"收起"，显然自个收起来了——或许就在我读《幻境》（*Phantastes*）的那些时日。甚至还有一些证据表明，那之后的尊容，更招人怜，或更招人发善心。也就在法国的头一夜，在一个大帐篷或演练厅，住着百十来名军官，睡光板床。两名加拿大中年人,立即来照顾我,不像对待儿子(那或许会触怒我),倒像是对待一个久违的朋友。祝福他们!还有一次,在阿拉斯的军官俱乐部,我独自用餐,在我的书和酒中间(一瓶白雪香槟,那时卖 8 法郎,一瓶巴黎之花,12 法郎),乐哉悠哉。两名级别很高的军官,都戴着绶带和红领章,在我快吃完的时候朝我的桌子走过来,喊我"小鬼",将我带到他们桌上,喝白兰地,抽雪茄。他们都没醉,也不是要将我弄醉。那纯是善意。尽管是例外,但却不是很例外。在军队中,是有讨厌人;但是,愉快的短暂的接触,填充了对这几月的记忆。每过几天,就会碰见一个学者,一个有创见的人(an original),一位诗人,一位快活的丑角,一个会讲故事的人,或至少碰见一位好心人。

那年隆冬的某个时间,我有幸得了一场病,部队里叫作"战壕热",医生唤作 PUO(原因不明的热病)。我就被送往地处勒特雷波尔的军医院,在那里享了三星期清福。或许我该早些就提到,小时候我就肺弱,早早就学会将小病一场弄成人生一乐,即便是在和平时期。如今,既然不用蹲战壕了,一张床一本书"就是天堂"。医院是由旅馆改造的,两人一间。头一周让一个事给糟蹋了。有天晚上,俩护士跟我的室友打情骂俏。我烧得厉害,哪有空觉得尴尬。不过,人的耳语呢喃,却是一种很烦人很不悦耳的声音,尤其是在晚上。之后,运气变好了。那个情种被送往别处,取而代之的是来自约克郡的一位声音悦耳的厌女者。他第二天一早给我说:"哎,小伙,要是我们自己整床铺——她们就不会在房间逗留很长了。"(大概就这意思吧)于是,我们每天自己整床。每一天,那两个志愿救护支队的护士,往里一看就会说:"啊哦,他们自己整床了!这俩可真好。"给我们报以她们最明媚的微笑。我想,她们将我俩的举动归结为献殷勤。

在这里,我首次读了切斯特顿的一个随笔集。我从未听说过他,对他代表什么也没有观念;我也很不理解,他为什么就这么一下子征服了我。或许在意料之中的是,我的悲观主义,我的无神论,我对多愁善感的恨,都会使得他成为所有作家中跟我最不投意气的一位。仿佛就是天意,或冥冥之中的某个"第二因"(second cause),当它决意要将两颗心灵拉在一起

切斯特顿

的时候,就接管了我俩先前的趣味。喜欢上一个作家,其不由自主(involuntary),其匪夷所思(improbable),堪比坠入爱河。当时,我已经是个有经验的读者,足以区分喜欢与同意。为了乐享切斯特顿,我无需接受他所说的东西。他的幽默,是我最喜欢的那种——不是像蛋糕里的葡萄干那样嵌进书页的"笑话",更不是(我无法忍受的)油腔滑调,而是无论如何跟论证都无法分割的幽默,而且确实是辩证法本身的"绽放"(就像亚里士多德会说的那样)。① 刀光剑影,不是因为剑手打算让它闪光,而是因为他在搏命,故而飞快挥剑。对于那些认为切斯特顿微不足道或"自相矛盾"的批评家,我即便想感到怜悯,也不得不付出努力;同情,绝无可能。再者,听起来虽然怪怪的,我喜欢他,是喜欢他的良善(goodness)。这一爱好,我可以随意归于自身(即便在那个年纪),因为喜欢良善,跟自身试图变得良善没啥关系。讨厌良善,在比我优秀的人身上颇为常见,我从来没这感受。

---

① 路易斯在《飞鸿 22 帖》(*Letters to Malcolm*)第 21 章,亦用了"绽放"(bloom)这一典故:"亚里斯多德认为欣悦之乐是行为流畅无阻之'绽放'。"(黄元林 等译,台北:校园书房,1999,第 194 页)这段话典出亚里士多德《尼各马可伦理学》1153b:"快乐就是这样的未受阻碍的实现活动。"其中并无"绽放"的意象。

在我的批评语汇里,"装"以及"装模作样"这类表示不以为然的术语,没有容身之处。对于伪善或法利赛(Pharisaism),①我缺乏愤世嫉俗的鼻子或猎犬的敏锐嗅觉。② 我那时之喜欢良善是个趣味问题:我感受到良善的"魅力",就像某男子感受到某女子的魅力,却不打算娶她一样。说实话,处在那样的一个距离上,良善的"魅力"再明显不过。

正如阅读麦克唐纳的书一样,在阅读切斯特顿的著作时,我也不知道自己正在自投罗网。一个执意护持无神思想的年轻人,在阅读上再怎么小心,也无法避免自己的思想不受挑战。处处都有陷阱。赫伯特说:"一打开圣经,里面充满无数令人惊奇的事物,到处都是美妙的网罗和策略。"③容我

---

① 卢龙光主编《基督教圣经与神学词典》"法利赛人"(Pharisees)辞条:新约时代一个犹太教派别(希伯来文为 prushim,直译的意思可能是"分别出来者")在第二圣殿时期(公元前515—公元70)后期出现。针对当时希腊化的影响,他们严格遵守口传律法和传统,坚持犹太人的身份,属犹太教的主流思想。在公元70年耶路撒冷毁灭之后,法利赛人继续维系犹太教思想。……新约圣经中的法利赛人,除了少数例外,往往是耶稣批评的对象。

② 原文为:the *odora canum vis* or bloodhound sensitivity. 其中的拉丁文 *odora canum vis*,语出维吉尔《埃涅阿斯纪》卷四第132行,字面义为"the smelling power of dogs."杨周翰先生译为"嗅觉灵敏的猎犬"(见中译本第81页)。

③ 原文是:"Bibles laid open, millions of surprises, fine nets and stratagems."语出语出著名玄学派诗人乔治·赫伯特(George Herbert, 1593—1633)的《罪》(Sin)一诗,诗见《圣殿》(*The Temple*, 1633)。

这样说,神真是很不自重。

在自己的军营,我也受到攻击。我在这里碰见了一个名叫约翰逊的人(愿他平安),要是他没被杀死,就会成为我的终生朋友。虽然跟我一样,他也已经是牛津一个学院的学生(女王学院),也期望战后重拾学业,但他比我大几岁,那时指挥着一个连。他的那个雄辩,我当时只在柯克身上见识过,却有着柯克所没有的少年英气、奇思妙想和诗人气质。他正在走向有神论,无论何时下了火线,我们就围绕有神论和别的话题,展开无尽论辩。不过关键不在这里。重要的是,他是个有良知的人(a man of conscience)。直到那时,在跟我同龄的同类人中间,我还没碰见哪个人身上有原则(principles)。令人惊讶的是,他竟视这些原则为理所当然。自叛教以来,我心中第一次闪念,这些严苛德性或许跟一个人自己性命攸关。我说"这些严苛德性"(the severer virtues),是因为我已经大致懂得与人为善,与朋友忠,对钱财慷慨大方——因为,又有谁没经受过诱惑,给自己的所有恶德逐一取个新的更中听的名字?不过我还从未认真想过,像我们这样的人,像约翰逊和我这样的人,不过想知道美是否客观或埃斯库罗斯如何让宙斯和普罗米修斯和解,①就应该试着严守诚信(veracity)、贞洁或敬业(devotion to duty)。我老以为,它们不关我们的事。我们没讨论这一点。我也并不认为,他曾对我的真面目心生疑虑。我也没有尽量暴露真面目。要说这就是伪善,那我必须下结论说,伪善也可以让人为善。为你正要说的话感到羞耻,假装你正经八百要说的东西只是个玩笑——这是不太光彩。可是,那总比不以为耻好啊。假装你是个更好的人,与真的开始变好之间的分际,比道德警犬所能想到的,更微妙。就本意而言(in intention),我只是掩盖了一部分:我接受了他的原则,内心没抱捍卫我自己"未经检省的生活"(unexamined life)的企图。② 当一个粗汉第一次进入文明人社交圈,好长一段时间,他除了模仿举止外,又能做什么呢?除非模仿,他又怎能学会呢?③

你大概猜得到,我们营是很不错。少数几个优秀正规

---

① 指古希腊悲剧家埃斯库罗斯的《被缚的普罗米修斯》(*Prometheus Bound*)。普罗米修斯,因窃取火种给人类,被宙斯绑在高加索山。

② 典出苏格拉底的名言:"the life which is unexamined is not worth living."(见柏拉图《申辩篇》38a)汉语通常表述为:"未经检省的生活不值得过。"

③ 《论语·学而第一》第1章朱子注曰:"学之为言效也。人性皆善,而觉有先后,后觉者必效先觉之所为,乃可以明善而复其初也。"

军,统领着相处愉快的一堆人,有晋升的士官(这些人原是西部各郡的农民),专门律师和大学生。跟别的任何地方一样,这里也有欢声笑语。我们的笑柄沃利(Wallie),或许是我们中间最好的人。沃利是个农民,罗马天主教徒,一个激情士兵(我碰见的唯一一个憧憬战斗的人),最没经验的少尉,也能想怎么骗他就能怎么骗。诀窍就是批评义勇骑兵队。① 可怜的沃利知道,那是马背上的最勇武最高效最坚强最无瑕的军团。他对这一切都了如指掌。当他还是个孩子的时候,就从当时在义勇骑兵队的叔叔那里得知这一切。他气得前言不搭后语,自相矛盾,最终总是打出王牌:"但愿本叔在这里给你讲讲。本叔会给你讲的。他会告诉你的。"有死之人切莫论断;②不过我怀疑,他要是战死,法国战场上还有谁,比他更有可能直接去天堂。我更配雇来给他擦靴子,而不是嘲笑他。我或可以补充说,我在他统领的那个

---

① 义勇骑兵队(Yeomanry),1761 年由自由民、自耕农等子弟组成,1907 年起改变为领土保卫军。

② 《马太福音》七章 1—2 节:"你们不要论断人,免得你们被论断。因为你们怎样论断人,也必怎样被论断;你们用甚么量器量给人,也必用甚么量器量给你们。"黄晓枫解释这段经文说:"'论断':原文是'审判'或'定罪'。百年前的中国判官拍板断案就叫作'论断',绝对不是所谓的'批评'或'说三道四'!"

连队度过的短暂时光,并不愉快。沃利对杀死德国佬有着真正的热情,浑然不顾自己及别的任何人的安危。他总是冒出聪明点子,让我们这些少尉毛发倒竖。幸运的是,我们碰巧想到的任何说得过去的论证,都能轻易说服他。他英勇而又无邪,故而不会怀疑我们除了军事动机,还会有别的。他从未领会那些个睦邻原则。这是当时拿来主导堑壕战的原则,两军心照不宣。① 我的中士,当时立即介绍给我。我提议给一个德国岗哨"送"个枪榴弹进去,因为我看见人头在动。"随你的便吧,先生,"中士挠着头说,"不过,一旦你开始做这种事,你又会让战斗激烈起来,明白?"

我万不可将战争时期涂成金色。在这里,我既遇到俗世(the World),也遇到大女神无厘头(the great goddess Nonsense)。就在我刚"上前线"的那天夜里(我十九岁生日),俗世就以一种极滑稽的形式,自个登场了。从天井进

---

① 关于这个心照不宣的潜规则,《纳尼亚人:C. S. 路易斯的生活与想象》第4章有简短说明:"1917年4月,为争夺阿拉斯有过一场战役,但是和第一次世界大战中的多数战役一样,这场战役极其血腥而毫无结果。在这一年的其余时间……军队进入一段相对安静的时期,在错综复杂的战壕网络里把自己安置得更加安全。法国人和德国人奉行基根称之为'自己活也让别人活'的政策。"(第89页)

入地道,烛光闪烁之下,我留意到我向之报到的那个上尉,就是我在一所学校里喜欢多于尊敬的一名教师。① 我冒昧地说我俩认识。他低声仓促承认,说他曾作过一段教师。这话头,我们从此再没提过。大女神的影响,更好玩。我在抵达自己营之前,早就遇见它了。兵车发自鲁昂——列车时走时停,每小时十二英里,没有两节车厢是一样的——大约晚上十点发车。我跟三名别的军官,分在一个包厢。车上没暖气;灯火,是我们自己的蜡烛;至于卫生设备,有的是车窗。车程大约十五小时。天寒地冻。正要进鲁昂隧道(我们这代人全都记得它)时,突然传来一阵扭断的刺耳声音,我们车厢有扇门整个消失在黑暗中。我们牙齿打颤坐到下一站,列车长闹嚷嚷过来了,勒令我们交代,把门怎么了。"它掉了,先生,"我们说。"别胡扯,"他说,"要是没人做手脚,它不会掉。"——仿佛在隆冬季节,四位军官(当然还得配备螺丝刀)从弄掉他们包厢的门开始夜间旅途,是再自然不过的事情。

那些战争见闻比我多的人,经常描写战争本身,我这里

---

① 此人就是本书第四章末尾登场的波哥(Pogo)。

就少说一点。德国人在春天发动大进攻之前,我们的日子相当平静。即便在那时,他们也不是攻击我们,而是进攻右翼的加拿大人,只是"让我们待着"。一天到晚,每分钟发大约三发炮弹到我们的火线。我想就是在那天,我留意到,大恐怖如何克服了小恐怖:我碰见一只老鼠(可怜的战战兢兢的老鼠,就像我这个可怜的战战兢兢的人),一点没有从我面前逃走的企图。整个冬天,疲惫和水,是我们的主要敌人。行军中睡觉,醒来,发觉自己还在行进。你穿着齐大腿的高筒靴,走在战壕里,水淹过膝盖;当隐蔽的铁丝网,挂破靴子,你记得靴子里面涌出来的冰屑。见惯了死去好久的人和刚刚死去的人,这就确证了我对尸体的看法,那是我看见死去的母亲的那个当儿形成的。我终于了解并怜悯并尊重普通人了。尤其是亲爱的中士艾尔斯,(我想)就是那发弄伤我的炮弹,让他丧命。我是个不中用的军官(当时他们授衔授得太滥),一个由他支使的傀儡。他却将这种可笑而痛苦的关系,变成了某种美好,对我几乎就像个父亲一样。至于其他,战争——惊骇、严寒、烈性炸药味,被炸得血肉模糊的人仍在蠕动,像被压得半碎的甲虫那样,坐着的或站着的死尸,没一根草叶的不毛之地,日夜都穿着靴子直到它们仿佛要长在脚上——所有这一切，在记忆里日渐稀少日渐模糊。它也从我的其余经验上切了下来，常常显得像是发生在别人身上似的。某种意义上，它甚至都不重要。① 如今看来，倒有个恍惚瞬间(one imaginative moment)，似乎都比其后尾随的现实更重要。那是我听到的第一发子弹声——离我那么远，以至于那声"呜呜"(whined)，就像是一位记者或和平时期诗人发出的子弹。在那个当儿，心里没有恐惧，更没有冷漠，倒有个声音略微发颤的暗号，说："这就是战争。这就是荷马写的东西。"

---

① 路易斯似乎很不屑谈论战争苦难。《纳尼亚人》第4章写道，即便在战壕里，路易斯也不大喜欢谈论战争："第一次世界大战是人类打过的最残酷的战争，也是比较没有意义的战争之一……杰克在信里写他的战场经验的地方很少；比较困难的时候没时间，他能够做的只是潦草几笔告诉父亲他还活着；比较自由的时候……他主要选择描述他正在读什么书，就像他以前总做的那样，给父亲和阿瑟的信都差不多。"至于《惊喜之旅》里的这段描写，《纳尼亚人》的作者说，这是对当时主流战争文学的回避："从这种带有修辞色彩、避而不提战争的种种可怕之处，人们感受到了他对同伴士兵所写的大量文学作品的批评……如果路易斯不是在继续这种文学，那他至少是拒绝给这种文学添砖加瓦。"(第94页)

13 新气象

The New Look

这道墙,我辛苦了好几个月才把它完成,没有完成之前,我一直感到自己不够安全。[①]

——笛福《鲁滨孙漂流记》

剩下的战争经历,跟本故事基本无关。我如何"抓"六个俘虏——令我大为宽心的是,发现不知道从哪里突然出来一群灰头土脸的人,都举着双手——这不值一提,除非当

[①] 语出《鲁滨逊漂流记》第18章。见徐霞村译《鲁滨逊漂流记》,人民文学出版社,1959,第123页。

个笑谈。福斯塔夫难道没"俘虏"峡谷人柯尔维尔爵士吗?① 读者也无需知道,一发英国炮弹如何让我得了一段结结实实的"回国休假",②无需知道死伤急救站的 N 姐,如何让我心目中的阿尔忒弥斯这下有了化身。③ 有两样事情,比较显眼。一件是就在

雷恩设计的伦敦圣保罗大教堂

我刚被击中的那一瞬,我发觉(或自以为发觉)我没了呼吸,

---

① 典出莎士比亚《亨利四世·下篇》第四幕第三场(《莎士比亚全集》卷四第 179 页)。关于福斯塔夫,孙发理先生在《亨利四世》之"导言"中说:

本剧中的福斯塔夫是莎氏不朽的角色之一。他懒惰、贪馋、好酒、好色、好吹嘘、好撒谎、好行骗,几乎是传统道德剧中的"邪恶"。但他却又在自己的颟顸之中透露出绝顶的聪明……他多次吹牛,越吹越神,给人揭穿又能"处变不惊",说出一篇篇道理来,说得人虽然摇头也得点头,甚至因此捞得几分杀死英勇的烈火骑士的虚名,使他在什鲁斯伯雷战役中捡到了一个慑于他的"威名"而投降的"凶悍的敌人"。(《莎士比亚全集》卷四第 4 页)

② 《纳尼亚人》第 4 章:"那是一枚英国炮弹,本来是要打到德国阵线的,不幸却落点很近,在人们身后爆炸了;艾尔斯死去,显然是立即身亡。……杰克被三枚弹片击中——一枚在手上,一枚在大腿上,一枚在手臂下,打断了一根肋骨,并且进入左肺——但是他能够爬出危险地带。"

③ 阿尔忒弥斯(Artemis),希腊神话中的月神和狩猎女神,日神阿波罗的孪生姊妹。

下结论说这就是死亡。我没感到恐惧,当然也没感到英勇。仿佛这不是二者的场合。"有人要死了"这个命题,在我心里就像教科书里的东西一样,干瘪,死板,无动于衷。甚至都没意思。这个经历的果实就是,数年以后,我碰到康德区分本体自我和现象自我时,①这对我而言就不仅仅是个抽象了。我已经体味过它了;我已经证明,有个全然有意识的"吾"(I),跟反省出来的"我"(me)的联系,②松散而又转瞬即逝。另一项重大经历是,在索尔斯堡平原上的疗养院读柏格森。③ 从理智上讲,这经历教我避开潜藏在"虚无"

---

① 这一区分,显然与康德区分现象和物自体相关。英国哲学家 C. D. Broad 在《康德入门》(*Kant: An Introduction*, Cambridge: Cambridge University Press, 1978)一书中,将康德的自我概念分为"经验自我"和"本体自我":前者属经验领域,可被认知;后者则在本体领域,不可知。

② 汉语并无主格和宾格之分,兹藉《庄子·齐物论》里"今者吾丧我"之句,译英文里的 I 和 me。

③ 亨利·柏格森(Henry Bergson, 1859—1941),法国哲学家,以"生命力哲学"(Life-Force philosophy)或"创造进化论"(Creative Evolution)闻名于世。曾珍珍教授在《惊喜:路益师的信仰自述》一文中说:"柏格森哲学的启迪使路益师扬弃了叔本华的虚无论,重新肯定了宇宙的存有与充盈在自然与人文中随处涌动的盎然生机。"

路易斯在《返璞归真》卷一第 4 章里说,关于"关于宇宙究竟是什么",有两个对立的观点:一为唯物主义的观点,一为宗教的观点。处于二者之间的,则是"生命力哲学"、"创造进化论"或"层创进化论"(Emergent Evolution):"萧伯纳在其著作中对这种观点进行了最巧妙的解释,但是解释得最深刻的是柏格森的著作。持这种观点的人说,地球这颗行星上的生(转下页注)

(*Nothing*)一词背后的圈套。不过,它对我的情感前景(emotional outlook),有个革命性的影响。直到那时,我的整体趋向是,趋向于苍白、遥远、缥缈的事物;莫里斯的水蒙蒙的世界,马罗礼的曲径通幽,①叶芝的暮色朦胧。②"生命"一词,让我生发的联想,跟该词让雪莱在《生命的凯旋》所生联想几乎一模一样。③ 要不是柏格森指点了我,我就不会

(接上页注)命经过细微的变化从最低级的形式'进化'到人,这些细微的变化不是出于偶然,而是出于一种生命力的'努力'(striving)或'有目的性'(purposiveness)。"(汪咏梅译,华东师范大学出版社,2007,第 40 页)路易斯说,这种哲学的吸引力至少在于:"它给人很多由信仰上帝而来的情感安慰,但又不会给人带来任何不愉快的结果。在你身体健康、在阳光照耀、你不愿意相信整个宇宙只是原子的机械跳跃的时候,能够想象这种巨大的神秘力量历经数个世纪不停地涌动向前,将你推上它的峰巅是一件愉快的事。另一方面,如果你想干什么卑鄙的事,这种盲目的力量、没有任何道德观和思想的生命力永远不会像我们小时候知道的那个爱找麻烦的上帝那样干涉你。这种生命力是一种顺服的上帝,想要的时候你可以开启它,但是它不会打扰你,你可以享有宗教给予人的一切兴奋而不必付任何代价。这种生命力岂不是有史以来最佳的异想天开的杰作?"(第 41 页)

① 【原注 6】马罗礼的刚强(iron),the tragedy of contrition,我倒没觉察到。

② 该句原文是:Hitherto my whole bent had been towards things pale, remote, and evanescent; the water-colour world of Morris, the leafy recesses of Malory, the twilight of Yeats.

③ 《生命的凯旋》(*The Triumph of Life*),雪莱的未竟长诗。"豆瓣网"上有该诗之全译文,译者未知。(https://www.douban.com/group/topic/32577225/)诗歌开篇云:"敏捷,有如一个奔赴荣耀、至善 / 使命的精灵,太阳,披一身光华 / 兴冲冲地升起,面具一般的黑暗。"

理解歌德所说"生命之树常青"①是什么意思。他并未废除我旧爱,只是赋予我新爱。从他那里我首次学会,品味活力(energy)、丰饶(fertility)和迫切(urgency);生长之物的源源不断(resource)、凯歌高奏(triumphs),甚至狂放不羁(insolence)。我相信,我变得能够欣赏那些此前对我毫无意义的艺术家了;像贝多芬,提香(在神话作品里的),歌德,邓巴,品达,克里斯多佛·雷恩,②所有这些不同凡响、乾纲独断、慷慨激昂、令人无可置辩的人,还有更欢欣的《诗篇》。

1919年1月,我回到牛津——"复员了"。说我在牛津的生活之前,我必须敬告诸君,有件错综复杂的大事会被按下不表。对此沉默,我别无选择。我能说或我必须说的一切就是,我早就具有的对情感的敌意,遭到报复,彻底而又花样繁多的报复。即便可以自由讲述这个故事,我也心存

---

① 原文是德文:*des Lebens goldnes Baum*. 语出《浮士德》第一部第四幕《书房》,这是靡菲斯特讲给学生的话。坊间盛传的版本是:"理论总是灰色的,而生命之树常青。"樊修章先生译为:"生活的宝树青葱,而一切理论都显得朦胧。"(译林出版社,1993,第98页)

② 威廉·邓巴(William Dunbar,约1460—1520),苏格兰诗人,有"北方的乔叟"之称;品达(Pindar,约公元前522—前443),昆体良(Quintilian)誉之为古希腊"九大抒情诗人"之龙首;克里斯托弗·雷恩(Christopher Wren,1632—1723),著名建筑师。

疑虑,这跟本书主题有多大关系。

我在牛津结交的头一位终生朋友,是汉密尔顿·詹金,①那时因他写康沃尔郡的书而闻名。他继续教我(阿瑟开其端),成为一个观看、聆听、嗅闻、领受的受造(a seeing, listening, smelling, receptive creature)。阿瑟素爱平淡。而詹金仿佛能乐享一切,甚至包括丑。我跟他学会了,无论此时此刻呈现何种氛围,我们都应当尝试着全无戒备(a total surrender);在一个肮脏城镇,就找出脏得狰狞甚至脏得壮观的那些地方;在阴郁的日子,就寻找那最阴郁最低落的树林;在刮风天,就专找风口浪尖。这里没有贝杰曼式反讽;②只有一种严肃而又欣喜的决心,决心在每样事物的那个实质上面碰碰鼻子,决心享受(蔚为大观的)物之所是。③

我在牛津的下一个终生朋友,是欧文·巴菲尔德。在

---

① 汉密尔顿·詹金(A. K. Hamilton Jenkin,1900—1980),史学家,以 *The Cornish Miner: An Account of His Life Above and Underground from Early Times*(1927)一书闻名于世。
② 约翰·贝杰曼(Sir John Betjeman, 1906—1984),英国桂冠诗人,路易斯的学生。路易斯在此用"贝杰曼式反讽"(Betjemannic irony)一词,大概与贝杰曼诗歌常有的讽刺笔法有关。
③ 苏轼《定风波》上阕:"莫听穿林打叶声,何妨吟啸且徐行。竹杖芒鞋轻胜马,谁怕?一蓑烟雨任平生。"

路易斯的终生挚友
欧文·巴菲尔德

某种意义上,阿瑟和巴菲尔德,就是人人都有的两种朋友的典型。第一种朋友是"知己"(alter ego),他(大出所望地)与你共享着最隐秘的乐趣,第一个让你觉着自己在世上并非形单影只。你不必先克服什么,就能让他成为你的朋友;他和你像窗玻璃上的雨珠般交融。而另一种朋友,事事与你意见相左。他与其说是"知己"(alter ego),不如说是"对头"(anti-self)。他当然与你志趣相投,否则他根本就无法成为你的朋友。但是他处理志趣的角度却跟你不同。你喜欢的书,他也喜欢读,但是撷自每本书的心得却与你相异。这就好比他说着你的话,却发错了音。他怎能如此地趋近正确,但却总是免不了犯错?他就像个女人,令你心醉(又令你气愤)。正当你着手要校正他的异端邪说,你却发觉,他已动了真格,正决定来校正你呢!你于是接招,全力以赴,直至深夜,夜以继夜,或行经美丽乡野俩人都顾不上瞟一眼,每方都领教了对方攻击的力量,经常更像是相互尊重的敌人而不像是朋友。事实是(尽管当时从来看不出),你们彼此修正了思想;在这样无休无止的缠斗中,出现了一个心灵共同体和一股深情。不过我想,他对我改变,远大于我之于他。他后来写进《诗的辞藻》(*Poetic Diction*)一书中的大多思想,就在那本重要的小册子面世之前,已经成为我的思想了。要是没成为我的思想,那才怪呢! 那时他当然还没有后来那么博学,不过天分已摆那儿了。①

跟瓦德汉学院的巴菲尔德过从甚密的是他的朋友(也很快成了我的朋友),基督教堂学院的 A. C. 哈伍德。② 他后来是迈克尔·霍尔学校的一根顶梁柱,也即位于基布鲁克的斯坦纳学校。③ 他跟我俩都不一样,一个全然宠辱不

---

① 《纳尼亚人》第五章:巴菲尔德将成为杰克生活中最重要的人之一。他肯定是杰克的朋友中最有智慧的人;虽然他从来没有担任过任何学术职位,……但他为英国文学方面的学士学位所写的论文在 1928 年以《诗歌用语》(*Poetic Diction*)的题目出版,就此成为语言文字学批评的经典之作。巴菲尔德聪明得离奇;他的阅读范围绝没有路易斯那样广泛,但是也许部分由于他不寻求学术上的优先,因而在思想方面更加具有创造性和冒险性。(第 111—112 页。)

② A. C. 哈伍德(A. C. Harwood),*The Recovery of Man in Childhood: A Study of the Educational Work of Rudolf Steiner* 一书之作者。

③ 迈克尔·霍尔学校(Michael Hall),是英国第一所华德福学校(Waldorf School),创建于 1925 年,位于伦敦格林威治区的基布鲁克(Kidbrooke)。华德福教育,是基于人智学创始人斯坦纳(Rodulf Steiner,1861—1925)的教育哲学所创办的教育,与主流教育有别,亦称"斯坦纳教育"。

惊的人。尽管穷(跟我们绝大多数人一样),也"前景"渺茫,他却一脸19世纪绅士的神情,仿佛颇有家底。有次远足,雨夜最后的那丝光亮,刚好显示看地图犯了可怕错误(大概是他犯的),最大愿望莫过于"走五英里到玛德汉姆(要是我们能找得着),或可以在那里下榻",这时,他还是那副神情。争论得面红耳赤,他仍面不改色。你会想,要是有人愿意,该告诉他"收起那副尊容"了。但我并不相信有人给他说过。那不是面具,也不是傻相。各种习见的伤痛和焦虑,都试炼过他。他是我在哈姆莱特那个年纪,所认识的唯独的霍拉旭;"命运不能把他玩弄于指掌之间。"①

关于我在牛津交的这些朋友及别的朋友,有件事得说一下。依照新近的异教标尺(甭说以我为准,那太低了),他们全都"良善"。也就是说,他们跟我的朋友约翰逊一样,都相信而且身体力行:诚信(veracity)、公德(public spirit)、贞洁、

---

① 原文为:no "stop for Fortune's finger". 典出《哈姆莱特》第三幕第二场哈姆莱特说给挚友霍拉旭的台词:"自从我能够辨别是非、察择贤愚以后,你就是我灵魂里选中的一个人,因为你虽然经历一切的颠沛,却不曾受到一点伤害,命运的虐待和恩宠,你都是受之泰然;能够把感情和理智调整得么适当,命运不能把他玩弄于指掌之间……"(《莎士比亚全集》,译林出版社,第335页)

庄重，都是应份的——恰如主考官们所说，"一切考生都必须尝试"。我受他们影响，是约翰逊铺的路。我大体接受他们的标尺，或许（这我就记得不太清了）还试着去身体力行。

在牛津的头两年，（除了"参加荣誉考试"，"准备学位考试"）①我忙于披上我们或可称为一种智识"新气象"（New Look）的服装。② 不再有悲观主义，不再有自怜，不再跟任

---

① 在牛津大学，要取得文学学士学位，似乎要经历三次大考。第一次大考，就是路易斯免试通过的"文学学士学位初试"（Responsions），其中考数学和基础神学；第二次大考，有个古怪名字 Classical Honour Moderations（荣誉文学士学位第一次考试），简称 Mods（荣誉考试），考希腊文和拉丁文；第三次大考，在所有本科课程结束时进行，叫做 Final Honour School，简称 Greats（学位考试）。（参《纳尼亚人》第 119 页）

② 关于这种"智识'新气象'"（an intellectual "New Look"），《纳尼亚人》第五章解释说：

虽然杰克现在"假定有某种上帝"，但是如果把它视为放弃《心灵枷锁》中普罗米修斯式反叛的悲观主义，而转向基督教，那就错了。上帝不是被遭遇、被信仰甚或被作为发怒和挑战的对象的——他，或者不如说祂，只不过被人"假定存在"。……上帝只不过是被假定存在的，因为这是一个"最不会引发异议的"假设，只有依靠这一假设，他才能开始解决自己在当时所面对的诸多哲学问题。对这一设想的任何证实或者驳斥，都被完全排除在外。阐述此事的另外一种方式是，哲学本身，以其热爱智慧与追求真理的最初意义来说，是被排除在外的。杰克只是需要有一个"立场"，从这个立场出发去从事某一套完全学术性的问题——这就是他在《惊喜之旅》中描述二十多岁的自我的方式。一种模糊的有神论（或者真正地只是对某种未曾确定也不能确定的"绝对"的信仰）似乎在当时最行之有效，所以他就拿来大胆尝试了。日后他把它称作他的"新气象"，他不是平白无故说的：它是一种新近发现的风尚，一套暂时具有吸（转下页注）

何超自然的观念调情,不再有浪漫幻象。一言以蔽之,就像《诺桑觉寺》的女主人公,我下定决心,"以后无论判断什么或做什么,全要听凭理智"。① 对当时的我而言,"理智"(good sense)意味着一种撤退,几乎是仓皇逃窜,全面背离一直是我生命主要关怀的浪漫主义。诸多原因,都加在了一块。

首先,我新认识了一位年迈、邋遢、啰里啰嗦而又悲惨的教区牧师,是个爱尔兰人。② 他早已失去信仰,却仍以牧职为生。我遇见他那时,他唯一的兴趣就是,寻找"长生"(human survival)的证据。为此,他不懈阅读,讨论;又由于极具批评头脑,从未感到满意。尤其令人震惊的是,在他

(接上页注)引力的服装。……杰克在其生活的这个阶段已经做了很大努力把自己变成甚至不愿意去读《纳尼亚》这类故事类书籍的人,更不要说去写这类书了。(第122—123页)

① 原文是:"of always judging and acting in future with the greatest good sense."语出简·奥斯丁的小说《诺桑觉寺》第25章。拙译采麻乔志先生之中译文。

② 此人名叫弗里德里克·马克兰(Rev. Dr Frederick Walker Macran,1866—1947),《纳尼亚人》第125页。

Rev. Dr Frederick Walker Macran (1866—1947). Several notes on conversations with him can be found in Lewis's published diaries of the mid-1920s, *All My Road Before Me: The Diary of C. S. Lewis*, 1922—1927, edited by Walter Hooper (1991), which also has a item on "Cranny" in the Biographical Appendix.

身上，对个人不朽的贪欲，竟然跟对在明眼人看来使不朽变得可欲的一切东西的无动于衷（表面上如此），并行不悖。他不是在寻求至福直观，①他甚至都不信上帝。他不是在期求更多时间，以便修炼或提升自己的人格。他也不是梦想着，跟死去的朋友或爱人圆聚；我从未听过，他动情地谈起任何人。他想要的是个保证，保证他会叫作"自己"（himself）的某种东西，几乎在任何条件下，都会比自己的肉身生命延续更长。至少，我这样认为。我太年青，心太硬，以至于不会怀疑，那秘密驱使他的东西，就是对在尘世全然无缘的幸福的渴望。他的心灵境况，对我来说，是我所遇见的最为可鄙的。任何思想，任何梦想，只要会将一

---

① 尼古拉斯·布宁、余纪元 编著《西方哲学英汉对照辞典》（王柯平等译，人民出版社，2001）释"至福直观"（Beatific vision）：

T. 阿奎那提出的术语，指对上帝的直观。这种直观不用感官，不用概念，也不用任何心灵结构或过程，而是一种与上帝亲密的、直接的结合。它是一种超自然之光，通过它，人们面对面地看上帝。所有的理论和思考都被排除，尽管还留着判断的确实性。在这种直观内，上帝的本质得到显明。这是人的至福之所在，是与上帝结合的完成。这直观本性上只属于上帝。但当祂拥抱人类时，就将其赐与他们。哲学家们考察了至福直观的认识论蕴意。

"一个人若要达到完全的、至福的直观，第一个必要条件是相信上帝，一如学子相信正在教他的老师。"——阿奎那，《神学大全》，2a2—2.4

个人领向那种狂热,我下决心,统统加以规避。整个不朽的问题,令我相当反感。我将它拒之门外。一个人的思想,必须全都限于:

> 这个世界,我们大家的世界
> 这片我们最终或找到幸福,
> 或一无所得的境地。①

其二,出于偶然,我曾跟一个快要疯了的人,亲密接触了十四个白天,还有其间绝大多数黑夜。他是我曾深爱的人,也值得去爱。而今,当他在地板上踢腾打滚,大叫魔鬼在撕扯他,他正要堕入地狱,我得想法稳住他。这个人,我深知,并不循规蹈矩。他曾跟神智学(Theosophy)、瑜伽、唯灵论和心理分析调过情,跟什么没调过呢?他的精神错乱,(我现在相信)有其身体原因,大概事实上跟这些东西没

---

① 诗句原文是:"the very world, which is the world / Of all of us—the place where, in the end, / We find our happiness, or not at all."语出华兹华斯《序曲》(The Prelude, 1850)卷十一第142—144行。拙译采丁宏为先生之译文。

什么联系。可在那时,我却不这样看。我想,我是看到了一个警告;正是浪漫憧憬(romantic longings)以及不接地气的玄思(unearthly speculations),使得一个人最终至此境地,在地板上胡言乱语:

> 切莫好高骛远
> 别让幻想诱你到此绝境①

安全第一吧,我想:前车之鉴,走大路,路的中间,路灯还得亮着。那两星期噩梦过后的几个月里,"平常心"(ordinary)及"平凡"(humdrum)二词,就足以总括那时我眼中最为渴欲的一切。

其三,新崛起的心理学,席卷了我们所有人。虽非照单全收(少数人是这样),但我们都受其影响。我们最为关心的是,"幻梦"或"异想天开"(wishful thinking)。(当然)因为都是诗人和批评家,我们都有点步柯勒律治的后尘,赋予

---

① 原文是:"*Be not too wildly amorous of the far / Nor lure thy fantasy to its utmost scope.*" 语出德拉·梅尔(Walter de la Mare)的诗歌"The Imagination's Pride"第1—2行。

"想象"以极高价值。① 因而,不但(像柯勒律治那样)区分想象跟幻想(Fancy),而且区分想象与作为心理学术语的幻梦(Fantasy),就变得重要起来了。如今我自问,我自己的"乐山"②和西方乐园,③不是纯粹的幻梦,又是什么呢? 它们一次次诱我,进入露骨的情爱遐想或肮脏的魔法噩梦,这不正显

---

① 柯勒律治论"想象"的文字,见其《文学传记》(*Biographia Literaria*, 1817)。其第四章说:"幻想和想象并不是如普通所理解的那样词异而义同,或者至少是同一能力的低级和高级的区别。幻想和想象乃是两种截然分立、大不相同的性能。"其第十三章说:

我把想象看作第一性或第二性的。第一性的想象,我认为是一切人类知觉(perception)所具有的活力(power)和首要功能(agent),它是无限的"我在"(I AM)所具有的永恒创造活动在有限的心灵中的重现。第二性的想象,我认为是第一性的想象的回声,与自觉的意志并存;但它在功能上与第一性的想象完全合一,只在程度上,在活动方式上,有所不同。它溶化,分散,消耗,为的是要重新创造;如果这个历程走不通,它至少也要努力把对象理想化和统一化。它的本质是活泼泼的,与一切物体(作为物体来说)是固定的、死的,有所不同。幻想(fancy)则正相反。幻想活动的对象只限于固定不变的东西(fixities and definites)。事实上,幻想只不过是从时间与空间世界里解放出来的一种回忆(memory),再加上意志这个经验现象——也就是我们所谓选择的掺杂和修改。但是正同普通的记忆一样,幻想只能通过联想的法则,取得现成的素材。(林同济选译,见伍蠡甫主编《西方文论选》下卷,上海译文出版社,1979,第 32—33 页)

② "乐山"(delectable mountains),典出班扬《天路历程》(*The Pilgrim's Progress*)。郑锡荣先生译本(中国基督教协会,2004)译为"乐山",西海先生译本(上海译文出版社,1983)译作"快乐山"。

③ 西方乐园(*western gardens*),泛指神话故事中的乐园,如下文提到的亚瑟王传奇故事中的阿瓦隆(Avalon),希腊神话中的金苹果园(the Hesperides)。

示了它们的本性？当然事实上,如前几章所说,我自身的经历曾一再表明:这些浪漫意象始终只不过是,悦慕出现时所投下的某种亮光(flash)甚或炉渣(slag);这些山峦和花园,从来就不是我想要的,只不过是象征(symbols),它们自身也没作更多声称;将它们当作真正渴欲对象(the real Desirable)的任何努力,很快就老老实实宣告失败。可如今,由于忙于自己的新气象,我设法忘记了这一点。本该痛悔自己的偶像崇拜,我却去诋毁这些我曾加以崇拜的无害意象。带着少年意气,我决定跟这一切做个了断。不再要阿瓦隆,①不再要金苹果园。我已经"看透"它们(真相恰恰相反)。我从此不会再上当。②

最后,当然还有柏格森。我有一个萦绕脑际的观念,叔本华的观念,认为宇宙"本可以不存在"。不知怎地(因为当我今天重翻他的书,仿佛不甚明了),我在柏格森的书里竟

---

① 阿瓦隆(Avalon),亚瑟王传奇中最美丽的海岛。亚瑟王平定儿子莫德雷德(一说是外甥)叛乱,身负重伤。"他知道自己将不久于人世,于是驾船驶向阿瓦隆(Avalon,苹果之岛),陷入死亡般的长眠。据说,当不列颠遇大难而需要伟大领袖时,他回来重新执掌国政,因此被称为'永恒之王'。"(菲利普·威尔金森《神话与传说:图解古文明的秘密》,三联书店,2015,第126页)

② 《纳尼亚人》第五章:"杰克在其生活的这个阶段已经做了很大努力把自己变成甚至不愿意去读《纳尼亚》故事类书籍的人,更不要说去写这类书了。"(第123页)

亨利·柏格森

找到了对此观点的反驳。换句话说,某种神圣属性(Divine attribute),也即必然存在这一神圣属性(that of necessary existence),出现在我的视野。这个属性,此时依然,而且此后很长时间,附着于错误对象;附着于宇宙,而不是附着于上帝。不过,单单这个属性本身,就潜力巨大。一旦你抛弃了这个荒唐念头,即实存(reality)就是"虚无"(nothing)约定俗成的一个代名词,你就不再是个悲观主义者(甚至也不是个乐观主义者)。指责或赞美整全(the Whole),没有意义,更不用说对之说三道四了。即便你坚持不懈,对整全作普罗米修斯式的或哈代式的反抗,① 由于你是它的一部分,那恰是此整全(that same Whole)通过你"平静地咒诅自身"② ——这个徒劳,依我看,使得罗素

---

① 哈代(Thomas Hardy,1840—1928),英国小说家。
② 原文为:"quietly declaims the cursings of itself."语出马修·阿诺德(Matthew Arnold)的剧作《恩培多克勒在埃特纳火山》(*Empedocles on Etna*,1852)第一幕第二场第 302 行。

勋爵轰动一时的文章《一个自由人的崇拜》归于无效。① 咒诅,跟西方乐园的梦一样的徒劳,一样的幼稚。一个人必须(像卡莱尔笔下的那位女士)"接受"这个宇宙;② 全心全意

---

① 罗素的短文《一个自由人的崇拜》(A Free Man's Worship, 1903年发表时,题为《自由人的崇拜》[The Free Man's Worship]),20世纪初曾名噪一时。其中描画的宇宙图景,甚为凄冷。罗素既不相信基督教的宇宙图景,也不相信现代科学所讲述的宇宙故事:

……概而言之,这就是科学所提供给我们信仰的世界。现实世界甚至比这更为没有目的,更没有意义。处在这样一个世界中,我们的信仰从今以后须找到一个归宿。人是各种原因的产品,并无法预知这些原因将来会取得什么结果。他的孕育和成长,希望和恐惧,情爱和信仰,只是原子的偶然组合的结果。没有哪一种热情,没有哪一种英雄主义,没有哪一种强烈的思想和情感,能超越坟墓而维持一个个体生命。古往今来所有的努力,所有的奉献,所有的灵感,所有如日中天的人类天才,都注定要在太阳系的无涯死亡之中灭绝。而整个人类成就的殿堂,必然无可避免地被埋葬在毁灭中的宇宙碎尘下——这可能会引起争论,但是所有这些是如此地确定无疑,以致任何哲学否认它们都不能站得住脚。只有在这些真理的构架中,只有在顽固失望的坚实基础上,灵魂的处所才能安全地建构起来。(《罗素文集》,改革出版社,第12页)

② 关于卡莱尔笔下的那位女士,典出威廉·詹姆士(William James)《宗教经验之种种》(*The Varieties of Religious Experience*, 1902)第二讲:

据说我们新英格兰的一个超绝主义者(Transcendentalist)伏勒(Margaret Fuller)女士的一句爱说的话就是:"我接受这个世界";有人对喀莱尔述这个话之时,据说,他冷嘲地批评说,"天哪,她最好如此!"道德与宗教的全部,根本就是我们接受世界的态度。到底我们只是接受这个世界的一部分,而且勉强的样子呢,还是诚心地全部接受呢?我们对这个世界的某些事情的抗议应该彻底并决不宽恕呢,或是我们应该以为就是这世界有恶,还有些生活的方式必定会引到好结果呢?假如我们接受全部,我们接受的态度应该好像被拷打到屈服(如喀莱尔所说的"天哪!(转下页注)

毫无保留忠贞不渝地接受。这种斯多葛式一元论,就是我的"新气象"哲学。① 它给了一种极大的平静感。或许,它是自从我上预科学校以来,最接近宗教体验的东西。它终结了(但愿永远),跟实存缔约或妥协(a treaty or compromise with reality)的任何念头。即便只感知到一个神圣属性,就行了。

至于悦慕,我给它贴上"审美体验"的标签,并以此名义谈论它,说它很"有价值"。但悦慕越来越稀少。即便悦慕到来,它也没什么了不起了。

新气象早先的那些日子,总之还算快活。但渐渐地,变天了。我自己的生活,来了更多的不快和焦虑;巴菲尔德也活得:

> 正年华豆蔻,生命
> 却有如牙痛阵阵。②

(接上页注)我们最好如此")呢,或是应该热烈地同意呢?(唐钺译,商务印书馆,2002,第 38 页,其中的"喀莱尔"如今通常写为卡莱尔)

① 关于这个"新气象"哲学,详参拙译路易斯《天路归程》卷七第 12 章和卷八第 1 章(华东师范大学出版社即出)。

② 原文是:*that whole year of youth / When life ached like an aching tooth*. 出处未知。

我们这一代,复员战士这一代,将要毕业。牛津充满了新面孔。大一新生,对我们的乖戾观点是宽大为怀。前程问题,日益严峻,成了大问题。

就在这时,发生了一件真正可怕的事(对我可怕)。起初是哈伍德(仍然没变他那副神情),接着是巴菲尔德,拥抱了斯坦纳(Steiner)的学说,成为灵智学者。① 我大为惊骇。我费那么大劲从自己生活中驱除的东西,仿佛在我的挚友身上死灰复燃,又跟我见面了。他们不只是挚友,也是我认为最安全无虞的人啊;一位曾怎样地不可动摇(immovable),另一位则生于一个自由思想家庭,对一切"迷信"都有免疫力,在上学之前,都没听说过基督教。(《马太福音》在巴菲尔德眼中,起初就是圣马太特有的一系列奇怪比喻)不只发生在我的仿佛最安全无虞的朋友身上,而且就在我们最需要站在一起的当儿。当我了解了(也就了解一点点)斯

---

① 灵智学(Anthroposophy,亦译"神智学"),相信人类智能可以达到灵界的一种哲学。提出这种哲学的奥地利哲学家、科学家和艺术家斯坦纳(Rodulf Steiner)称之为"精神科学"。他认为存在着灵界,纯粹思维可以理解灵界,因此他试图培养不依靠感觉的灵性感知力。他在1912年创立灵智学会,现其总部设于瑞士多尔纳赫。(参《不列颠百科全书》第1卷370页)

坦纳的思想,我的惊骇变成了反感和憎恨。因为这里,明显全是可憎之物(abominations);跟曾一度吸引我的那些东西一样的可憎。这里面有诸神、精灵、来世和往生,秘仪(initiates),神秘学知识(occult knowledge),冥想(meditation)。"该死!——这不又中世纪了吗?"我叫道;因为我仍然有着自己时代的时代势利病(the chronological snobbery of my period),将早先时代的名称,用作表示非难的术语。这里面的一切,正是新气象专门要加以排除的,都会领一个人离开大路,进入那些黑暗角落,那里人们在地板上打滚,叫喊着他们正被拖下地狱。当然,这一切是彻头彻尾的胡说八道。我没有陷进去的危险。不过却有了孤单、被抛弃的感觉。

自然而然,我将自己倘若是个灵智学者就会有的那种渴欲,也归到朋友身上。我以为,他们正屈从于对神秘学的那种贪婪、猥亵的情欲(that ravenous, salt lust for the occult)。现在我才明白,从一开始,所有的证据都与此相反。他们不是那种人。灵智学,就我现在所见,也不迎合那种需要。关于灵智学,有个难题和(对我而言)一种令人放心的德国式迟钝,会让那些寻求刺激的人望而却步。我也从没见过,它对那些拥抱它的那些人的性格,有哪种有害影响;我倒是见识过一次,它有一种很好的影响。

我这样说,不是因为我那时又差点接受这东西了,而是为说句公道话,是亡羊补牢,弥补一下我就灵智学曾对朋友说过的很多狠话、冤枉话和毒话。巴菲尔德转向灵智学,标志着我俩"大战"之开始——我只能这样形容了。这大战,感谢上帝,从来不是争吵,尽管也会变成争吵,如果在我容许自己对他恶言相向的那个当儿,他也针锋相对的话。不过,它几乎是一场连续的争论,延续数年,时而藉助信件,时而面对面。这场大战,是我生命的一个转折点。

巴菲尔德没将我变为一个灵智学者,不过,他的回击,一劳永逸地摧毁了我自己思想中的两个元素。首先,欧文·巴菲尔德从我身上去除了我所谓的"时代势利病",亦即不加批评地全盘接受自己时代通行的知识风气,并且假定一切过时事物就只因为过时而一无可取。一样东西过时了,你必须探讨它为什么过时。它已遭到驳斥吗?(如果有,是谁驳斥了它?在哪里?有多肯定?)还是说,它只是像各种流行事物一样,随着时间渐渐消逝?若是后者,这样的消逝方式并不足以说明它是真是假。认清了这点,我们便开始认识到,原来我们自己的时代也只是"一个时期"而已,当然也就像所有的时期一样,有它自己独具的幻觉。这些幻觉极可能就隐藏在广泛流传的假设里,这些假设深深镌刻在这个时代当中,以致没人胆敢攻击它们,也没人觉得还有辩护的必要。其次,他令我确信,我迄今所持立场,没有给任何令人满意的知识论留下空间。我们曾经是,用专业术语来说,"实在论者"(realists);也就是说,我们将感官所揭示的宇宙,当作最基础的实存(rock-bottom reality)。可与此同时,我们继而为某些意识现象(certain phenomena of consciousness)所作的一切声称,其实是跟有神论或唯心论相伴生的。我们坚称,抽象思想(如果服从逻辑定律)赋予了无可辩驳的真理,我们的道德判断是"有效的",我们的审美体验不只令人愉快,而且"有价值"。这个观点,我想,当时几成共识;它贯穿布里奇斯的《美的证言》,[1]吉尔伯特·默里的著作,[2]罗素勋爵的《一个自由人的崇拜》。巴菲尔

---

[1] 罗伯特·布里奇斯(Robert Bridges,1844—1930),英国诗人,1929年出版哲学长诗《美的证言》(*Testament of Beauty*),好评如潮。

[2] 吉尔伯特·默里爵士(Gilbert Murray,1866—1957),澳大利亚裔英国古典学者,牛津大学钦定讲座教授(1908—1936)。曾为路易斯的老师。路易斯一入牛津,就听默里的课,亦读过默里本人的著作。

德令我确信,这前后龃龉。要是思想只是个纯主观事件(subjective event),对它的上述断言就不得不加以抛弃。要是你坚持,感官的宇宙(作为最基础的实存)藉仪器之助,两者协作就有了"科学",那么,你就不得不再向前走——恰如许多人已经走过的那样——接受行为主义的逻辑观、伦理观和美学观。可是这种行为主义理论,对我而言,过去是现在也是难以置信(unbelievable)。我用"难以置信"一词,用的是字面义,多数人则用来指"匪夷所思"(improbable)甚至"不可取"(undesirable)。我的意思是,要是信了行为主义者所相信的,那么,我的心灵就不会运转了。① 我不能强迫我的思想成为那个形状,正如我不能拿脚拇指挠耳朵,或将瓶子里的酒倒在该瓶底的凹槽里。这就像物理上的不

---

① 这里牵涉到路易斯的一个著名归谬论证——假如唯物主义宇宙图景为真,唯物主义将否定掉自身:

要是太阳系产生于一次偶然碰撞,那么,这一行星上面出现有机生命,也是一种偶然,还有,人的进化也是一种偶然。果真这样的话,我们现今的全部思考也就无非偶然(mere accident)——原子运动的偶然的副产品。这一点适用于唯物主义者及天文学家的思考,一如其适用于其他任何人。可是,假如他们的思考——即,唯物主义和天文学的思考——仅仅是偶然的副产品,我们为什么还要信以为真? 我实在看不出任何理由去相信,一次偶然(accident)能给我提供对于所有其他偶然的正确解说。(见路易斯神学暨伦理学文集 *God in the Dock* 第一编第 4 章,拙译该书华东师范大学出版社即出)

可能一样的确定。① 我因而被迫放弃实在论。而自打读哲学时开始,我就试图为之辩护。无疑,这部分只是因为"倔强"。唯心论(idealism)当时是牛津的主流哲学,我天性就"反政府"。可部分也是因为,实在论满足了一种情感需要。我情愿自然相当独立于我们的观察;情愿她是他在的、冷漠的、自存的东西。(跟这一并的还有,詹金式的热情,②在实质上面碰碰鼻子)。可如今在我看来,我不得不放弃了。除非我打算去接受一个难以置信的选项,否则,我就必须承认,心灵不是后来的副现象(epiphenomenon);整个宇宙,说到底,是心灵的(mental);我们的逻辑,参与到一种宇宙逻

---

① 路易斯在《痛苦的奥秘》里,曾区分两种不可能。一种是相对的(relative),比如,除非我得到帮助,我不可能扛起这块石头这种"不可能";另一种是绝对的(absolute),它不依赖于外在条件,因为它本身是自相矛盾的,故而也可称为"内在不可能"(intrinsically impossible)。比如,坊间习见的藉"全能的上帝可否造出一个自己搬不动的石头"这种悖论来否定"上帝之全能",就是混淆了两种不可能:

"凡事"在神都是可能的,而"凡事"并不包括那些毫无意义的、内在不可能的事。神并不比软弱的人类更有可能成就两件相互抵触的事;这并非因为神的能力会受阻,而是因为没有意义的事终归没有意义,我们的神不会去成就这类事。(林菡译,华东师范大学出版社,2007,第15页)

② 詹金式的热情(the Jenkinian zest),参见本章第3段路易斯写自己的朋友詹金,亦可参见本书第15章第6段。

各斯(cosmic *Logos*)里。

吃惊的是(在目前),我那时竟将这一立场看作是跟有神论泾渭分明的东西。我怀疑,那时是有某种刻意的盲目。可是在那些日子里,有形形色色的覆盖物(blankets)、绝缘体(insulators)和保险费(insurances),确保你得到有神论的所有方便,用不着信上帝。英国的黑格尔主义者,T. H. 格林、布拉德雷和鲍桑葵之类作家(当时响当当的名字),经营的就是这些货物。① 绝对心灵——更准确点,绝对(the Absolute)——是无位格的(impersonal),只有在我们身上它才认识自身(可为何不是认识我们?)。它是如此绝对,以至于它其实既像是心灵,又像是任何别的东西。而且,你对它越是感到迷惑,你越是陷入矛盾,这就越是证明了,我们的推论性思考(discursive thought)只在"现象"层面转悠,而"实在"(Reality)必定在别处。当然,除了在"绝对"之中,还会在哪里呢?在那里,而不是在这里,才是"感性帘幕"背后的"更丰富多彩

---

① 20世纪初,唯心主义者在与主流经验哲学的持续论战中,在英国名噪一时。他们成了一个学派,自称为唯心主义,而外界则称之为"新康德学派"、"黑格尔学派"或"新黑格尔学派"。

的实在"。① 跟这一切相伴随的,当然是宗教情感。不过,这是一文不值的宗教。我们可以带着宗教情感来谈论"绝对",同时,它又不会给我们带来任何危险。它在"那里",没

---

① 原文为:"the fuller splendour" behind the "sensuous curtain."语出英国唯心主义哲学家布拉德雷(Francis Bradley,1846—1924)的《逻辑学原理》(*The Principles of Logic*)第三部第二篇"推理(续)"第四章"推理的正确性或其效力(续)"第 16 节:

除非思想所代表的东西越出单纯的理智范围(mere intelligence)之外,如果"思维"(thinking)一词不带有这个名词本义所无的某些奇怪蕴涵,我们便很难相信实在(reality)能够成为纯粹合理的东西(purely rational)。这样看法也许由于我自己形而上学的失败,或者由于肉体的弱点继续蒙蔽了我的心灵而来,但是要把存在等同于我们的理解那种理念也显得非常枯燥无味,与最坏的唯物论同样令人厌倦。承认这个世界的光荣归根结底就在于现象之中,这只会使我们的世界更为光荣,如果我们能够体会到它便是更为丰富多彩的实在的发露;可是假如我们一定要认为它不过是一层表面,遮盖着黯然无色的原子的运动,一种幽灵式的抽象的帷幕,或者毫无热气空洞渺茫的若干范畴拼凑的游戏,那样一来,感觉就必得成为阻塞我们耳目的烟幕了。(庆泽彭译,商务印书馆,1962,第 222—223 页)

由于最后一句的中译文,改写较大,兹附英文原文如下:That the glory of this world in the end is appearance leaves the world more glorious, if we feel it is a show of some fuller splendour; but the sensuous curtain is a deception and a cheat, if it hides some colourless movement of atoms, some spectral woof of impalpable abstractions, or unearthly ballet of bloodless categories. Though dragged to such conclusions, we can not embrace them. Our principles may be true, but they are not reality. They no more make that Whole which commands our devotion, than some shredded dissection of human tatters is that warm and breathing beauty of flesh which our hearts found delightful. (英文本第 533 页)

有威胁,一动不动。它永远不会来"这里",永远不会(坦白说)自取其辱。这种准宗教是条单行道;所有情爱(*eros*)(就像虞格仁博士会说的那样)都在自下而上,却无仁爱(*agape*)自上而下。① 其中,没有什么要恐惧的东西;更准确地说,没有什么需要顺从。

不过其中有一项健全因素。"绝对"在"那里";在这个"那里",一切矛盾均被化解,一切有限均被超越,唯一完全真实的东西就是潜藏的荣耀(the hidden glory)。事实上,"绝对"很大程度上具备"天国"的性质。不过,它是个我们任何人都到不了的天国。因为,我们只是现象。到了"那里",根据定义,我们就不再是我们了。拥抱这种哲学的那

---

① 瑞典神学家虞格仁(Amders Nygren,1890—1956)在《历代基督教爱观的研究》一书中,非常简洁地区分了两种爱:*Agape* 和 *Eros*。前者是自上而下的爱,是以神为出发点的爱;后者是一种自下而上的爱,是以自我为出发点的爱。

这是两种不同的爱,并不能借自己努力由后者达致前者,而是借前者的恩赐开始后者的生活:"一个人为善,是想赢得'功德',而增进他自己的福,这不能算完全专心从事于善的本身……把善功当做天梯之观念,必须排斥……我们教人为善和称赞善工,不是因为我们可以借它而上升达于天,因为行善的目的不是因善可以消除罪恶,克服死亡,而达到升天,乃是要服事邻舍,关怀邻舍的福利,和供应他的需要……神的工作是由上而下……反之,我们自己的工作,仍在下面,只供作尘世的生活和存在。"(《历代基督教爱观的研究》,韩迪厚等译。香港:中华信义会,1950—1952,第2卷,第429页)

些人，就像但丁笔下有功德的异教徒，"只是在渴欲中生活而没有盼望";①或者就像斯宾诺莎，他们如此爱他们的上帝，以至于不敢奢望祂也反过来爱他们。我要是没这经历，我会备感遗憾。现在想来，这比曾被冠以基督教之名的许多经历，更虔敬（religious）。我从这些唯心论者身上学到（而且如今仍顽固坚持）的是这一准则：天国应该存在，比我们有谁会到天堂，更重要。

伟大的钓客在这样垂钓，我做梦都没想见，钓钩会在我嘴里。不过还是有两大进展（great advances）。柏格森已经向我表明存在之必然（necessary existence）；而从唯心论出发，我又向理解"我们感谢祢，为祢的荣耀"②这句话前进了一步。北方诸神起初给我暗示过，我那时并不信它们，但我却信"绝对"（跟你一个人信"荒诞不经"差不多吧）。

---

① 语出但丁《神曲·地狱篇》第四章 live for ever in desire without hope 之句，田德望先生之译本（人民文学出版社，2002）译为："只是在向往中生活而没有希望。"（第20页）为求拙译文脉通畅，改译 desire 为渴欲，译 hope 为盼望。

② 原文是"We give thanks to thee for thy great glory." 语出《圣公会高派传统莎霖拉丁弥撒经书》。

14 将死了

Checkmate

地狱的一个原则就是——"我是我自己。"①

——乔治·麦克唐纳

1922年夏,我通过了学士学位考试(Greats)。由于那里没有哲学教席,或者说没有我能取得的哲学教席,饱受熬煎的父亲,供我在牛津再读四年,攻读英语,给我这张弓弄

---

① 原文是:*The one principle of hell is — "I am my own."* 见路易斯编选的《麦克唐纳隽语录》(*George MacDonald. An Anthology 365 Days*)第203则。

第二根弦。我跟巴菲尔德的大战,我想,就始于此时。

刚一进英语学院,我就去上乔治·戈登(George Gordon)的讨论课。在那里,交了个新朋友。他一开口,就卓尔不群,跟在场的十来位不一样;是一个知心人,也都处于少年时那种一见如故越来越稀少的年龄。他名叫内维尔·科格希尔。① 我很快就惊讶地发现,他——明显在那个班上最聪慧最有知识——竟是个基督徒,一个彻头彻尾的超自然主义者。也有些我所喜欢的别的特征,但我发觉(因为我那时仍很现代)都太过古怪(oddly archaic);骑士风范,荣誉,好礼,"自由",还有"优雅"(gentillesse)。你能想象,他会去决斗吧。他说很多"粗话",但从无"恶言"。巴菲尔德开始推翻我的时代势利病;科格希尔则给了它另一轮打击。有些事物是否真的从我们的生活中消失了?可否说,古代就是文明,而现代就是野蛮?既然许多批评者认为我是个典型的"信而好古之人",②这在

---

① 内维尔·科格希尔(Nevill Coghill,1899—1980),英国文学学者,以翻译乔叟的《坎特伯雷故事集》而闻名。

② 原文是拉丁文:*laudator temporis acti*. 意为:Someone who sings the praises of the Past. 语出贺拉斯《诗艺》第 173 行。贺拉斯用此词来形容老年,杨周翰先生译为"感叹今不如昔",李永毅译为"沉溺自己年少时的世界"(《贺拉斯诗选:拉中对照详注本》,中国青年出版社,2015),拙译为保持文脉通畅,兹藉《论语》里"信而好古"之典意译。

他们听来，在我的生涯里提出这个问题竟如此之晚，好像挺奇怪。然而，我这本书的密钥，是邓恩的格言："人最是痛心疾首于以往欺骗他的异端邪说。"①我最着力断定的东西，我抵抗的时间长，接受得晚。

科格希尔身上这些令人不安的因素，引起了一个更大纷扰，如今威胁着我早先的整个视野（whole earlier outlook）。所有的书，都开始跟我作对。说实话，我必定是跟蝙蝠一样瞎了眼，这么长时间了，竟没看到我的生命理论与身为读者的我的实际经验之间的可笑矛盾。乔治·麦克唐纳对我的影响，比别的任何作家都大；在他的礼帽里，藏着一只基督教的蜜蜂，这当然是个遗憾。尽管如此，他还是好。切斯特顿的辨别力（sense），比别的现代人加在一起都多；当然，他的基督教除外。约翰逊是为数不多的我感到可以全然信赖的作家之一；奇怪的是，他也有同样的毛病。斯宾塞和弥尔顿，真是见了鬼了，也有。即便在古代作家中间，也能找到同样的

---

① 原文是："The heresies that men leave are hated most."疑路易斯笔误。因为此语并非出于邓恩（Donne），而是出于莎士比亚《仲夏夜之梦》第二幕第2场第138—139行。剧中人物拉山德说："一个人吃饱了太多的甜食，能使胸胃中发生强烈的厌恶，改信正教的人最是痛心疾首于以往欺骗他的异端邪说。"（《莎士比亚全集》卷一，译林出版社，1998，第341页）

悖谬。那些确实有营养的作家,宗教气息最为浓厚——像柏拉图,埃斯库罗斯,维吉尔。相反,像萧伯纳、威尔斯、穆勒、①吉本②和伏尔泰这些作家,没陷入宗教窠臼,我应会完全认同其理论,却好像都有些单薄;差不多就像"细声细气"的男生。这不是说,我不喜欢他们。他们都(尤其是吉本)挺有趣(entertaining);但差不多仅此而已。他们仿佛没有深度。他们都太浅了。生活的严酷和宿命,没出现在他们书中。

既然我更多的是在读英语,这一悖谬就开始变本加厉。《十字架之梦》深深触动了我;③郎格兰触动更深;④邓恩(有段时间)令我沉醉;⑤托马斯·布朗给我的满足,深沉而

---

① 穆勒(J. S. Mill,亦译"密尔",1806—1873),英国哲学家,政治经济学家。《不列颠百科全书》称,其著作对当时英国人思想之影响不可估量。在逻辑学领域,以"穆勒五法"闻名于世;在政治学领域,以赛亚·伯林曾将穆勒与贡斯当并列,誉为"自由主义之父";在伦理学领域,则以功利主义闻名。

② 爱德华·吉本(Edward Gibbon,1737—1794),英国历史学家,《罗马帝国衰亡史》之作者。该著认为,基督教是罗马帝国覆亡之罪魁祸首。

③ 《十字架之梦》(*Dream of the Rood*),古英语诗歌,以基督教救赎为主题,张晗编译《农夫皮尔斯:中世纪梦幻文学精选》收录该诗。

④ 朗格兰(William Langland,约 1331—约 1399),中世纪一位寂寞无闻的牧师。路易斯在这里说的是朗格兰的仅存著作《农夫皮尔斯》。

⑤ 约翰·邓恩(John Donne,1572—1631,又译但恩,堂恩),英国玄学派诗人之鼻祖。

又持久。① 可是最为触目的是，乔治·赫伯特。② 依我看，就意在传达我们时刻在过的生活的那个性质而论，他是我所读作家中间最杰出的一位。可这个倒霉家伙，却不丁是丁卯是卯，反倒通过我仍叫作"基督教神话"的东西，冥思起生活来。另一方

乔治·赫伯特

面，绝大多数可被称作现代启蒙运动先驱的那些作家，在我眼中，又是太淡的啤酒，特没劲。我那时想，培根（直话直说吧），就是一头装腔作势的驴子。我打着哈欠，穿过复辟时期喜剧，挣扎扎到了《唐璜》最后一行，在卷末空白页上写下"永不再来"。③ 在我眼中，唯一还真知道些什么的非基督徒，是浪漫主义者；他们中间的很多人，都危险地带有某种

---

① 托马斯·布朗（Thomas Browne，1605—1682），英国物理学家，作家，以其"诗性"散文而闻名。

② 乔治·赫伯特（George Herbert，1593—1633），英国玄学派诗人。

③ 本句话殊难翻译，兹附原文：I thought Bacon (to speak frankly) a solemn, pretentious ass, yawned my way through Restoration Comedy, and, having manfully struggled on to the last line of *Don Juan*, wrote on the end-leaf "Never again".

宗教色彩，有时甚至带基督教色彩。其间结果，蛮可以断章取义套用《罗兰之歌》里罗兰的那个名句表述：

　　　　基督徒错了，其余所有人乏味。①

下一步自然而然就是，略为详细一点考查，基督徒到底是否错了。可是，我没走这步。我想，不用那个假定，我就能解释他们之高妙。我荒谬地认为（不过许多绝对唯心论者都有这种荒谬），"基督教神话"给那些非哲学的心灵，传达了它们所能掌握的许多真理，绝对唯心论的真理；这个许多，就让它们高于那些非宗教的心灵。那些领会不了"绝对"这一概念的人，靠着信"一位上帝"，比无信者更接近真理。像推理者（Reasoners）这号人，理解不了我们如何能参与到一个无始无终因而也无生无死的世界，靠着信来世，就能得到这个真理的一个影像（a symbolic shadow of the truth）。其言下之意——我和绝大多数大学生不用费多大力气就能掌

---

　　① 原文为："*Christians are wrong, but all the rest are bores.*"乃套用《罗兰之歌》第1015行："异教徒是邪道，基督教徒是正道。"（杨宪益译本）

握的某种东西,对柏拉图、但丁、胡克①和帕斯卡尔②则是太难了——却并没有让我感到荒谬。但愿这是因为,我从未正视此言下之意。

但丁

随着情节越来越紧锣密鼓,接近尾声,那些会进入一部全传的素材,我会越来越多地略去不谈。父亲离世,③还有他最后卧病在床所展现的刚毅(甚至活泼),其实不会进入我在讲的这个故事。哥哥那时在上海。详说我如何成为大学学院的为期一年的临时讲师,1925年如何被遴选为抹大拉学院研究员,④也都不相干。

---

① 理查德·胡克(Richard Hooker,1554—1600),文艺复兴时期英国神学家。其多卷本著作《教会政治法规》乃英国圣公会之基石,他亦因此成为16世纪最重要的英格兰神学家之一。

② 帕斯卡尔(Blaise Pascal,1623—1662),17世纪最具天才的法国数学家、物理学家、哲学家,《思想录》之作者。

③ 路易斯的父亲于1929年9月23日辞世。

④ 1925年5月20日,路易斯被遴选为抹大拉学院的研究员(fellow)。牛津的"研究员",似乎不同于中国的研究员。《纳尼亚人》第五章尾注解释说:"任命某一职位并给予财政资助以供进一步学习研究的研究生。"(第131页)

路易斯的终生挚友雨果·戴森　　路易斯的终生挚友托尔金

最糟糕的是,我必须略去不谈许多我爱的人,对我有恩的人;我的导师 G. H. 史蒂文森和 E. F. 卡里特,[1]法夸尔森(Fark),[2](可是谁又会描绘他呢?),还有抹大拉学院五杰——P. V. M. 贝奈克,C. C. J. 韦伯,J. A. 史密斯,F. E. 布赖特曼以及 C. T. 奥尼恩斯[3]——他们扩充了我对怎样才

---

[1] 路易斯攻读"学士学位考试"时的指导教师,G. H. 史蒂文森(G. H. Stevenson)指导历史,E. F. 卡里特(E. F. Carritt)指导哲学。

[2] 指 A. S. L. Farquharson(1871—1942),当时在牛津抹大拉学院教授哲学。

[3] P. V. M. 贝奈克(P. V. M. Benecke),未知何许人;C. C. J. 韦伯(C. C. J. Webb,1865—1954),宗教哲学家;J. A. 史密斯(J. A. Smith),未知何许人;F. E. 布赖特曼(Frank Edward Brightman,1856—1932),研究祭礼的专家;C. T. 奥尼恩斯(C. T. Onions,1873—1965),语法学家,词典编纂家,《牛津英语词典》第四版之主编。

算有学养的看法。除了老家伙,我的公派和非公派老师对我总是恩惠有加。在抹大拉学院起初几年,我所居住的这个世界,其中我想要知道的任何事物,基本上不需要自己独立探寻。总有这个老师或那个老师,为我提供线索。("在里尔的阿兰的著作里,你会找到相关论述……"①——"试读一下马克拉比……"②——"难道孔帕雷第没提到?"③——"在杜·孔日的著作里找过了吗?"④)我一如既往地发现,最老练的老手对生手最好心,最勤奋的人总是闲时间最多。我刚到英语系(the English Faculty)从教,就交了另外两个朋友,都是基督徒(这两个怪人现在仿佛在每方面都冒泡)。我后来跨过最后一道门槛,这两人帮助甚大。他们是戴森(那时是书友)⑤和托尔金。跟托尔金的友谊,

---

① 里尔的阿兰(Alanus,亦作 Alain de Lille,约 1125—1203),法国神学家,诗人。

② 马克罗比乌斯(Macrobius),拉丁语法学家和哲学家,著有《农神节》(Saturnalia)。生平不详。

③ 多梅尼科·孔帕雷第(Domenico Comparetti,1835—1927),意大利古典学者。

④ 杜·孔日(Charles Du Fresne,1610—1688),法国著名语言学家,研究拜占庭的历史学家,中世纪拉丁—希腊语语言学之创始人。

⑤ 雨果·戴森(Hugo Dyson,1896—1963),参第十章第 5 段脚注。

标志着两个古老偏见的崩溃。我刚一踏入俗世,就有人(偷偷)警告,切莫信赖天主教徒;我刚进入英语系,就有人(明白)警告,切莫信赖语文学家。托尔金身兼二者。①

实在论已遭摒弃;"新气象"也差不多半死不活;时代势利病,遭受重创。整盘棋里,我的棋子处境极为不利。很快,甚至连主动权还在自己手中这一幻想,我都不能抱了。对手开始下最后几招了。

第一步是将新气象之残余,打扫干净。我突然被迫重读欧里庇得斯的《希波吕托斯》(当时确实不是我份内之事)。在一首合唱歌里,②那个世界的末日景象,我重拾自己的新气象时已经加以拒斥的末日景象,又重现面前。我喜欢它,但并不屈服,而是试图驾驭。可第二天,我就招架不住了。转折点是一阵醉人的不安(delicious uneasiness)。接着,忽然间,长期禁令结束了,沙漠被抛到身后,我又一次进入憧憬之地,我顿时为之心碎,又为之心醉(my heart at

---

① 托尔金(J. R. R. Tolkien),《魔戒》作者。关于戴森与托尔金对路易斯属灵生活的帮助,详参《纳尼亚人》第 170 页。
② 疑指欧里庇得斯悲剧《希波吕托斯》里的"第二合唱歌",第 732 行以下。此时,菲德拉因爱情无望,自杀。

once broken and exalted），这是自布克汉姆的旧时光之后，再没有过的事。此时，什么也不需要做；也不存在重返沙漠的问题。我只是被勒令——或者毋宁说，被迫——"收起那副尊容"。永不装这模样。

《空间、时间和神》作者
萨缪尔·亚历山大

第二步是智识上的，巩固了第一步。我在亚历山大的《空间、时间和神》一书里，①读到了他关于"受享"（Enjoyment）和"沉思"（Contemplation）的理论。这是亚历山大哲学里的一对专门用语："受享"跟快感（pleasure）没任何关系，"沉思"跟静观的生活（the contemplative life）也无关。当你看一张桌子，你是在"受享"看的动作，在"沉思"桌子。接下来，要是你研习光学，思考看本身，那你就是在沉思这个看，受享这个思考。在丧亲之痛中，你在沉思所爱之人及所爱之人之死，而且照亚历山大的

---

① 萨缪尔·亚历山大（Samuel Alexander，1859—1938），英国哲学家。其两卷本名著《空间，时间和神》（*Space，Time and Deity*），是他在苏格兰格拉斯哥大学吉福德讲座的讲稿。其中区分 Enjoyment 和 Contemplation 的文字，见该书"导言"。

意思,在"受享"孤苦与伤痛;不过一个心理学家,他要是将你想作忧郁症的一个病例,就会沉思你的伤痛,受享心理学。我们可不是在跟我们"想希罗多德不可靠"同样的意义上,"想一个想法"(think a thought)。当我们想一个想法,"想法"是个同源宾格(就像"敲一敲"后面的那个"敲")。①我们受享这个想法(希罗多德不可靠),这样受享的过程中,我们沉思希罗多德之不可靠。

我立即接受了这一区分。此后,就将它视为思考的一个不可或缺的工具。没多久,其推论——对我倒像个灾难——开始出现。在我看来不证自明的是,爱、恨、恐惧、盼望或渴欲的一个本质特征就是:对其对象之注意(attention)。不再思想或注意一位女子,至此,就不再爱她了;不再思想或注意可怕事物,至此,也就不再惧怕了。不过,注意你自己的爱或恐惧,就是停止注意所爱或所怕对象。换句话说,对我们内心活动的受享和沉思,是不相容的。你无

---

① 本句颇为关键,怕译文遗漏太多,兹附原文如右:We do not "think a thought" in the same sense in which we "think that Herodotus is unreliable". When we think a thought, "thought" is a cognate accusative (like "blow" in "strike a blow").

法在盼望的同时，也思考盼望。因为盼望时，我们看的是盼望对象；当（比方说）我们转头来看盼望本身，就打断了盼望。这两个活动，当然能够而且的确快速变换；可是，它们却截然有别而且两不相容。这不只是亚历山大的分析的一个逻辑后果，而且能够在每日每时的经验中得到证实。平息怒气或情欲的最佳手段就是，将注意力从那个侮辱或那个女孩那儿转移出来，开始盘查这个激情本身。开始盘查你的心满意足（satisfaction），你十拿九稳，糟践了一项快乐。设若真是如此，其逻辑推论就是，一切内省（introspection）在某方面就是误导。内省之时，我们试图看"我们内心"，看正在进行着什么。可是，片刻之前还在进行中的任何事物，因我们转而看它这一举动，就停止了。不幸的是，这并不是说，内省什么都发觉不了。相反，内省发现的正好就是，因搁置我们的一切正常活动而留下来的东西；留下来的东西，主要是心像（mental images）和生理感觉（physical sensations）。误将这一沉淀物或印痕或副产物当作那些活动本身，大错特错。这就解释了，为何人们竟会进而相信，思想只是没说出来的话（unspoken words），诗歌欣赏只是一批心灵图像（a collection of mental pictures）。而实际上，这些都是当思想或欣赏被打断时,留下来的东西——就像海面上的隆起,是风退之后形成的。这些活动,在我们因内省而加以中止之前,当然不是无意识的。我们不会稀里糊涂地爱、怕或思考。取代意识与无意识二分法,我们需要一个三分法:无意识(the Unconscious)、所受享者(the Enjoyed)及所沉思者(the Contemplated)。

这个发现,给我整个生命投下一道新光亮。我明白了,我对悦慕的一切等候或守望,我的一切徒劳盼望,想找到某个心理内容(some mental content),我可以指着它说,"就是它了"——这全是枉费心机,企图去沉思所受享者(attempt to contemplate the enjoyed)。所有这类守望及等候,能找到的要么是个意象(阿斯加尔德仙宫,西极乐土,诸如此类),要么是一阵心惊肉跳。对这些意象或感觉,我永远不应再费心了。我现在知道,它们只是悦慕之旅(the passage of Joy)所留下的心理印痕——不是浪涛,而是浪涛在沙滩上的印迹。渴欲本身的内在辩证法(The inherent dialectic of desire itself),以某种途径,已经给我显示这一点;因为一切意象及感觉,要是你偶像崇拜般地误认为是悦慕本身,它们很快就老老实实承认自己当不起。万不得已,它们都会说:"那不是我。我只是个提醒(a reminder)。看！看！我在提醒你什么？"

迄今为止，一切顺利。不过在下一步，敬畏就攫取了我。无疑，悦慕是一种渴欲(而且既然它同时也是一种善，因而也是一种爱)。① 不过，渴欲(desire)不是面朝自身，而是面朝其对象。不止如此，而且渴欲的一切特征，都取决于其对象。情爱跟对食物的渴欲并不相像，不仅如此，对此女子的爱也不同于对彼女子的爱，其不同程度，恰如此二女子之不同。甚至我们对这种酒的渴欲，在基调上就不同于对另一种酒之渴欲。我们的智识渴欲(好奇)，欲知道某个问题的真正答案，很不同于我们想发现此答案正确而非彼答案正确的渴欲。渴欲对象，会给渴欲留下烙印(The form of the desired is in the desire)。正是渴欲对象，使得渴欲本身严酷或甜蜜，粗糙或精细，"高"抑或"低"。正是渴欲对象，使得渴欲本身可欲或可恶。我发觉(真是奇之又奇)，正如我错以为我真正渴欲的是金苹果园，我也同样错以为我渴欲着悦慕本身(Joy itself)。悦慕本身，若只将它看作是自己内心的一桩事，就

---

① 本句原文：There was no doubt that Joy was a desire (and, in so far as it was also simultaneously a good, it was also a kind of love).

变得毫无价值了。悦慕的一切价值,都在悦慕之所以为渴欲的那个对象上面(All the value lay in that of which Joy was the desiring)。而此对象(the object),很显然,不是我自己的心灵状态或身体状态。就某方面说,我是藉排除法证明的。自己心灵和身体里的每样事物,我都试过。这么说吧,我自问:"这是你想要的吗?是它吗?"最后我自问,悦慕本身是不是我想要的;又给悦慕本身加上"审美经验"的名号,我就伪称,我能回答"是"了。然而,这个答案也破产了。悦慕无情宣告:"你想要的不是你也不是你的任何状态,而是在你之外的另样东西——我自身就是你对这东西的想望。"我还没问谁是被渴欲者(Who is the desired?),只问了它是什么(What is it?),这就足以让我懔然生畏。因为我由此理解了,在深深的孤独之中,有条路通往自我之外,与某样事物交往。这事物,拒绝认同于任何感官对象,拒绝认同于我们对之有生物性或社会性需要的任何东西,拒绝认同于任何想象的事物,拒绝认同于我们自己的任何心灵状态,从而宣告自己全然客观。它远比各样物体(bodies)客观,因为不像它们那样被我们的感官缠裹;这个裸裎的他者(the naked Other),无形无象(尽管我们的想象以千百种意象向它致敬),不为人知,未被界定,却被渴欲。

这是第二步;或许,跟下棋丢了最后一个子相差不多。第三步,当时在我看来并不危险。它只是将对悦慕的这一新的澄清,跟我的唯心论哲学联系起来。我看到悦慕,就我现在的理解,合乎唯心论哲学。我们有死之人,就科学对我们的看法以及我们彼此的看法,都只是"表象"(appearances)。但却是"绝对"之表象(appearances of the Absolute)。就我们的究极所是而论(本就不可说),可以说,我们有条根扎在"绝对"也即在纯实存(the utter reality)里。这就是我们体验悦慕的缘由:我们思念着那个合一(unity),这名正言顺;但这个合一,我们无法臻达,除非我们停止做那个被称为"我们"的分离的现象存有(the separate phenomenal beings called "we")。悦慕,不是一场骗局。悦慕的造访,毋宁说,就在我们意识最清醒的那些瞬间。这时,我们意识到自己本性之破碎与虚幻,我们渴望着会消灭我们的那个不可能的联合,或渴望着那个自相矛盾的醒觉——此醒觉揭示的不是,我们刚做了一场梦,而是我们就是一场梦。从理智上看,这相当完满。甚至情感上,也完满;因为,天堂理应存在,比我们理应到得了天堂,更紧要。我没有留意到的是,我已经路过了一个重要里程碑。此前,我的思考一直是离心的;此时,向心运动开始了。我的体验的大相径庭的部分所引发的思考,一拍即合。我的欲望—生命(my desire-life)跟我的哲学的这一新的吻合,预示着那一天,正在快速趋近。那时,我被迫更认真对待我的"哲学",前所未有的认真。我却没预见这一点。我就像这样一个人,只丢了个"卒",却从未梦见,这(在整盘棋中)意味着几步以内就死棋了。

第四步更吓人。我现在教哲学(我疑心教得很差)和英文。我的羼水的黑格尔主义,不适合拿来教学。① 指导教

---

① 【原注 7】我当然并不认为,为自家哲学制造信奉者就是导师的事。不过我发现,我需要有个自家立场为基础,来评判学生的文章。
【译注】路易斯所担任的导师,与国内所谓导师大不相同。牛津剑桥对本科生实行导师制(tutor system),一对一授课,每周一次。李若虹《在牛津和哈佛求学》(华东师范大学出版社,2009)一书第四章详细介绍这一古老制度,其中说:"导师制是英国的牛津大学和剑桥大学内一种传统的授课方式,其中心内容就是每周一次(频率也许会因年级、专业和课程而异),导师对学生进行一对一的授课,师生之间就学业做一对一的交流和探讨。师生见面的时间并不长,但是效率和强度都很高。导师每个星期布置的阅读任务和授课时要朗读的短篇论文,学生都得在下一次授课之前按时完成。不仅要消化应该消化的阅读内容,同时还要对所阅读的典籍做深入独到的思考,然后写出一篇短论文。下一次授课时,带着论文去见导师。授课一开始,学生就得向导师大声朗读写的论文,然后,师生就这篇论文的主题、论点和论据展开讨论,相互切磋。一个多小时的授课接近尾声时,导师就布置下一周的阅读任务和论文的主题。每周如此,从专业上的一个主题转到另外一个主题,从一个名家的经典著作读到另一个名家的。"

师,必须将事情弄清楚。如今,没法说清"绝对"。你是指"混沌"(Nobody-knows-what)呢,还是指一个超人心灵(a superhuman mind),进而(我们或许也会承认)指一个人(a Person)? 说到头,黑格尔和布拉德雷这路人,除了给贝克莱的简明的切实的神学唯心论加了些许神秘之外,是否还做了些什么? 我想答案是否定的。"绝对"所做到的,难道贝克莱的"上帝"不也悉数做到? 而且还有个附加优势,即我们对自己用"祂"来指什么至少还有些想法。我想是这样的。因而,我被赶回某种贝克莱主义,只不过,有些辞藻是我自己的。我将这一哲学的"上帝"(philosophical "God"),跟"大众宗教的上帝"(the God of popular religion),明确区分开来(或自诩如此吧)。我解释说,跟祂建立一种切身关系(a personal relation),没可能。因为我认为,祂安排(projected)我们,一如剧作家安排他的人物;我不会跟祂"相遇",恰如哈姆莱特不会遇见莎士比亚。我也不叫祂"神(God)",我叫祂"灵"(Spirit)。我还在负隅顽抗。

后来,我读了切斯特顿的《永在的人》(*Everlasting Man*)。我头一次看见,基督教所勾画的历史轮廓,在我眼中仿佛有了道理。不知怎的,我想方设法不让被撼动得太厉害。你该记得,我那时就认为,尽管切斯特顿是尚在人世最有分辨力的人,但"他的基督教除外"。现在我确信,我那时也在想——当然没说出来,付诸言辞就会暴露出是胡说八道——基督教本身很在理(sensible),"除了其基督教"。不过我不太记得了。因为刚读完《永在的人》不久,就有一件更让我瞠目结舌的事情发生了。1926年初,我所认识的无神论者中间最强硬那个,来到我房间,坐在火炉另一边,说福音书写的是确有其事,其史实证据实在确凿地令人惊异。"咄咄怪事,"他接着说,"弗雷泽关于殇逝之神(Dying God)的那些材料,也是确有其事。咄咄怪事。还真像是曾发生过一样。"① 为理解这事的摧毁效果,你需要了解一下

---

① 弗雷泽《金枝》集中探讨了世界各地"神的死亡和复活"(the Dying and Reviving God)的神话,得出结论说,所谓神的死亡和复活,不过是冬去春来的季节轮回,是人将自然节律神化的结果;至于围绕神的死亡和复活所进行的一系列祭祀崇拜,则是一种原始巫术,是为了促进农业丰收:"我们看到古代西亚文明国家和埃及都把一年中季节的更替,特别是植物的生长与衰谢,描绘成神的生命中的事件,并且以哀悼与欢庆的戏剧性的仪式交替地纪念神的悲痛的死亡和欢乐的复活。如果说这种纪念在形式上是戏剧性的,那么,它们实质上却是巫术性的。也就是说,根据巫术的交感原理,其意图是为了确保植物春天再生、动物繁殖,而这些都受到冬天损害的威胁。"(汪培基 等译《金枝》,商务印书馆,2012,第614页)。在弗雷泽的理论框架中——人类社会经过了巫术、宗教和科学三阶段——耶稣基督也是一个典型的近东"殇逝之神"(Dying God),一位丰饶之神,植根于原始巫术,其受难和复活也是为了促进农业丰收。

这个人(他肯定从未对基督教表示任何兴趣)。要是他,这个犬儒中的犬儒,硬汉中的硬汉,都不"安全"(safe)——我还是得用"安全"一词——那我还能指靠谁呢?难道就没脱身之路了?

现在看来怪就怪在,上帝在迫近我之前,事实上,还是给了我一阵子完全的自由选择。在某种意义上如此吧。我坐在巴士顶层,去黑丁顿山。没有言辞,(我想)甚至没有意象,有个关于我自己的事实,不知怎地就摆我面前。我意识到,我正在遏制某样东西,或正在将它拒之门外。或者这么说吧,我就像个甲壳虫,穿着某种僵硬衣物,就像紧身褡,甚或像甲胄。我感到,在那时那地,给了我一个自由选择。我可以开门,也可以关门;我可以解甲,或继续穿着。没有哪个选择,作为义务而呈现面前;也没有威胁或应许,附着在哪个选项之上,尽管我知道,开门或脱去甲胄,后果不堪设想。选择仿佛就迫在眉睫,却出奇平静。驱动我的,并非渴欲,也非恐惧。在某种意义上,没有任何东西驱动我。我选择了开门,解甲,松手。虽然我说是"我选择",但那时好像真的别无选择。另一方面,我没有意识到任何动机。你或会争辩说,我不是一个自由主体(a free agent),不过我倒更愿意认为，跟我此前的绝大多数举动相比，这次最最接近完全自由。自由的对立面或许不是必然。一个人最自由的时候，或许不是自我驱动（producing motives）之时，而是在他只能说"我即我之所为"（I am what I do）之时。这时，在想象层面来了反响。我感到自己仿佛是个雪人，终于开始融化。从背部开始融化——一点一滴，很快就是涓涓细流。我很讨厌那种感觉。

狐狸被赶出黑格尔式丛林，正在旷野奔跑，"四面楚歌"。① 满身泥水，疲惫不堪，一群猎犬就在身后一眼地处。几乎所有人（以这样或那样的方式）加入那群：柏拉图，但丁，麦克唐纳，赫伯特，巴菲尔德，托尔金，戴森，还有悦慕自身。个个人，样样事，都与我为敌。就连自己的学生格里夫斯——如今的本笃会格里夫斯大师②——尽管自己还不是信徒，也在掺合。有一次，他跟巴菲尔德在我房间吃午饭，我偶尔提起哲学这门"学科"。"对柏拉图，它不是学科，"巴菲

---

① 原文是："with all the wo in the world." 语出《高文爵士与绿衣骑士》第 1717 行。狐狸和丛林的隐喻，用的就是诗中众猎犬追逐狐狸的典故（第 1690—1730 行）。拙译用"四面楚歌"之典意译。

② 本书即题献给此人。

尔德说,"它是路途。"格里夫斯心照不宣却热切同意,还有俩人之间的会心一瞥,都显示了我的轻薄。想过、说过、感受过、想象过的,已经够多了。差不多到了出点事的时候了。

因为长期以来,有一种伦理(理论上)附着于我的唯心论。我认为,我们这些有限且半真实的灵魂(finite and half-unreal souls),其分内事就是,藉着从不同立场看世界,又跟"精神"保持质的一致,从而扩充精神意识(the consciousness of Spirit);虽拘于特定时间、地点和环境,但意志和思考却像"精神"本身。这很难;因为精神藉以安排(projects)灵魂和世界的每一举动,都给了这些灵魂各不相同且相互争竞的利益(interests),因而有陷于自私的诱惑。不过我认为,我们每个人都有能力,让自己的特定自我所产生的情感偏颇大打折扣,恰如我们能够让自己的空间位置所产生的光学偏颇大打折扣。偏重自己的幸福而非邻人的幸福,就像是认为最近的电线杆真的就是最大的。恢复并践行这一普遍又客观的见识,途径就是,时刻谨记我们的真正本性,重升至或重返到那个"精神"——只要我们真的还存在,我们就仍是这"精神"。没错;不过我现在感到,我最好试着去做。最终摆在我面前的是,(用麦克唐纳的话说)"绝知此事要躬行"。① 必须尝试成就美德了。

真的,一个年青的无神论者,再小心翼翼,也守不住自己的信仰。四周,都有危险在等着他。除非你准备"了解教义"(know of the doctrine),否则千万别执行甚至别尝试执行父的意志(the will of the Father)。② 我的一切举动、渴欲和思考,都要被带入跟普遍精神的和谐之中。生平头一次,我带着严肃的实践目的,自我盘查。在这里所发现的,令我惊愕:一个情欲的动物园,一堆闹哄哄的野心,住着恐惧的托儿所,受宠的恨就像妻妾成群。"我名叫群"。③

---

① 原文是:"something to be neither more nor less nor other than done." 藉陆游诗句意译。

② "了解教义"(know of the doctrine)一语,涉及的是《约翰福音》七章 16—17 节这段经文:"我的教训不是我自己的,乃是那差我来者的。人若立志遵着祂的旨意行,就必晓得这教训或是出于神,或是我凭着自己说的。"

③ "我名叫群"(My name was legion.),语出《马可福音》五章 9 节,《路加福音》八章 29 节,也即"治好格拉森被鬼附的人"章:他们来到海那边格拉森人的地方。耶稣一下船,就有一个被污鬼附着的人从坟茔里出来迎着他。那人常住在坟茔里,没有人能捆住他,就是用铁链也不能。因为人屡次用脚镣和铁链捆锁他,铁链竟被他弄碎了,总没有人制服他。他昼夜常在坟茔里和山中喊叫,又用石头砍自己。他远远地看见耶稣,就跑过去拜他,大声呼叫:"至高神的儿子耶稣,我与你有什么相干?我指着神恳求你,不要叫我受苦!"是因耶稣曾吩咐他说:"污鬼啊,从这人身上出来吧!"耶稣问他说:"你名叫什么?"回答说:"我名叫群,因为我们多的缘故。"(《马可福音》五章 9 节)

当然，除了不断有意识地求助于我所谓"精神"，我什么都做不了——连一小时都坚持不了。可是，当你诚挚求助时，这求助与普通百姓所谓"祷告"之间明确的哲学分际，就立即瓦解。唯心论，可被谈说，甚至可被感受，但无法栖居。以为"精神"要么对我的路数（approachs）一无所知，要么对之被动服从，显然荒诞无稽。即便我的哲学是真理，主动权（the initiative）如何能在我这边？我这时首次觉察到的类比，提示的恰恰相反：要是莎士比亚和哈姆莱特会见面，那也定是莎士比亚的安排。① 哈姆莱特发起不了（initiate nothing）。或许，即便是这时，我的"绝对精神"仍然以某种方式区别于宗教的上帝。可真正的问题不在或尚还不在这里。真正的恐怖在于，即便是这样一个"上帝"，或我所承认的"精神"，一旦你真信了，就有一个全新的局面。恰如以西结的恐怖平原上的那些枯骨，动弹起来，相互联络，②如今有个哲学原理，以前在理智上把玩，这时开始动弹，起身，甩

---

① 【原注】也就是说，按理，莎士比亚能使自己以作者的身份，出现在戏剧里，写上一段自己跟哈姆莱特的对白。戏剧中的"莎士比亚"，当然既是莎士比亚，又是莎士比亚的一个造物。这跟道成肉身有可比之处。

② 典出《以西结书》卅七章第 1—14 节。

掉尸衣。站得直挺挺的,成为一个活生生的临在(a living presence)。再也不准我玩哲学了。或许还像我说的那样,"精神"确实在某些方面不同于"大众宗教中的上帝"。我的对手,却对此不置可否。这区别也就变得全然无足轻重。祂不会为此争究。祂只说:"我是主";"我是自有永有的";"我在"。①

这样一个天启(such a revelation),其恐怖,天性虔诚的人会发觉难以理解。和蔼可亲的不可知论者,会兴致勃勃地谈论"人寻找上帝"。对当时的我而言,他们最好说是老鼠找猫才对。我的困局,其最好的意象就是,《齐格弗雷德》第一幕里米梅与沃坦的会面场景:"我不需要明智之士,想一个人待在这里……"②

切记,我一直想要的,说到底,就是不受"干涉"。我曾想要(发疯似的想望),"让我的灵魂归我自己"。对于我,避苦远比求乐更为急切。我所负的,一直是有限责任(limited

---

① 原文是:"*I am the Lord*";"*I am that I am*";"*I am.*" 典出《出埃及记》三章13—14节:摩西对神说:"我到以色列人那里……他们若问我说:'他叫什么名字?'我要对他们说什么呢?"神对摩西说:"我是自有永有的。"(I AM WHO I AM)
② 鲁路译《尼伯龙根的指环》,安徽人民出版社,2013,第84页。

liabilities)。超自然本身对于我,起先是违禁的少量威士忌,后来作为酒鬼的反应,才变得恶心。即便我近来的企图,企图在我的哲学里栖居,(我现在才知道)四周也是形形色色的保留条件。我曾深知,我从不容许自己的德性理想,将自己带至不堪承受的痛苦之中;我会"理性的"(reasonable)。可而今,曾经的理想,却成了一道命令;对我是否还会网开一面? 无疑,根据定义,神就是理性本身(God was Reason itself)。可是,难道祂就不会在另种让人舒服的意义上"理性"么? 在此,给我一点余地都没留。投降,跳入黑暗,这是命令。实存(reality),无法缔结和约,就压在我头上。命令甚至不是"非全则无"(All or nothing)。现在想来,我度过那个阶段,就是在巴士上,当我解下甲冑,雪人开始融化的时候。眼下,命令只是"全"(All)。

可以想象一下,我只身一人待在抹大拉学院的房间里,夜复一夜,我的心思转离手头工作哪怕一秒钟,就会感到那个我诚挚渴望不会遇见的祂,咄咄逼人,正健步走来。我极端惧怕的事,终于来临。就在1929年的圣三一学期,我投降了,承认神就是神,并且跪下来祷告。或许我那晚的决志,是全英国最沮丧最不情愿的决志。当时的我,还没有看到现在看来最为耀眼最为显见的东西;即便如此,谦卑的神仍然接受了这样的决志。那个浪子,至少还是自个步行回家。① 可谁会仰慕这样的"爱"(Love)——浪子被带进来时,踢蹬、挣扎、怀恨在心,东张西望伺机逃脱,却还为浪子敞开大门?"勉强人进来"一语,②曾遭坏人滥用,以至于我们闻之胆寒;可是,要是不曲解,它们倒探出了神的仁慈的深度。神的严厉比人们的温柔还要仁慈,祂的强制使我们得以自由。

---

① 典出《路加福音》十五章 11—32 节"浪子的比喻"。
② 典出《路加福音》14 章 23 节:主人对仆人说:"你出去到路上和篱笆那里,勉强人进来,坐满我的屋子。"

15 新生
The Beginning

> 从丛林的高处眺望和平之乡……是一回事,……通向和平之乡的道路,是另一回事。
>
> ——圣奥古斯丁《忏悔录》卷七第 21 章①

诸君必定理解,上一章所记述的决志,只是走向有神论,不折不扣,而不是走向基督教。我那时对道成肉身还一无所知。我对之投降的上帝,全然非人(sheerly non-human)。

---

① 周士良译《忏悔录》(商务印书馆,1963)第 136 页。

或许会有人问，因为想到自己正趋近源头——从孩提之时起，悦慕就从这里向我射箭——我的恐慌是否有所减轻。一点也没有。没有一点点迹象向我允诺，在上帝和悦慕之间曾经有或总会有些联系。即便是有联系，那也恰恰相反。我曾希望，实存的中心（the heart of reality）或许是这样一种东西，我们最好将它符号化为一个地方；相反，我发现那是个人（a Person）。据我所知，对我称作悦慕的东西的全然拒绝，或许就是祂给我的命令之一，或许还是第一道命令。我被拖过门厅时，里面没有音乐传出来，门槛那儿也没有永恒果园的香气。任何种类的渴欲都没有。

我的归信，也没有对来世的信念。现在算来，这是我莫大的福气——容我花好几个月甚至一年时间，去认识上帝，去尝试顺从，甚至不用提出来世问题。我接受的训练，颇像犹太人。就在有传言说，相比于阴暗而无特征的"冥界"（*Sheol*），坟墓之外还有更好的（或更糟的）什么东西——比这早先数个世纪，祂就在向犹太人启示自己了。[①] 而我，甚

---

① 关于犹太人没有来世观念，路易斯《诗篇撷思》第四章有详细论述。如：

极其明显的，大部分的旧约微乎甚微，甚至丝毫没有来世（转下页注）

至做梦都没想过来世。有一些人，不知比我优秀多少的人，将永生几乎弄成他们宗教的核心教义；可对我而言，从一开始就着迷于这问题，我从未看到它怎就不会败坏全体。①我接受的教育令我相信，善之为善，只因它无功利（disinterested）；希望得到奖赏或惧怕受到惩罚，都会玷污意志。要

（接上页注）信念，更没有任何具有属灵意义的来世信念。在通行的诗篇译文中被译为"灵魂"（Souls）的，其实只意指"生命"（译注：和合本便译为生命）；被译为"地狱"的，其实只意指"冥界"（Sheol），是一切死人的归宿，善恶皆然。至于古犹太人对冥界到底持何种看法，我们极难确知。按理，他们根本不爱去想它，他们的信仰根本不鼓励他们想这方面的事，因为想它并无任何好处，徒然招惹祸殃。他们相信冥界是一处被巫师这类的恶人可从其中召唤出鬼魂的境域。被唤出的鬼魂无法告诉你任何有关冥界的事，它只被唤来告诉你今生的事。（曾珍珍译，台北：雅歌出版社，1995，第34页）

冥界……离犹太信仰核心有千里之遥；在诗篇中尤其如此。犹太人提起冥界（圣经中或称"阴间"或称"无底坑"），就像不相信任何来世观念的人提及"死亡"或"坟墓"一样，对这种人而言，死就是死，就是一切归于虚无，没什么好说的。（同上，第35页）

① 路易斯在《无教条的宗教？》一文中说得更决绝：我禁不住想，任何宗教，作为宗教，若始于对永生之渴求，从一开始就可恶（damned）。除非到达某一属灵层次，否则，永生允诺就像贿赂讨好，败坏了整个宗教，并对宗教必须根除务尽的"我执"（self-regards）煽风点火。因为宗教之本质，在我看来，是渴求比自然目的（natural ends）更高的目的；有限自我（the finite self）所渴望、默认、并自我弃绝以便寻找的那个对象，它是至善的，对有限自我也是至善的。这种自我弃绝（self-rejection）最终也是一种自我寻见（self-finding），粮食撒向水面，日久之后却必能得着，死就是生——这些神圣悖论，不可过早告诉人类。（见路易斯神学暨伦理学论文集 God in the Dock 第一编第16章第3段，拙译该书华东师范大学出版社即出）

是我这信念错了(这问题确实比我那时所想的要复杂很多),我的错误也会得到体谅。我担心的是,威胁或应许,会令我没了道德(demoralise me);莫要威胁,也莫做应许。命令虽不可阻挡,但是它们并无"奖惩"(sanctions)作后盾。上帝之被顺从,只是因为祂是上帝。早先通过仙宫的诸神,后来通过"绝对"的观念,祂已教导我,一样事物之受尊敬,可以不是因为它会给我们带来什么,而是因为它自身之所是。这也就解释了,得知之所以要顺从上帝只是因为祂自身之所是(what He is in Himself),尽管是挺吓人,但却不足为奇。要是你问,我们为什么应顺从上帝,最终的答案就是:"我在。"(I am.)认识上帝,就是认识到我们的顺从是由于祂。从法理上讲(*de jure*),祂的至高无上就启示在祂的本性里。①

当然,如我所说,这问题要复杂得多。原初而必然的存在,创造主,在事实上和法理上,都至高无上。祂既有权柄,又有王国和荣耀。不过,我是先明白祂法理上的至高无上,后才明白祂的权柄;先是"义"(the right),后才是"力"(the might)。②

---

① 最后一句的原文是:In His nature His sovereignty *de jure* is revealed.
② 坊间常说的"强权即公理",英文表述即为 might is right。此处所用 the right 和 the might 这对术语的用法,与此相类。勉强译为"义"和"力",取"公义"和"强力"之意。

对此，我感激。即便是现在，我仍想，我们还得时不时告诉自己："上帝之为上帝就在于，即便（实际上不可能）上帝的权柄消失但别的属性还在，即便祂只留无上的'义'而失了无上的'力'，我们对祂的忠贞，也应跟现在一样，种类和程度都不变。"另一方面，虽说神的本性就是神的命令的真正奖惩（God's own nature is the real sanction of His commands），然而，去理解这一点，最终必定会领我们下结论说，跟此本性联合是个福音（bliss），跟它分离则是种恐怖。这样，天国和地狱就登场了。不过，在这一思想语境之外，惦记天堂和地狱，将它们视为实体，好像离开上帝的临在或不在，仿佛它们还具有实质意义，要是我们这样想，就既败坏了关于天国和地狱的教义，也败坏了我们自己。

我的故事的最后阶段，也即从有神论向基督教的转变，我如今知之甚少。既然它距今最近，这无知就有些奇怪。我想，原因有二吧。一个原因是，随着年齿渐长，我们对辽远过去的记忆，要比新近之事更清楚。而另一个原因是，我相信，我归信有神论的头一个结果就是，我长期以来汲汲于自己观点的进步和自己的心灵状态，这时则忽然不挂虑了（而且适得其时，本书的所有读者都会同意）。对于许多健康的外向型人来说,归信之后,第一件事就是自我检省。对于我,几乎相反。自我检省,当然得做。不过,(想必如此吧,因为我记不大清了)有一定间隔,而且有着某种实践目的;是个义务,是个纪律,是件不太惬意的事,而不是癖性或习惯。外向的人,一旦信,就开始祈祷。我则如他们所说,"破了我执"(taken out of myself)。即便有神论没给我带来别的什么,我仍应心存感激,因为它治愈了我记日记这项既浪费时间又愚蠢的实践。(即便是为了写自传,日记也没有我所指望的那样有用。你每天都记下了自以为重要的事情;可是,你无法每天都看到,什么事情到头来被证明是重要的。)①

我刚成为有神论者,就开始周日上教区教堂,平日上学院教堂;不是因为我信基督教,也不是因为我认为基督教跟有神论差别不大,而是因为我想,一个人应该用一些不会错的公开标识来"光明正大"。我是依照一种(或许错误的)荣

---

① 【原注】我从记日记得到的唯一真正的好处就是,他教我欣赏鲍斯威尔的惊人天分。我曾竭力复现一些对话,其参与者都是极为风趣极引人注目的人物。但这些人物,没有一个在我的日记中活灵活现。显而易见,鲍斯威尔呈现 Langton、Beauclerk 及 Wilkes 等人物时,某种跟准确记载大不相同的东西,在涌动。

誉感在行动。信徒的观念,对我全无吸引力。我那时虽一点都不反教权(anti-clerical),但却坚决反教会(anti-ecclesiastical)。竟还有助理牧师、会吏总和堂区执事,这都值得称道。他们满足了我对任何具有自己独特风味的事物的那种詹金式的爱。(老家伙除外),我曾有幸结识一些教牧人员,尤其是亚当·福克斯(Adam Fox),抹大拉学院的神学系主任,还有亚瑟·巴顿(后来的都柏林大主教),曾是我爱尔兰家乡的教区牧师。(顺便说一句,他也曾在贝尔森老家伙治下受折磨。谈起老家伙的死,我说,"这下我们该不会再见他了。""你的意思是,"他诡秘一笑,"但愿吧!")不过,就像我虽喜欢熊,却不愿待在动物园;我虽喜欢教牧人员,却不愿待在教会。首先,它是一种集体,一个令人厌倦的"聚会"(get-together)。我实在看不出,心系这类事务,跟一个人的属灵生命有何关联?对于我,宗教本应是这样一件事:好人独自祈祷,三两人一起谈论属灵事务。其次,还有那浪费时间瞎忙活的腻味事!钟声,人群,伞盖,通知,奔忙,无休无止的安排和组织。赞美诗,我极讨厌,那时如此,现在亦如此。在所有乐器中,我最不喜欢的,当数风琴了。加之,我有一种属灵笨拙,使得我拙于参与任何典礼。

因而，我上教堂，就只是个象征，是应应景。即便它事实上也将我向基督教方向推进，我当时或现在都一无所知。在这段路上，我的主要伙伴是格里夫斯，我跟他坚持通信。我俩都信神，都迫切了解关于祂的言说，无论是异教的还是基督教的。在我心中（我现在无法替他说，在《金弦》[The Golden String]一书里，他自己的故事讲得极好），诸多"宗教"之盘根错节，这时开始有了头绪。头绪，是那位强硬的无神论者交到我手上的。那时他说："咄咄怪事，关于殇逝之神（Dying God）的那一切，还真像是曾发生过一样。"由于他，也由于巴菲尔德的鼓励，对异教神话，我更加尊敬，即便不是更心喜。问题这时不再是，在一千个彻底错误的宗教中间，找到彻底正确的那个宗教。问题毋宁是："宗教在什么地方真正成熟？在什么地方，要是有个地方的话，一切异教的暗示都得到完全？"我不再心系无信者；他们生命观，从此已被驳回。跟他们相反，那些敬拜者——他们跳舞、唱歌、献祭、颤栗、崇拜——却显然正确。可是，恰如狂欢和仪式，理智和良知也应该是我们的指引。决不能重返原始的、未神学化的、未道德化的异教。我最终认识的上帝，是独一的，是正义的。异教，只是宗教的童年期，或只是一个预示的梦。宗教这东西,在什么地方生长完全?或者说,在什么地方梦醒了?(《永在的人》在这里帮助了我。)其实只有两个可能答案:要么在印度教,要么在基督教。① 别的一切,要么是此两者之预备,要么是二者之"通俗版"(法国人的说法)。无论什么,你在别的地方能找到,在此二者的任意一个中间,都能找到更精细的。不过,印度教好像有两点局

---

① 路易斯在《基督教护教学》一文中说:真正值得考虑的宗教只有两个:基督教和印度教。(伊斯兰教只是基督教的最大异端,佛教则是印度教之最大异端。真正的异教已经死了。犹太教和柏拉图主义之精华在基督教中存活下来。)对一颗成熟心灵来说,需要考虑的宗教并非无限多样。我们或可以"不揣冒昧",像把汤分为浓汤和清汤那样,把宗教分为"浊"(thick)和"清"(clear)两类。我用"浊"字是指那些包含着放荡、狂欢、神秘及地域色彩的宗教;非洲就充满了浊教(Thick religions)。我用"清"字是指那些哲学的、伦理的及普遍的宗教:斯多葛主义、佛教以及伦理教化运动(Ethical Church)都是清教(Clear religions)。这样一来,假如有个真正宗教(true religion),它就必然既浊又清:因为真神(true God)必定既造了儿童又造了成人,既造野蛮人又造文明人,既造了头脑又造了肚腹。在所有宗教中,只有印度教和基督教符合这一条件。但印度教并不完全符合。隐居山林的婆罗门之清教与邻近寺庙之浊教并行不悖。婆罗门隐士并不干涉寺庙里的妓女,而寺庙里的善男信女也不为隐士之形而上学费心。而基督教着着实实打破二者之藩篱。它俘获了一位中非归信者,并告诉他遵守一种明达的普遍伦理(enlightened universal ethic);它俘获了我这样的 20 世纪自命不凡的学究,并告诉我去为一个奥秘(a Mystery)禁食,去喝主的血。那个蛮族归信者不得不"清";我则不得不"浊"。我们就这样知道,已经找到了真正的宗教。(见路易斯神学暨伦理学论文集 *God in the Dock* 第一编第 10 章第 31 段,拙译该书华东师范大学出版社即出)

限。其一，它看上去，与其说是异教的道德化哲学化的成熟产物，不如说是哲学跟未经净化的异教两不相犯，就像水跟油一般。婆罗门在林中冥思，而在几里开外的村庄，则有寺院妓女，殉夫自焚，残酷，暴政（monstrosity）。其二，它没有基督教那样的历史断言（such historical claim as in Christianity）。当时，我已有足够的文学批评经验，足让我不把福音书看作神话。福音书没有神话的那个味。可是，福音书那无艺术可言的史家文风里——这些孤陋寡闻的犹太人，对周围异教世界的神话财富，是睁眼瞎——所记载的事，正是伟大的异教神话里的事情。若曾有个神话成为事实，道曾成为肉身，那一定就是福音书所说的这样。一切文学当中，这是绝无仅有的。神话，在此方面跟它相仿；历史，在彼方面跟它相像。可是，二者没有哪个跟福音书一模一样。而且，没有人像福音书所写的那个人。那人跟柏拉图笔下的苏格拉底，鲍斯威尔笔下的约翰逊，一样地真实，一样地清晰可辨，一样地穿越时间（在这方面，十倍于艾克曼笔下的歌德或洛克哈特笔下的司各特）；同时，却又庄严，披着这世界之外的光芒，是个神。如果是个神——我们不再是多神论者——那么就不是一个神（a god），而就是神（God）。

在时间长河中,在这里,也只有在这里,神话成了事实;道,成了肉身;神,成了人。这不是"一个宗教",也不是"一个哲学"。它是这二者之总结,是二者之实现。

如前所说,我说起这最后一个转变,跟说起此前的任何转变相比,少了些言之凿凿。因而在上一段,我可能将后来的一些思考掺了进去。虽如此,其大概轮廓不会有错。有件事,我倒心中有底。就在我快得出结论的时候,我感到有些抵触,几乎跟我先前抵触有神论一样地强。抵触感虽一样强,但却短命,因为我对它了解一二。我所走的每一步,从绝对步向"精神"(Spirit),再从"精神"步向"神",都是步向更具体,更内在,更迫切,更欲罢不能。每走一步,"让自个灵魂归自个"的几率就越小。接受道成肉身,是同一方向上更远的一步。它令神距你更近,或给你一条近道。这一点,我发觉,就是我不想要的。为我的脱逃找根据,当然既是承认其丢人,也是承认其徒劳。关于最后一步,我深知其何时,却不知其如何。一个夏日清晨,我乘车去惠普斯耐德动物园。出发时,我还不信耶稣基督就是神的儿子;到达动物园时,我信了。然而这段旅程,恰好不是思想经历,更没有情感动荡。对于一些至为重要的事件,"感动"(emotional)差不多是最后才能用得上的词汇。它更像是一个人,长眠,仍一动不动躺在床上,却清楚自己现在已经醒了。而且就像坐在巴士顶层的那会儿,它也含混不清。是自由,还是必然?抑或说,二者诣其极,就没了差别?在那个极致,一个人就是其所作所为(a man is what he does),在所作所为之上或之外无一物。至于我们通常所谓意志,通常所谓情感,我想,平时说起来调门过高,捍卫起来太给力,以至于不大信了。我们甚至私下嘀咕,伟大激情或钢铁意志,说不定是装腔作势。

这时,惠普斯奈德一下子就乱了套。在袋鼠林,鸟在头顶唱歌,蓝铃花在脚下开放,袋鼠在四周蹦蹦跳跳,几乎就是伊甸园之重现。

不过,关于悦慕,结论是什么呢?因为,毕竟这才是本故事的主角。实话实说吧,自打成为基督徒,我对这话题差不多已失去兴趣。我的确不会像华兹华斯那样,抱怨荣华不再。我相信(要是这事终究还值得一记),那原先的刺痛,原先的甜蜜之苦涩,自我归信之后,跟我生命中的任何时间一样,一样地经常,一样地尖锐。但我如今知道,这一经验,若视为自家心境,就永远没有我一度给予它的那个重要性。

它之珍贵，只在于它是外面某物或某个他者的指针。当他者尚未可知，在我的思想里，指针自然就显得凸出了。林中迷路之时，看见一个路标，那就是大事一桩。第一眼看见的人会喊："看！"整队人会围过来，定睛端详。可是，当我们找到路，每隔几里地，就会经过路标，我们也就不会驻足，定睛端详了。路标会激励我们前行，我们也会对树立路标者，心存感激。但我们不会驻足端详了，或者说不用仔细端详了。在这条路上也如此，尽管路标的柱子是银制的，字是烫金的："我们终会到耶路撒冷。"

当然啦，自己驻足凝视路边那些不太重要的东西，我也时常逮个正着。

2016 年 12 月 26 日星期一第 6 校

译后记

子曰:"朝闻道,夕死可矣。"

——《论语·里仁第四》

一片芳心千万绪,人间没个安排处。

——李后主《蝶恋花》

饥渴慕义的人有福了,因为他们必得饱足。

——《马太福音》五章 6 节

我们的心若不安息在你怀中,便不会安宁。

——奥古斯丁《忏悔录》卷一

自发心翻译《惊喜之旅》(Surprised by Joy)至今,约两年有余。就在交稿前夕,一个偶然机会,王春说,上海文艺出版社2016年7月出版了一本《惊悦:C. S. 刘易斯自传》,译者丁骏。正是我在定稿的《惊喜之旅》。

依我此前翻译路易斯的惯例,既然拙译已非首部中译本,也就没必要重订书名,徒增诸君阅读烦累。然而思来想去,书名还是坚持用《惊喜之旅》,不用《惊悦》。最浅显的原因大概是,无论大陆还是海外,汉语学界一提起此书,大多均以《惊喜之旅》称之。而更深一点的缘由,则是拙译后记所要交代的。

1

此书还真不是所谓"自传",即便我们禁不住以路易斯自传视之,即便我们免不了在其中发掘传记材料。

这一点,路易斯在本书序言中就做了交代(遗憾的是,丁译本漏译此序):"本书旨在讲述我归信的故事,因而不是一部自传,更不是圣奥古斯丁或卢梭的那类'忏悔录'。"

若非要找个自传文字,路易斯倒有一段。

1944年,路易斯已相当有名,名声可能来自《魔鬼家书》。美国的麦克米伦公司,要他写一篇简短自传,附在著作里。于是路易斯就写了这样一段"自传":

> 我是次子,小时候母亲便已亡故。这意味着我在父亲上班、哥哥住校期间,要独自打发漫长的日子。我一个人待在满是书籍的大房子里。我想这决定了我一辈子爱好文学。我画得很多,但很快我开始写得很多。我的第一批故事主要是关于小老鼠的(比阿特丽克斯·波特的影响),但是小老鼠通常身穿甲胄杀戮巨大的猫(童话故事的影响)。这就是说,我写那些只要一到手我就会喜欢读的书。这一直是我写作的缘由。人们不愿意写我想要读的书,所以我只好自己动手;根本不是什么"自我表达"之类的废话。我厌恶学校。如果事先知道自己能够活下来,那么在第一次世界大战当步兵的感觉就会好一些。我受过伤——伤我的是一发英国炮弹。(所以一位姑母明显松了一口气向我致贺

说:"哦,怪不得你是背上受伤呢!")我在十四岁左右放弃了基督教信仰。将近三十岁时又恢复了信仰。一种几乎纯粹是哲学上的皈依。我并不想这样做。我不是那种有宗教信仰的人。我想要人们让我单独待着,让我能感到我是自己的主人;但是,现实情况似乎正相反,所以我只能让步。我最快乐的时光是身穿旧衣与三五好友徒步行走并且在小酒馆里过夜——要不然就是在某人的学院房间里坐到凌晨时分,就着啤酒、茶,抽着烟斗胡说八道,谈论诗歌、神学和玄学。我最喜欢的声音莫过于成年男子的大笑声。①

除此之外,路易斯没有任何自传文字。

2

路易斯不写自传,至少有一个原因。

据路易斯的挚友欧文·巴菲尔德(Owen Barfield),路

---

① 〔美〕艾伦·雅各布斯:《纳尼亚人:C. S. 路易斯的生活与想象》,郑须弥译,华东师范大学出版社,2014,第6—7页。

易斯的突出特点就是,对写自己或谈自己,很不感兴趣。

他不喜欢谈说自己,倒不是因为听了《一生的忠告》之劝,谈话中一定要避免"谈及自己",以免自己因虚荣心作祟,做出傻事,徒增笑柄。① 此等因由,太多算计。路易斯

---

① 查斯特菲尔德勋爵(Lord Chesterfield,1694—1773)写给儿子的书信集《一生的忠告》第 54 封信(1748 年 10 月 19 日)。在这封信里,查斯特菲尔德勋爵说:"骄傲和虚荣是人类的本性,有时候,甚至驱使人类做出傻事,可是往往事与愿违,反而自食其果。"他告诫儿子,谈话时,一定要避免"谈及自己",说我如何如何。勋爵于是就给儿子描写了人的种种自夸丑态:

有些人总是不加掩饰地夸耀自己。这种行为十分唐突,真可谓厚颜无耻之极!

还有些人说得比较巧妙,不那么露骨。他们伪造别人对自己的指控,抱怨连自己都没听过的诽谤,向人展现各种美德,为自己伸冤辩解。他们声称这么谈论自己确实有点奇怪,其实他们也不喜欢这么做,而且以前也没这么做过。不!他们不应该被强加任何痛苦和折磨,不该受到不公正的、残暴的指控。可是,在这种情况下,双方都声称正义站在自己一方。当我们的人品受到攻击时,就会说些维护正义的话,其他则一概不说。虚荣被谦虚的面纱遮盖着,可是这层薄薄的面纱过于透明,根本无法掩饰谦虚背后的虚荣。

另一些人掩饰得更加谨慎(他们自己是这么认为的),可是在我看来,仍然显得荒谬可笑。他们承认自己拥有所有伟大的美德(说这话的时候一点都不含糊,也不觉得羞耻),可是往往先把这些美德贬为缺点,然后把自己的不幸归因于这些缺点。他们不会眼看着别人受苦而不去同情、帮助他们;也不会眼看着别人有难而不伸手援助;尽管可能由于自身的条件太差而无法做到,但他们不得不说出实情。总之,正因为这些缺点,他们知道自己并不适合在这个世上生存,更不用说兴旺发达了。可是他们现在年纪太大不适合变动,因此只好勉强度日。这些听起来荒谬至极,可是请相信我,你将会在人生的舞台上经常见到这些脸孔。顺便提一句,你还会遇到生性狂放的人,即使是最细腻的剧作家也无法描绘出他们真实的色彩。(张帆、瞿自洋译,浙江文艺出版社,2006,第 44—45 页)

的理由,比这要深刻得多。

在本书第九章,路易斯区分了两种生活:一种是"为我"(selfish),一种是"自我中心"(self centred)。前者是"安逸平静的伊壁鸠鲁生活",略相当于中国古人所说的"杨子取为我,拔一毛而利天下,不为也",甚至也将日常所说的"自私"包括在内;后者虽则有可能极其无私,"能做出真正牺牲",但是,"他们的生活对自己对别人都是一种折磨,因为满脑子想的是自我中心和自哀自怜"。(本书第九章第19段)

路易斯知道,这两种生活都是属灵疾病。但是,如果只能在这两者中间二选一的话,路易斯宁可选择前者:

> 无论为我还是自我中心,最终都会毁掉灵魂。不过终局之前,就给我送来这样的人,他享用万物(即便由我出钱),谈说别的事物;不要给我那样的人,他伺候我,谈说自己,他的好心肠是一种不断的谴责,不断要求怜悯、感恩及叹赏。(本书第九章第19段)

这不是无私奉献却讨人嫌的问题,更不是好心被当做驴肝肺的问题,而是因为,这种无私奉献背后是一桩"罪"——自我中心。

被誉为"21世纪的C.S.路易斯"的美国牧师提摩太·凯勒(Timothy Keller),在《婚姻的意义》一书里反躬自省,说他对妻子凯西无微不至的关照,也有可能是极端的自我中心:

> 我想服侍别人,是的,因为这让我感觉自己优越,然后我就可以立足于道德高地。但这种"服侍"根本不是服侍,而是操纵。我不给凯西机会来服侍我,反倒因此没服侍好她,而背后的原因是我太骄傲。(杨基译,上海三联书店,2015,第51页)

路易斯在《四种爱》第三章里描写的"为家人而活"的菲吉特太太,正是这样的一个典型。菲吉特太太对家人,可谓鞠躬尽瘁。然而她的关怀,却给家人"数不清的沮丧和苦痛"(拙译《四种爱》第三章第46段),对自己和家人都是"折磨"。她明知如此,却还会坚持不懈,那时因为她"满脑子想的是自我中心和自哀自怜"。①

3

序言里说"本书旨在讲述我归信的故事",难道这还不是谈自己?这也许就牵涉到了本书到底在说什么的问题。

若要依学术论文的例,非要给本书找个关键词的话,那

---

① 路易斯在《四种爱》第三章末尾说,菲吉特太太的这种爱,其实变质为"恨":

怎就变了质呢,我相信,我们很少承认。菲吉特太太加给家人的数不清的沮丧和苦痛,她怎会真的一点不知?简直让人难以置信。她明白——她当然明白了——当你知道,你回家时,总会发现她带着无助的像是在控诉的表情"坐着等你",你的整个晚上都被毁了。她仍坚持着这一切,那是因为,她若放弃,就得面对那个她下定决心闭眼不看的事实,就会知道自己不再是必需的了。这是她的首要动机。还有,她的辛劳,打消了她对自己爱的性质的暗暗的疑虑。脚越疼背越酸,越好。因为这疼痛会在她耳边低语:"要是我把这都做完,那我必定是多么爱他们啊。"这是第二重动机。不过我想,还有略深一点的动机。家人的不领情,那些可怕的伤人的话——无论什么都会让菲吉特太太受伤——他们竟恳求她把衣服送出去洗,这就使她感到委屈(ill—used),因而就一直怨这怨那,享受着怨恨之乐。要是有人说他不知道还有怨恨之乐,那他要么是在撒谎,要么就是个圣人。没错,它们只是那些愤恨之人的快乐。然而话说回来,菲吉特太太的爱,包含着大量的恨。罗马诗人说"我恨,我爱",说的是情爱。其他种类的爱,同样也会爱恨交织。它们自身就携带着恨的种子。倘若将亲爱弄成人类生活的绝对主宰,这些种子就会发芽。爱,一旦成为神,就沦为魔。(拙译《四种爱》,华东师范大学出版社,2018年即出)

么,首当其冲的就是 Joy。甚至可以说,理解路易斯所叙写的 Joy,是翻译本书的关键所在。

关于此词,汉语学界大致有四个译法:

1. 沿袭基督教神学之通译,译为"喜乐"。华东师范大学出版社出版的路易斯著作系列,包括此前出版的几本拙译,都依此译法。然而,于今看来,颇欠妥当。因为基督教神学里通常所说的 Joy,言说的是信靠神之后的内心欣悦。而路易斯所说的 Joy,与此至少有两点不同:

(1) 路易斯在本书末尾打了个比方,将 Joy 比作自己回归正道的路标。路易斯说,自打归信之后,他也就对 Joy 不再那么兴致勃勃,恰如找到正道,路标也就不再那么激动人心:

> 林中迷路之时,看见一个路标,那就是大事一桩。第一眼看见的人会喊:"看!"整队人会围过来,定睛端详。可是,当我们找到路,每隔几里地,就会经过路标,我们也就不会驻足,定睛端详了。路标会激励我们前行,我们也会对树路标者,心存感激。但我们不会驻足端详了,或者说不用仔细端详了。在这条路上也如此,

尽管路标的柱子是银制的,字是烫金的:"我们终会到耶路撒冷。"(本书末章倒数第 2 段)

(2) Joy 不只有快感,而且更有痛感:"它必定有着刺痛,有着苦楚,有着心意难平的憧憬。"①(本书第 5 章第 2 段)

2. 丁译本将 Joy 一词,译为"喜悦",显然大失本旨。甚至比依照汉语通例译为"喜乐",离题更远。

3. 台湾大学的林鸿信牧师,觉察到路易斯所说的 Joy 与基督徒通常所说的"喜乐"的区别,提议将本书中的 Joy,译为"渴悦":

> 路易斯在其自传里所使用的 Joy,并非单纯地只想甜蜜的欢喜愉悦,而同时指向苦苦地渴望追寻。渴悦不只是一种满足,而且是一种渴望,由于它带来极高的满足,也因此它也激发极深的渴望,在喜悦与向往的交织当中散发无比的魅力。……如果渴悦单单是欢喜愉悦的话,那么大体上是人可以掌握的,然而渴悦却不

---

① 为方便理解,兹附原文:It must have the stab, the pang, the inconsolable longing.

是人可以掌握的。①

曾珍珍教授特别赞同这一译法,她也引用了林鸿信牧师大意相同的另一段话:

> 《惊喜之旅》的核心概念"渴悦"并不单单指向欢喜愉悦,同时指向渴望追寻;不只是一种满足,而且是一种渴望,由于带来极高的满足也激发极深的渴望,这并非人可控制的。②

4. 庞自坚先生,终生受路易斯的属灵指引,遍读路易斯著作,称路易斯是"这个世界上,我欠最多恩情的人"。他在《山腰上的火炬:鲁益师思想导论》(台北:校园书房,2001)一书中,将 Joy 译作"惊乐"(将本书定名为《喜乐惊魂》),并在书中第三章专门阐说路易斯所说的 Joy。

---

① 林鸿信:《纳尼亚神学:路易斯的心灵与悸动》,台北:校园书房,2011,第 352 页。
② 转引自曾珍珍译《觉醒的灵魂 1:鲁益师谈信仰》,台北:校园书房,2013,第 37 页脚注。

诸多译法之中,后两者用心最深;若论传神,"渴悦"似乎略胜一筹。

依拙译惯例,"如无必要勿增实体",拙译就该不再改译。然而,还是禁不住改了,或者说心存忐忑地再增加一个译名,主要是因为,若将路易斯笔下的 Joy 译为"渴悦"或译为"惊乐",容易让汉语读者以为,这是路易斯独有的体验,甚至是路易斯独有的概念。

然而,路易斯之所以多处谈及 Joy,甚至不惜浓墨重彩,恰恰是因为饱读诗书的路易斯认定,Joy 不是一个概念,而是一种属灵指引;不是他所独有的属灵指引,而是人之为人的一点灵明所系。

路易斯归信之后,效仿班扬的《天路历程》(*The Pilgrim's Progress*)所写的《天路归程》(*The Pilgrim's Regress*),用寓言体讲了跟本书大致一样的故事。当时,也许有人以为《天路归程》就是自传,以为书中主人公约翰就是路易斯本人。路易斯在该书"第三版序言"之末尾申明:"不过你切莫以为,本书中一切都是自传。我是试图一般而论(to generalise),而不是给人们讲自己的生活。"(拙译路易斯《天路归程》,华东师范大学出版社即出)

如何译路易斯笔下的 Joy，关键就在于让汉语读者领会到，这个 Joy，也跟你我自个的灵魂有关。

问题是，Joy 到底指什么？

4

静安先生《人间词话》有言：

> 古今之成大事业大学问者，必经过三种之境界："昨夜西风凋碧树。独上高楼，望尽天涯路。"此第一境也。"衣带渐宽终不悔，为伊消得人憔悴。"此第二境也。"众里寻他千百度，回头蓦见，那人正在，灯火阑珊处。"此第三境也。（王国维《人间词话》第 26 则）

依愚见，若非要说《惊喜之旅》是自传，那也是属灵自传，是用自传体所写的属灵故事；其中主角也不是路易斯本人，而是他笔下的 Joy。至于其中透露出来的传记材料，只是附带的。再依愚见，本书之"传主"Joy，正是静安先生所说的"第一境"："昨夜西风凋碧树，独上高楼，望尽天涯路。"

路易斯曾在多处说,我们任何人,只要是人,心中都有一丝说不清道不明的憧憬(longing),有一股令你魂牵梦绕寤寐思服的怅惘,有一份尘世难以抚慰的属灵渴欲(desire)。

这份憧憬、怅惘或渴欲,他在"太空三部曲"之三《黑暗之劫》(*That Hideous Strength*)第十五章第一节,称之为"人与生俱来难以平抚的伤痛"(the inconsolable wound with which man is born);①在《痛苦的奥秘》第十章,称之为"隐秘渴欲"(secret desire),"永恒憧憬"(immortal longings),称之为"不能言传、无法平息的想望"(the incommunicable and unappeasable want);在《荣耀之重》(*The Weight of Glory*, 1941)一文中,称为"难以平抚的秘密"(inconsolable secret):

> 谈说这份对自己那方遥远国度的渴欲(this desire for our own far-off country),甚至你我此刻心中即能找到的这份渴欲,我感到有些情怯,甚至有些下作。因为,我是在试图揭开各位心中的那桩难以平抚的秘密(inconsolable secret)——这桩秘密深深刺痛了你,以致

---

① 杜冬冬之中译本译为:"与生俱来、无药可救的伤口。"(译林出版社,2011,第348页)

你出于报复,称其为乡愁(Nostalgia)、浪漫情愫(Romanticism)或少年意气(Adolescence)。这一秘密,既令人心碎又令人心醉,以至于每次贴心对谈之中,正当呼之欲出,我们又吞吞吐吐,不禁哑然失笑。我们说也不是藏也不是,尽管我们既想说出又想隐藏。无法说出,因为它是对从未出现于我等经验之中的某种事物之渴欲(desire);无法隐藏,则因为我们的经验不时暗示它,我们就像个恋人,一提到某个名字,便没法若无其事。①

灵魂中这份既令你心碎又令你心醉、说也不是藏也不是、既想说出又想隐藏以至于话到嘴边又咽下的"难以平抚的秘密",就是路易斯的小说《裸颜》里赛姬所说的憧憬(longing),最让主人公奥璐儿大惑不解的憧憬:

> 这与一般的憧憬不同。每当最快乐的时候,我憧憬得更厉害。可记得那些快乐的日子,我们到山上去,狐、你和我三人,风和日丽……葛罗城和王宫在眼前消

---

① 拙译路易斯《荣耀之重》,华东师范大学出版社,2016,第9页。

失。记得吗?那颜色和气味,我们遥望着阴山。它是那么美丽,使我油然而生一种憧憬,无止境的憧憬。那里必有某处地方可以满足我的憧憬。它的每一样景物都在呼唤我;赛姬,来!但是,我不能去,还不能去!我不知道去哪里。这使我难过,仿佛我是一只笼中鸟,而其他同类的鸟都归巢了。

……

我一生中最甜蜜的事莫过于憧憬——憧憬到阴山去,去找出一切美的源头——……那是我的家乡,我原应出生在那里。你以为这毫无意义吗——这一切的憧憬,对家乡的憧憬?[①]

值得注意的是,这份憧憬,恰如静安先生所说的第一境,肇始于"独上高楼望尽天涯路",肇始于向远方更远方眺望:

每一天,我们所说的"绿岭"(Green Hills)都伫立在那里,也就是婴儿房窗户所看到的卡斯里山余脉。

[①] C. S. 路易斯:《裸颜》,曾珍珍译,华东师范大学出版社,2008,第59—60页。

山并不远,但对于孩子,却不可企及。它们教给我憧憬(longing)——希慕(*sehnsucht*);无论是好是歹,它们使得我在六岁之前,就成了"蓝花"的信徒。(本书第一章第4段)

或肇始于无意间依稀仿佛的惊鸿一瞥——在路易斯1932年所写的《天路归程》卷一第2章,主人公约翰因儿时偶尔瞥见一座海岛,心生"甜美渴欲"(sweet desire),感到"一丝甜美和震颤"(a sweetness and a pang),因而为之梦绕魂牵——"衣带渐宽终不悔,为伊消得人憔悴"。① 在本书第一章第14—18段,路易斯以儿时三次惊鸿一瞥为例,细说自己"生命的核心故事"(the central story of my life)里的那个主角:

> 它关乎一种未满足的渴欲(unsatisfied desire),这一渴欲本身比任何别的满足更为可欲(desirable)。我称之为悦慕(joy)。这是个专门术语(a technical term),必须与幸福(Happiness)与快乐(Pleasure)明确

---

① 见拙译路易斯《天路归程》卷一第2章。

区分开来。(我所说的)悦慕,与幸福及快乐二者之共通之处,其实有一个,而且只有一个:任何人只要体验过它,就还想再体验一次。除了这一事实,就悦慕之品质而论,几乎最好称之为某一特定种类的不幸或悲伤(a particular kind of unhappiness or grief)。可那正是我想要的。我拿不准,任何人尝过悦慕滋味,假如悦慕与快乐都在他的掌控之中,会不会用尘世的一切快乐来换取它。只不过,悦慕从未在我们的掌控之中,而快乐往往则是。(第一章第18段)

正因为Joy肇始于"昨夜西风凋碧树,独上高楼,望尽天涯路"之类的无端怅惘,故而,拙译妄自将Joy译为"悦慕",兼取欣悦与渴慕之义。林鸿信先生将Joy译为"渴悦",虽大致不差,却将其中希慕或望断的成分给遗漏了。

5

在本书第一章末尾,路易斯提醒读者,若对这类无端而来的怅惘或依稀仿佛的惊鸿一瞥,根本不感兴趣或感到格格不入，就大可不必浪费时间来读此书。

那么接下来的问题就是，路易斯以自传体来阐说的这个"悦慕"，跟你我到底有多少相关？假如这只是路易斯本人的私人体验，无法与人共，那么，本书虽然并非意在自传，还是免不了成为自传——成了不是自传的自传——这不是歪打正着，而是脱靶跑偏。

路易斯在《返璞归真》卷三第 10 章中说到，我们每个人心中都有一份隐秘渴欲，尘世无法满足。正因尘世无法满足，于是就有了三种生活方式。两种错误，一种正确。其中两种错误的生活方式是：

（甲）"愚人的方式"（the fool's way）——逐物，以为另换个尘世对象就会满足这份隐秘渴欲：

> 愚蠢的人将一切归咎于事物本身，一辈子都自始至终认为，只要他另找一位女人、度一次更豪华的假期，他就能真正捕捉到大家追求的那个神秘的东西。世界上大多数对生活感到腻味不满的有钱人都属这种，他们终其一生都（通过离婚法庭）不断从一个女人转向另一个女人，从一片大陆辗转到另一片大陆，从一

种嗜好转向另一种嗜好,总是认为最新的东西终于就是"那真实的东西",但总是以失望而告终。①

(乙)"大彻大悟的'聪明人'的方式"(the way of the Disillusioned "sensible man")——知足常乐,以为年轻人总会好高骛远,会发几句"谁都年轻过"之类的"过来人"的高论:

> 这种人很快就认定一切不过是空想,他说:"当然咯,人年轻的时候都是这样想,但是等你到了我这把年纪,你就不再去追求那些可望而不可及的东西了。"所以,他就安定下来,学会不抱太多的期望,抑制自己过去(用他自己的话说)"癞蛤蟆想吃天鹅肉"的幻想。②

至于那唯一正确的那种生活方式,从理智角度讲,则存

---

① C.S.路易斯:《返璞归真》,汪咏梅译,华东师范大学出版社,2007,第137—138页。
② C.S.路易斯:《返璞归真》,汪咏梅译,华东师范大学出版社,2007,第138页。

乎一念之间:万一那所谓可望而不可及者还真就存在呢?"万一人真的能得到那些原以为可望而不可及的东西呢?"①从情怀角度讲,正因你因望断天涯或惊鸿一瞥而心碎又心醉,为之"衣带渐宽终不悔",从而"众里寻他千百度",最终才有可能"回头蓦见,那人却在灯火阑珊处":

> 在你的一生中,有一种令你心醉神迷而你又无法得到的东西,总在你意识的边缘溜走。但终有一天,当你清醒过来的时候,出乎一切想象之外,你发觉竟然得到了它;不然的话,你若失诸交臂,就会永远失去它了。②

"你若失诸交臂,就会永远失去它了"的这一隐秘渴欲,藉用孟子的话来说,还真就是"求则得之,舍则失之"(《孟子·尽心上》)。一切恰恰就在于你我存心闪念之间。

---

① C. S. 路易斯:《返璞归真》,汪咏梅译,华东师范大学出版社,2007,第138页。

② 〔英〕鲁益师:《痛苦的奥秘》(新译修订本),邓肇明译,香港:基督教文艺出版社,2001,第145页。

我们任何人心中，羞于启齿的事情，其实有两样：一样是丑恶得羞于出口，一样是美好得羞于出口；前者是心中的鬼祟，后者是心中的灵明。令人迷惑不解的是，现代知识话语容得下前者，却容不下后者。

孟子曰："人之所以异于禽兽者几希；庶民去之，君子存之。"(《孟子·离娄下》)现代知识里言说人之所以"同"于禽兽者的话语异常发达，言说人之所以"异"于禽兽者的话语则异常匮缺；而古昔圣贤的千言万语，莫不是在反复叮咛你我，存心于人之所以"异"于禽兽的"几希"之处。

6

周敦颐云："人希士，士希贤，贤希圣，圣希天。"朱子注曰："希，望也。"(《近思录·卷二》)望，是仰望，是眺望，是悦慕。人之为人，不只在于或者说并不在于操心地上的事，而是在于人会仰望天。这是人之为人的一点灵明。

假如忘记了这点灵明，以为"昨夜西风凋碧树，独上高楼，望尽天涯路"之类的无端悦慕只是幻觉，只是发神经，只是对现世的逃避，就极容易将静安先生的所说的"古今之成大事业大学问者"理解为历史上的成功人士,将三境界说理解为另一类的成功学。

说不客气一点,这种俗常理解,是对人的背叛,也是对知识或学问的背叛。切莫以为译者这里在玩神秘主义,因为这牵涉到了对"人"的理解的古今之变。

无论是基督教传统里的上帝造人以托管宇宙之说,还是中国古人所说的"故人者,其天地之德,阴阳之交,鬼神之会,五行之秀气也"(《礼记·礼运篇》)、"为五行之秀,实天地之心"(《文心雕龙·原道篇》),古典学传统莫不是在反复告诫,人之所以为万物之灵,乃是因为人生天地之间,有其独有的担当和义务。而依照我们耳熟未必能详的唯物论,人为万物之灵,就成了人是站在进化链条最高端的高等动物、人是自然界里的征服者、胜利者的另样表述。

依照古典学传统,司马迁所谓"究天人之际,穷古今之变,成一家之言",张载所谓"为天地立心,为生民立命,为往圣继绝学,为万世开太平",就是学问或知识的题中应有之义,是知识人的应分之事;而依照现代知识,则听上去像是豪言壮语。

汤因比在《历史研究》的结论部分曾自陈,历史学家的

职责就是"体会神",从而"找到神":

> 人们为什么要研究历史?本书作者个人的答案是:一个历史学家象其他幸而抱有人生目的的任何人一样,在响应神的召唤中,发现他有职责去"体会神",从而去"找到神"。①

这样一种心怀(当然你也可以理解为神秘主义),只有可能存活于神性宇宙之中:

> 历史学家的看法的显著贡献,就是对于神在一个结构里运动的创造性活动,给我们提出了一种看法;这种结构,在我们人类的经验中,是六次元的结构。这种历史角度的看法告诉我们,物质宇宙在一个具有空间——时间四次元的结构里离心地运动着;又告诉我们,地球上的生命在一个具有生命——时间——空间五次元的结构里进化地运动着;并且还告诉我们,人类

---

① 〔英〕汤因比:《历史研究》下卷,曹未风等译,上海人民出版社,1997,第 424 页。

的灵魂由于精神的赐予,成为第六次元,人类的灵魂通过他们的精神自由关于决定命运的行使,有"向往神"或"离开神"的两种趋向。①

假如你以为这里所谓的"神"只是人造物,那么,你定会认为,"响应神的召唤","体味神"从而"找到神"这类表述,要么是自伐或自欺的幻觉,要么是玩神秘主义,要么就是陷入宗教泥淖。因为,你仰望天,充其量看到天空(sky)或太空(space),而看不到天(heaven)。

也许,将古人心目中的"天",还原为天空(sky)或太空(space),是一种现代政治正确。但也仅仅是一种"政治正确",不是真伪意义上的正确。

7

堪称20世纪最伟大政治哲学家的沃格林(Eric Voegelin)注意到,无论是在亚里士多德的《尼各马可伦理学》中,

---

① 〔英〕汤因比:《历史研究》下卷,曹未风 等译,上海人民出版社,1997,第424页。

还是在赫西俄德的《工作与时日》里,人有这么三类:

> 第一类是完全拥有 Nous(心灵,理性)的人,他能够自我教导,在这里 Nous 的意思就是向神圣存在根基的开放性。第二类人是至少拥有足够的理智,在犹疑不定的情况下能够听从完全理性的人。第三类人既不能像第一类人那样拥有理性,也不能像第二类人那样听从理性,因此是无用的主体,且可能成为一个危险的主体。①

假如我们能摆脱民族主义意识形态套话的挟裹,能平心而论,也就不难看出沃格林的这一发现与《论语》里这几句让现代人特不舒服的话,本来就气脉相通:

> 子曰:"中人以上,可以语上也;中人以下,不可以语上也。"(《雍也第六》)
> 孔子曰:"生而知之者,上也;学而知之者,次也;困

---

① 〔美〕沃格林:《希特勒与德国人》,张新樟译,上海三联书店,2015,第110页。

而学之,又其次也;困而不学,民斯为下矣。"(《季氏第十六》)

子曰:"唯上智与下愚不移。"(《阳货第十七》)

西贤笔下的那第一类人,略相当于孔子所说的"生而知之者","上智";那第三类人,略相当于"困而不学"者,相当于"下愚";第二类人,则相当于"学而知之者"和"困而知之者",相当于"中人"。区分的标准,就是是否向"神圣存在根基"开放。

现代之为现代,完成了人的去神性(dedivinizing),取消人的存在的神圣根基。这当然是通过杀死上帝完成的。

自从现代知识杀死上帝,哲学就由"爱智慧",变成了"有智慧"。

黑格尔所指的哲学乃是一种思想的事业,它向着真知前进,并且最终能够达到真知。哲学于是被包含在18世纪意义上的进步观之中。与这种进步主义者对于哲学的观念相对立,让我们来回忆柏拉图所作的事业,以便弄清它的本质。……当费德罗问,人们应当怎样称呼这样的思想者时,苏格拉底用赫拉克利特(Heraclitus)的话回答说,*sophos*,知道者,这个词会太过,它只能用于称呼神自己,兴许我们可以恰当地称他为 *philosophos*,爱知者。因此,"真知"留给了神,有限的人只能是"爱知者",他自己不是知道者。在上面这个段落的含义中,爱知者所爱的知只能属于那"知道"的神,因此爱知者,*philosophos*,就成了 *theophilos*,及爱神者。①

现代林林总总的主义者的祖师爷,总是以智慧之拥有者自居,登高夜呼:跟我走,熟练运用我这套概念体系,历史的秘密就会在你手中。林林总总的主义者,就开始以一套又一套意识形态行话来解析历史,改变世界。

这些主义者,也许博学多才,也许智识非凡,依照世俗标准,也许成就了"大事业大学问";然而,依古典学通见,则免不了还是"愚人"——"不可以语上"的"下愚"。

殉道者朋霍费尔有言,相对于恶(evil),愚蠢(folly)是

---

① 〔美〕沃格林:《没有约束的现代性》,张新樟、刘景联译,华东师范大学出版社,2007,第41页。

善（good）的最危险的敌人。对于愚蠢，理性论辩和教育都无济于事。治愈愚蠢的唯一办法，是"灵性上的救赎"，是圣经里的箴言："敬畏耶和华是智慧的开端。"①

也许，现代知识引以为傲的解放，通过杀死上帝完成的解放，所成就的正是沃格林和朋霍费尔眼中的愚蠢。当然，这又是另一个颇为沉重的话题。读者诸君若感兴趣，自可翻检此二人之著作。

法国当代思想家埃德加·莫林（Edgar Morin）说："我们只有认真了解天空才能扎根于大地。"②操心天上的事，不是对地上之事的逃避，而是成全。

---

① 详参朋霍费尔《狱中书简》（高师宁译，新星出版社，2011）第7—9页。其中论断，颇为震撼。如：

相对于恶，蠢（folly）是善的更危险的敌人。你能抵挡恶；你能揭去恶的面具，假如必要，能强力阻止。恶，总携带着自身毁灭的种子，因为它至少令人不安。对于恶，我们无能为力。抵抗和强力，都无济于事；辩理（reasoning），毫无用处；跟个人偏见相悖的事实，他们干脆就不信——说实话，蠢人借一分为二看待事实来从容应对；假如事实无法否认，他们干脆就将事实当作例外推开不理。所以跟恶棍截然不同，蠢人总是自鸣得意；事实上，他很容易变得咄咄逼人，因为不用费多大劲，他就会变得好斗。因而，比起恶棍，对蠢人就必须更小心对待；我们切莫试图拿道理来说服蠢人，因为这既无用，又危险。（英文本18页，参高译本第7—8页）

② 〔法〕埃德加·莫林、A. B. 凯恩：《地球·祖国》，马胜利译，三联书店，1997，第55页。

8

绕来绕去说了这么多,只不过是想说,路易斯本书中浓墨重彩所描画的悦慕(Joy),并非路易斯颇具私人性质的隐秘渴欲,而是人之为人的灵明所系——至少依据古典学通见是如此吧。

假如你此时恍惚忆起,自己儿时也像路易斯那样,朝着你到不了的远方眺望,甚至也曾好奇"山里面是不是住着神仙";自己后来也曾像静安先生那样,也曾因"昨夜西风凋碧树,独上高楼,望尽天涯路"……那么,路易斯的《惊喜之旅》就是在给你分享他自己的故事。

假如你曾为此类悦慕(Joy)心碎又心醉,为之梦绕魂牵,为其一去不返而感到尘垢满面,又为其飘然而至而感到恍若隔世,那么,阅读路易斯此书,正是钱锺书先生所谓的"他乡遇故知"。因为,连你自己都说不清道不明的事情,终有个人"心有灵犀一点通",这人似乎就是古人心目中的知己或知音:

一切毕生难忘的友谊岂不都诞生于巧遇相知者的片刻么？终于有人对你生来就渴望的事情略表同情了（那怕顶多是微弱、靠不住的了解）。在澎湃的渴望下和激情中片刻的安静里，你日以继夜、年复一年、从小孩到老年所寻找、所等待、所侧耳倾听的，就是那种事情。只是你从来未曾真的得着它。到此为止，所有那些盘踞在你心头的事物，只不过是在暗示它的所在罢了——像可望而不可即的闪光，从来不那么兑现的应许，一到你耳边就消逝的回声。但如果它真的出现了——如果世上有一种回声不但不会消逝，更壮大成为真正的声音——你是会知道的。你会绝无疑问地说："在这里，我终于找到了一生所求。"我们不能告诉别人那是什么。它是每一个灵魂的秘密印记（the secret signature of each soul），是那种不能言传、无法平息的欲望（the incommunicable and unappeasable want），像尚未结婚、尚未交友或尚未择业之前所渴望的那种东西，而且那是我们临死之前，脑袋早已记不起妻子、朋友或事业了，却仍然梦寐以求的。有我们的一天，它就存在。如果我们失去这东西,就失去一切。①

说"你日以继夜、年复一年、从小孩到老年"都在寻找、等待、侧耳倾听,不正就是"衣带渐宽终不悔,为伊消得人憔悴"么?"在这里,我终于找到了一生所求",不正就是"回头蓦见,那人却在灯火阑珊处"么?这桩心事,跟世俗成功或世俗幸福,没有关系:

> 妻子可能是好妻子,宾馆、风景可能无可挑剔,从事化工可能是一份很有趣的工作,但是我们总感觉缺了点什么。②

心头的那丝憾缺,正暗示着"那种不能言传、无法平息的欲望",正是我们人之为人的灵明所系:"有我们的一天,它就存在。如果我们失去这东西,就失去一切。"

---

① 〔英〕鲁益师:《痛苦的奥秘》(新译修订本),邓肇明译,香港:基督教文艺出版社,2001,第143—144页。
② C. S. 路易斯:《返璞归真》,汪咏梅译,华东师范大学出版社,2007,第137页。

9

路易斯曾设问:"鱼会对海埋怨说你怎么是潮湿的吗?如果鱼会这样埋怨,岂不恰足以大大证明,鱼并非一迳都是——或者不会永远是——水栖动物?如果你真的是唯物宇宙的产物,你置身其内,又为什么会觉得浑身不自在的呢?"①换句话说,我们在尘世并非如鱼得水,也许就会约略暗示出,我们并非为此世而造,家在别处。

假如路易斯之设问有几分道理,那么,现代知识引为政治正确的自然主义(naturalism)——相信只有一个世界,就是这个物质世界;相信人只有一生,就是这生物性的一生;相信历史是人民创造的,历史唯物论能解释一切美的源头——似乎也就不那么解放了,甚至恰恰相反,是在为你我的灵性,筑了一座囚牢,欢迎进来却不准出去的囚牢。②

因为,假如你是个自然主义者,那么,路易斯本书所写

---

① 见《觉醒的灵魂1:鲁益师谈信仰》,曾珍珍译,台北:校园书房,2013,第33页。

② 囚牢的隐喻,详参拙译《天路归程》(华东师范大学出版社,2017)卷三第4章。

的悦慕(Joy),充其量是一种审美体验或浪漫憧憬,当不得真;假如你承认古人所谓"贤希圣,圣希天"还有几分事实在里面,那么,悦慕正是不可或缺的属灵指引,正是"路漫漫其修远兮,吾将上下而求索"的艰难旅程上的路标。

路易斯自陈,此书中讲述了自己的两部生活故事,分别称之为"内在生活"(inner life)或"外在生活"(outer life):

> 我在讲述两个生活故事。二者毫不相干:一个是油一个是醋,运河边上还流淌着另一条河,杰基尔与海德。目光锁定在哪一边,哪一边都自称是独有的真相。记着我的外在生活时,我清楚,内在生活只是瞬间闪光,就是数以月计的残渣中间散见的数以秒计的金子,很快就会被老的、熟悉的、悲惨的、无望的疲倦所吞噬。记着我的内在生活时,我就看到,上两章所提到的一切,都只是个粗糙的幕布,随时都可被拉到一边,将我那时所知道的天堂悉数展露。(第八章第 1 段)

> 这两种生活看来根本互不影响。当一个因渴望着悦慕(Joy)而憔悴瘦损,另一个则可能充满喧闹和成功的欢笑;或者反过来,当外在生活愁苦凄惨,内在生活

却满溢狂喜。(第五章第12段)

悦慕(Joy),即属于"内在生活"。即便外在生活"愁苦凄惨",被"老的、熟悉的、悲惨的、无望的疲倦"所笼罩,一旦内在生命活了起来,愁苦凄惨的一切,顿时就可以像粗糙幕布那样拉向一边。

叔本华谓,人生就像钟摆,永远摇摆于痛苦和无聊中间。不得所欲,痛苦;得所欲,无聊。假如外在生活免不了此类运命,那么,路易斯所书写的无端而来的悦慕,也许正是这样一个密不透风的生命囚牢里,偶尔透进来的丝丝天光。

10

就神学而言,路易斯对"悦慕"或"隐秘渴欲"的书写,构成了学者们归功于他的著名的"渴欲论证"(Argument from Desire),也即根据人内心的隐秘渴欲论证上帝存在的神证论(Arguments of the existence of God):

任他们怎么说,我们依旧意识到一种渴欲,是任何天然快乐(natural happiness)都无法满足的。然而,是否还有理由去假定,实存(reality)会对此渴欲提供满足?"感到饥饿并不证明我们有面包。"然而我想,这并没说到点子上。人肚子饿,是并不证明他将得到面包;漂流大西洋,会饿毙。不过,人之饥饿,确实证明了他这一族类藉摄食补养身体,他居于其中的世界存在着可食之物。同理,尽管我并不相信(我倒希望自己相信),我对天堂之渴欲(desire)就证明了我将乐享天堂,但我认为,这一渴欲是一个很好的迹象,表明天堂存在,有人将乐享它。一男子可能爱一女子,却不会赢得她的芳心;可是,假如所谓的"坠入爱河"这一现象,发生在一个无性世界,那才是咄咄怪事。①

在很多学者看来,这一论证可能是路易斯思想中最具原创性的贡献,路易斯的著作也因此被称作"悦慕的护教

---

① 拙译路易斯《荣耀之重》,华东师范大学出版社,2016,第14—15页。

学"(the Apologetics of Joy)。①

说到这里,汉语读者往往会有这样一种反诘:"我又不是基督徒,更不关心所谓神学,如何如何……"即便这类诘问不是条件反射式的,即便贴题,也不足以构成拒绝阅读本书的理由,因为"悦慕",你我都有过,只不过你要么珍藏心底要么弃若敝屣罢了。

沃格林曾历数自己童年时的"诸如焦虑和陶醉的经验"(such experience as the anxieties and fascination),比如,如下类似路易斯所说"悦慕"的体验:

> 在安徒生的某个童话故事中和他一起站在已知世界的边界上,向着北方看到无限远处神秘的地平线;或者,当我看到在莱茵河上行驶着的蒸汽船及其船上的夜晚聚会时,我感觉到的人类生活中的节日活动……②

---

① 参见 Joe Jr. Puckett & Mark Linville, *The Apologetics of Joy: A Case for the Existence of God from C. S. Lewis's Argument from Desire*, Eugene, OR: Wipf & Stock, 2012.
② 〔美〕沃格林:《自传性反思》,徐志跃译,华夏出版社,2009,第72页。

沃格林说,除非他的童年不同于人类历史上任何别的儿童,否则,诸如此类的这些经验,就是人所拥有的"真实意识"(the *real* consciousness a man has)。为什么要在意识前面加上"真实"(*real*)一词?这是因为,这类经验,让人意识到人之为人的"存在张力"(tension of existence,亦译"生存张力"):"人与神性根基本身之间的张力。"①说通俗一点,假如我们不将老百姓口呼"老天爷"蒙古人口呼"长生天",理解为蒙昧无知,那么,我们也就大概能够理解,司马迁的"人穷则反本,故劳苦倦极,未尝不呼天也"(《史记·屈原贾生列传》)一语,提示的恰好就是沃格林所说的"存在张力"。

正因体验到"存在张力",人才会"饥渴慕义",才会"路漫漫其修远兮,吾将上下而求索",才会"拣尽寒枝不肯栖,寂寞沙洲冷",才会"究天人之际,通古今之变,成一家之言",才会"人希士,士希贤,贤希圣,圣希天"。沃格林通过研读古典哲学发现,哲学思考的根基,就在他称之为"生存张力"的"基源体验"(the fundamental experience)之中。沃

---

① 〔美〕埃利斯·桑多兹:《沃格林革命:传记性引论》,徐志跃译,上海三联书店,2012,第171页。

格林发现,古时之哲人无不对人之神性根基保持开放,他们为人提点的是一种"开放生存"(the open existence);而败坏的哲学,让人的生存陷于封闭,给人宣讲的是一种"封闭生存"(the close existence)。

沃格林研究者尤金·韦伯(Eugene Webb)说:"存在张力感(tension of existence)的这种体验的确是沃格林思想的起点。"① 他指出,沃格林儿时所体验的"张力"和"憧憬"(longing),就是奥古斯丁《忏悔录》首章所谈的"无休之心"(*cor inquietum*):"我们的心若不安息在你怀中,便不会安宁"②,也就是路易斯《惊喜之旅》里浓墨重彩所写的"悦慕"。

叔本华尝言,人是一种"形而上的动物"(an animal metaphysicum)。③ 我们脚踏大地,却禁不住要仰望苍天;身在尘世,却渴望超越。就此而论,叔本华的这一表述,可

---

① 〔美〕尤金·韦伯:《沃格林:历史哲学家》,成庆译,吉林出版集团,2011,第1页。
② 〔古罗马〕奥古斯丁:《忏悔录》,周士良译,商务印书馆,1963,第3页。
③ 〔德〕叔本华:《叔本华论说文集》,范进 等译,商务印书馆,1999,第251页。

谓忠实。假如在此表述里,我们将"动物"一词读轻一点,"形而上"一词读重一点,大概也就不会将儿时的"悦慕"体验斥为虚幻——甚至恰恰相反,而今之讲求实际以至尘垢满面才是捕风捉影。

11

《惊喜之旅》,可能是拙译路易斯系列里面,翻译得最为艰辛的一本。一则因为此书,好读难懂,其中满是掌故:

> 路易斯的所有著作中,《惊喜之旅》可能是最全面的无法解释、晦涩难解的文学参考资料了——好像在讲述自己的故事时,他有片刻忘了读者之中几乎没有一个人像他那样博学。①

二则因为路易斯写的是自己"困而知之"的属灵

---

① 〔美〕艾伦·雅各布斯:《纳尼亚人:C. S. 路易斯的生活与想象》,郑须弥译,华东师范大学出版社,2014,第58页。

经历,①写自己虽想方设法逃离神但最终却因珍惜"悦慕"却被神逮个正着的求道旅程,其中甘苦,译者这样一个有时甚至"困而不学"的人,自然不可能体贴入微。

尽管如此,译本还是跌跌撞撞,做出来了。这当然是因了同仁或同道之助:

六点分社社长倪为国先生,一如既往地支持拙译,我译哪本他就出哪本。我不知道,才疏学浅如我,他怎就如此放心?

学生王春,勇敢扛起了校对译文的活。将校对的活交给她时,本就心中忐忑,怕对不住孩子,怕把孩子累垮。谁料这孩子,不但校订译文,而且连脚注中的征引文献,也一个个核对原文,逐字校订。

学生林放,酷爱路易斯,酷爱钢笔画。不只帮我审读译稿,而且手绘插图。

拙荆郑雅莉,在我翻译路易斯期间,挑起了全部家务。看我还是忙得抓耳挠腮,也帮我逐字逐句订正了一遍译文。

---

① 关于路易斯之"困而知之",详见拙译路易斯《天路归程》之"译后记"。

友人杨无锐,这些年跟我一道办"者也读书会",一道尝试着"饥渴慕义",不时分享自己读书所得。我得以认识沃格林,认识朋霍费尔,就是缘于他给我分享自己的阅读喜悦。

更有友人伍绍东,急切期盼拙译面世,向倪先生主动请缨,要求做特约编辑。每次校稿,他都比我认真,比我热忱。者也读书会称他"可人绍东",真真是名不虚传。

邓军海

2016年12月9日星期五

于津西小镇楼外楼

图书在版编目(CIP)数据

惊喜之旅:我的早年生活/(英)C. S. 路易斯著;邓军海译.
—上海:华东师范大学出版社,2018
ISBN 978-7-5675-7848-7

Ⅰ.①惊… Ⅱ.①C…②邓… Ⅲ.①路易斯,C. S. (1898—1963)—自传 Ⅳ.①K835.615.6

中国版本图书馆 CIP 数据核字(2018)第 115445 号

华东师范大学出版社六点分社
企划人 倪为国

本书著作权、版式和装帧设计受世界版权公约和中华人民共和国著作权法保护

路易斯著作系列
惊喜之旅:我的早年生活

著　　者　(英)C. S. 路易斯
译　　者　邓军海
责任编辑　倪为国
封面设计　姚　荣

出版发行　华东师范大学出版社
社　　址　上海市中山北路 3663 号　邮编　200062
网　　址　www.ecnupress.com.cn
电　　话　021-60821666　行政传真　021-62572105
客服电话　021-62865537
门市(邮购)电话　021-62869887
地　　址　上海市中山北路 3663 号华东师范大学校内先锋路口
网　　店　http://hdsdcbs.tmall.com

印　刷　者　上海盛隆印务有限公司
开　　本　787×1092　1/32
插　　页　4
印　　张　13.25
字　　数　180 千字
版　　次　2018 年 10 月第 1 版
印　　次　2023 年 4 月第 3 次
书　　号　ISBN 978-7-5675-7848-7/B・1137
定　　价　68.00 元

出 版 人　王　焰

(如发现本版图书有印订质量问题,请寄回本社客服中心调换或电话 021-62865537 联系)